创新与实践

转型金融与绿色金融蓝皮书

兴业碳金融研究院课题组 ／ 著

人民日报出版社

北 京

图书在版编目（CIP）数据

创新与实践：转型金融与绿色金融蓝皮书 / 兴业碳
金融研究院课题组著 . —北京：人民日报出版社，
2024.6

ISBN 978-7-5115-8285-0

Ⅰ.①创…　Ⅱ.①兴…　Ⅲ.①金融业—绿色经济—中
国　Ⅳ.①F832

中国国家版本馆CIP数据核字（2024）第095993号

书　　　名：**创新与实践：转型金融与绿色金融蓝皮书**
　　　　　　 CHUANGXIN YU SHIJIAN : ZHUANXING JINRONG YU LÜSE JINRONG LANPISHU

著　　　者：兴业碳金融研究院课题组

出 版 人：刘华新
责任编辑：蒋菊平　李　安
版式设计：九章文化

出版发行：人民日报出版社
社　　　址：北京金台西路2号
邮政编码：100733
发行热线：（010）65369509　65369527　65369846　65369512
邮购热线：（010）65369530　65363527
编辑热线：（010）65369528
网　　　址：www.peopledailypress.com
经　　　销：新华书店
印　　　刷：大厂回族自治县彩虹印刷有限公司
法律顾问：北京科宇律师事务所　（010）83622312

开　　　本：710mm×1000mm　1/16
字　　　数：217千字
印　　　张：17
版次印次：2024年8月第1版　　2024年8月第1次印刷

书　　　号：ISBN 978-7-5115-8285-0
定　　　价：48.00元

兴业碳金融研究院课题组

组　长　鲁政委

副组长　陈亚芹　钱立华

成　员　方　琦　阳　能　尹春哲

　　　　肖鑫利　王　涵　吴艳阳

　　　　徐　金　于佳卉　林蕴琦

序 言
Preface

中国从跟随到引领全球绿色发展，无疑是当今世界最引人瞩目的事实之一。这种引领表现在，作为全球最大的发展中国家，我国在2020年向全球庄严承诺了2030年前碳达峰、2060年前碳中和的宏伟目标，我国已基本建立起了促进"双碳"目标实现的"1+N"政策体系，我国的绿色信贷融资余额稳居全球首位……

党的二十大进一步明确，"人与自然和谐共生"是中国式现代化的本质特征，"碳达峰碳中和是一场广泛而深刻的经济社会系统性变革"。毫无疑问，对于这一场关乎中华民族伟大复兴和人类共同体的变革来说，需要有人记录，这是我们这一代人的责任。而要遴选出这样一位合适的记录者，客观来说并不容易：观察是必须的，但观察往往容易流于表面；研究是必要的，但若只是单纯的研究，则又难免"纸上得来终觉浅"；躬行者的体验很宝贵，但又往往"敏于行而讷于言"。如果要三者兼得，那么，就可能没有比兴业经济研究咨询股份有限公司兴业碳金融研究院更为合适的了。因为兴业碳金融研究院不仅是关注者，还是研究者，更是"历史发生的那一刻，我在现场"的亲与其事者。

兴业银行根在福建，早在2000年时任福建省省长的习近平就提出了"生态省"战略构想并担任领导小组组长，兴业银行因此而得风气之先，在国内最早探索绿色金融，2006年推出"能效融资"，2008年率先承诺采纳"赤道原则"，成为"中国首家赤道银行"。2023年兴业银行明晟（MSCI）ESG评级由A级提升至AA级，成为境内首批获得明晟ESG AA级的上市银行，也是唯一一家连续五年获得境内银行业最高评级的银行。兴业银行始终秉持"由绿到金 寓义于利"的可持续发展理念，将金融服务与银行的可持续发展相融合，积极推动经济社会低碳转型，成为绿色金融服务碳达峰碳中和的全球知名样本。

作为兴业银行成员机构，兴业经济研究咨询股份有限公司（简称"兴业研究公司"）与生俱来就具有绿色基因，在2015年成立之初即设立了业内首个绿色金融专业研究团队，将绿色金融专业研究与业务发展相结合。2022年，兴业银行在兴业研究绿色金融研究团队的基础上升级组建并挂牌成立"兴业碳金融研究院"，重点开展绿色金融、气候变化与环境经济学、能源与产业低碳转型方面研究，致力成为中国银行业领先的国家绿色金融智库。本书的作者均为来自兴业研究公司兴业碳金融研究院的研究员，他们不仅有着丰富的专业知识和从业阅历，其中更有亲身参与了对政策的建议与对兴业银行绿色金融业务推动的中国第一代绿金人，感谢他们为本书贡献了热情与智慧。

信史流光，在确保严谨性和权威性上，人民日报出版社当之无愧。兴业研究公司兴业碳金融研究院和人民日报出版社联手推出系列"蓝皮书"，旨在逐年记录国际国内在推进碳中和过程中政策、产业、金融市场等领域所发生的重要事件，剖析其机理和发展趋势，既为当下提供参考，又为未来提供历史记录。当然，必须指出的是，这里的"绿色金融"泛指在实现碳中和过程中的金融活动，不仅包括传统狭义的绿色金融，也包括转型金融等。

在2023年出版了《转型与创新：绿色发展与绿色金融蓝皮书》后，《创新与实践：转型金融与绿色金融蓝皮书》作为第二本，是在中央金融工作会议提出要做好科技金融、绿色金融等五篇大文章之后，全面对2023年的国际国内绿色发展与绿色金融领域发展的重大事件、重要政策和金融市场的记录与剖析。

在政策方面，本书立足纷繁复杂的国际政经形势，基于对国际国内绿色发展的比较和研究，深度分析和解读国际绿色低碳转型进展以及碳关税的政策与应对，分析和解读我国全面推进美丽中国建设、从能耗"双控"到碳排"双控"的趋势以及绿色制造和重点领域。

在产业方面，本书从现状出发，以翔实的数据为支撑，科学严谨地分析了能源、工业、建筑和交通四个重点碳减排领域绿色发展的现状和未来趋势。此外，2023年是兴业绿色景气指数——GPI指数持续发布的第六年，从2018年1月开始发布，已按月连续发布72期，市场影响力持续扩大，通过每月对绿色产业内的绿色金融企业客户进行问卷调研，了解绿色产业相关生产者和服务提供者产、供、销情况，反映绿色产业发展第一手信息，从而研判产业热点和行业风险，前瞻发展趋势。

在金融市场方面，从绿色信贷、绿色债券延伸到国际与国内可持续债券，从ESG基金和理财产品扩展到ESG固收产品，从绿色金融再延伸到转型金融，从国际国内碳市场深入到自愿减排市场和碳核算标准体系，从全国绿色金融深入到地方绿色金融发展与实践，相信会给绿色金融从业者带来很好的启发。

行而不辍，履践致远。2022年党的二十大为我国以高质量发展全面建设社会主义现代化国家开启新篇章，2023年中央金融工作会议提出"做好科技金融、绿色金融、普惠金融、养老金融、数字金融五篇大文章"。兴业研究公司兴业碳金融研究院将始终胸怀"国之大者"，把握绿色发展的时代潮流，将自身命运更紧密地融入中国式现代化进程，为全面推进人与自然和谐共生的中国式现代化贡献更大兴业力量。

目　录
Contents

第一章　政策趋势篇

第二章 重点领域与产业篇

第三章　金融市场篇

图 目 录
Contents

表目录
Contents

第一章

政策趋势篇

一、国际：气候雄心未减，共识偏差求同存异

1. 全球二氧化碳排放现状与预测

1.1　全球二氧化碳排放现状

2022年全球能源燃烧和工业过程碳排放量达到新高，但增速减缓，呈现趋势性好转。国际能源署（IEA）发布的《2022年CO_2排放报告》（*CO$_2$ Emissions in 2022*）显示，2022年全球能源燃烧和工业过程碳排放总量增长3.21亿吨，增速0.9%，达到368亿吨，但增速较2021年的6%有所放缓。其中，化石能源燃烧导致的温室气体排放增加了4.23亿吨，工业过程导致的温室气体排放减少了1.02亿吨。[①]0.9%的全球CO_2排放增速对比于2022年全球3.5%的经济增速，体现了全球经济的发展与碳排放量实现了一定程度的脱钩。

---

① 资料来源：CO$_2$ Emissions in 2022，IEA［R］. 2023/3［2023/10/27］，https://www.iea.org/reports/co2-emissions-in-2022

亿吨

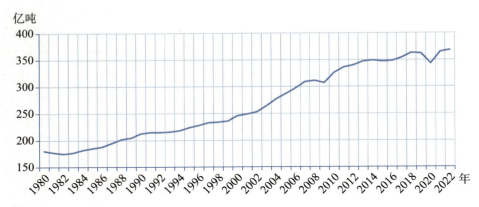

亿吨

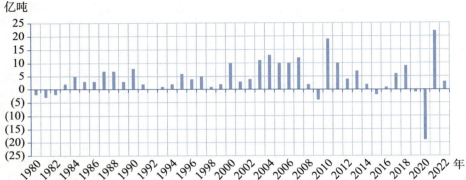

图1-1　全球年度能源燃烧和工业过程产生的CO₂排放总量（上）和变化情况（下）

资料来源：IEA，兴业碳金融研究院

分领域看，2022年全球能源燃烧和工业过程引起的二氧化碳排放主要分布于电力、工业、交通和建筑四大重点领域，排放量分别为146.5亿吨、91.5亿吨、79.8亿吨和29.7亿吨，合计347.5亿吨，占比分别为42%、26%、23%和9%。

1.1.1　电力

电力依然是全球最主要的二氧化碳排放来源，并贡献了2022年全球碳排最大增量。2022年，电力领域二氧化碳排放量达到146.5亿吨，增加2.61亿吨。

电力排放的增长一方面源于电力需求的增长。2022年全球发电量达到28.78万亿kWh，较2021年28.25万亿kWh，增长1.87%（Electricity Market

Report, 2023）。其中90%的电力需求增量由可再生能源电力和核电发电增量满足，得益于此，电力碳排放强度整体下降了2.0%。2022年风电和光伏新增装机达到创纪录的294.6GW，发电量均增加了约275TWh（2750亿kWh）。全球电力需求的增长主要来自电气化转型，尤其是建筑领域制冷和供热，如空调和热泵，以及交通领域新能源汽车带来的电力需求。

另一方面源于煤电发电量的增加。受俄乌冲突对能源价格和能源安全的持续影响，以及全球热浪带来的制冷量需求大增等因素的影响，各国短期内采取燃料储备、增加燃油和燃煤发电等措施，导致煤电煤炭的使用增加。2022年全球煤电发电量增长1.5%，燃气发电较上年持平。当年各领域煤炭燃烧带来的碳排放总量达到155亿吨，增幅1.6%，增量约为2.43亿吨[1]。

1.1.2　工业

工业领域减排明显，需求疲软是主因。2022年全球工业领域碳排放总量为92亿吨，下降1.7%，合计减排量达到1.59亿吨，其中中国贡献了1.61亿吨，贡献率超100%。工业领域碳排放的下降主要原因在于全球工业碳排放的两大主要领域——钢铁和水泥的产量下降。根据统计，2022年全球粗钢总产量为18.85亿吨，较2021年的19.62亿吨减少0.77亿吨，降幅达3.9%[①]，全球钢铁平均单位产品碳排放量并未发生明显变化，2022年为1.41t_{CO_2}/$t_{钢铁}$，较2021年增长0.01t_{CO_2}/$t_{钢铁}$。[②]2022年全球水泥产量为41.63亿吨，较2021年降低4.23%。[③]

---

① 资料来源：世界钢铁统计数据2023，世界钢协［EB/OL］. 2023［2023/11/14］，https://worldsteel.org/zh-hans/steel-topics/statistics/2023%E5%B9%B4-%E4%B8%96%E7%95%8C%E9%92%A2%E9%93%81-%E7%BB%9F%E8%AE%A1%E6%95%B0%E6%8D%AE/

② 资料来源：Tracking Steel，IEA［EB/OL］，2023［2023/11/14］，https://www.iea.org/energy-system/industry/steel#tracking

③ 资料来源：2022年全球及主要国家水泥产量排行榜发布，中国水泥网［EB/OL］. 2023/04/04［2023/11/14］，https://www.ccement.com/news/content/30587598029255001.html

自2018年以来，全球单位水泥产品的碳排放水平保持在$0.58t_{CO_2}/t_{水泥}$左右。[①]2022年全球钢铁和水泥的碳排放量约占据工业领域碳排放量的55%，对全球工业绿色转型进程影响巨大。

1.1.3 交通

交通运输领域碳排放增幅超前，净排放增量与电力领域接近。交通领域是仅次于电力、工业后的第三大排放领域，2022年交通领域碳排放总量达到79.8亿吨，较2021年的77.3亿吨增加2.5亿吨，增幅达到3.2%。交通领域温室气体排放增长同样反映在全球石油消费上。2022年全球石油消费引起的排放量为112亿吨，较2021年增长2.69亿吨，增幅达2.5%。交通运输领域的碳排放增长主要来自航空业的恢复和传统燃油车持续高比例投入市场。2022年航空业的碳排放量达到2019年水平的85%，随着新兴市场经济的发展和交通基础设施的日趋完善，预计航空业碳排放量将继续保持增长态势。汽车方面，国际汽车制造商协会（OICA）统计显示，2022年全球汽车销售量达到8162.9万台，较2021年的8275.5万台略有下降，降幅为1.36%，主要由于商用车销售疲软。可喜的是，尽管每年依然有大量的传统燃油车投入市场，带来碳排放增量，但以纯电为主的新能源汽车销量日益增长，占比逐渐提高。2022年全球新能源汽车销量达到1050万台，较2021年增长55%[②]。

1.1.4 建筑

建筑领域排放保持稳定，极端气候频发加剧建筑能耗的波动性。2022年全球建筑领域碳排放量达到29.7亿吨，较2021年的30.1亿吨略有下降，降幅为1.3%。建筑领域能耗主要用于满足制冷和供热需求，夏季的极端炎

---

① 资料来源：Tracking Cement，IEA［EB/OL］，2023［2023/11/14］，https://www.iea.org/energy-system/industry/cemet#tracking

② 资料来源：Global EV Sales for 2022，EV Volumens［EB/OL］，2023/05/11［2023/11/22］，https://www.ev-volumes.com/news/global-ev-sales-for-2022/

热和冬季的极端寒冷带来的制冷量和供热量需求异常是建筑能耗波动的主要原因。建筑自身的节能和电气化改造以及建筑能源供应端的清洁化占比将决定未来建筑领域碳排放量的趋势。

1.2　全球二氧化碳排放预测

根据国际货币基金组织（IMF）2024年4月发布的《世界经济展望》预测，世界经济在2024年和2025年将继续以3.2%的速度增长，与2023年的增速相同。对比过去10余年全球经济发展和碳排放变化情况，不难发现，碳排放的增速显著低于经济增速。

图1-2　全球碳排放变化情况和经济变化情况

资料来源：IEA，世界银行，IMF，兴业碳金融研究院

重点领域方面情况如下。

电力端，根据国际可再生能源机构（IRENA）公布数据显示，2022年全球可再生能源新增装机容量达到破纪录的294.6GW，较2021年增加超30GW，增幅达11.5%。IEA预计2024年全球可再生能源新增装机将达到462.5GW，随着《联合国气候变化框架公约》第二十八次缔约方大会（COP28）形成了更大力度发展可再生能源的共识，2024年新增可再生能源装机容量有望更大幅度增加，受

新能源和核电迅速发展的影响，电力碳排放增长势头预计将得到遏制。

工业端，中国钢铁和水泥年产量常年占据全球总产量的半壁江山，2022年中国钢铁和水泥领域需求下降是全球工业碳排放降低的主因。国家统计局数据显示2023年，我国建筑业房屋建筑施工面积为151亿平方米，同比下降3%。建筑领域作为钢铁和水泥最大的需求方并未展现出反弹趋势，工业碳排放预计在2022年水平上小幅波动。

交通端，船舶、航空的清洁燃料并未出现大规模应用，纯电汽车销售占比也未占据主导，未来交通领域碳排放预计还将保持增长。

建筑端，全球建筑最低能耗标准的不断提升，建筑与分布式可再生能源的加速融合利用降低了建筑碳排放量，但考虑到全球人口的增长，以及极端气候的频发所导致的建筑能耗需求增长，预计未来长时间内建筑领域直接碳排放量将保持稳定。

化石能源供应方面：全球化石能源处于并将长期保持高占比的基本形势，短期内难以发生改变，美国、巴西原油产量增长预计将使供需紧张局势有所缓解，全球石油消费量在2023年和2024年继续保持在1亿桶/日的区间小幅增长。作为全球绿色转型的重要过渡能源天然气需求增长势头不减，2023年至2030年天然气产量或将保持高达12.5%的增势。①煤炭方面，根据国际能源署发布的《2023年煤炭市场报告》，2023年受欧美国家能源政策变动以及工业活动相对疲软等影响，全球煤炭需求涨幅总体有所放缓，约增长1亿吨，需求总量超过85亿吨，同比上涨1.4%。与此同时，随着煤炭生产国提高产量，供应趋于充足，2023年全球煤炭供应量同样出现上涨，达到87.41亿吨，涨幅约为1.4%，刷新历史最高纪录。进入2024年，欧美煤炭

---

① 资料来源：全球天然气市场趋向平衡　但仍面临不确定性，中国石化新闻网，2023/10/20〔2023/12/06〕，http://www.sinopecnews.com.cn/xnews/content/2023-10-20/content_7079351.html

产量将快速下滑，全球煤炭产量或将出现下滑，而煤炭在发电、钢铁、水泥等领域依然需求巨大，短期内需求依然稳定。

百万桶/天

图1-3　世界石油消费量（EIA预测）

资料来源：Wind，兴业碳金融研究院

在政策的激励和约束层面上，全球绿色转型意识进一步加强。世界各国政府普遍都加大了自上而下的政策驱动和投融资支持力度，分布式可再生能源装机容量的提升、新能源汽车销量的上升同时反映了自下而上的民意支持。全球产品绿色竞争体系加速构建。欧盟开始并将逐步实施碳边境调节机制（CBAM）和扩大产品碳足迹要求，美、日等国家也有意征收"碳关税"，我国也在积极构建绿色产品标准、认证、标识体系，未来全球经贸中，绿色属性将重塑各国产品的比较优势。绿色产业国际竞争加剧。值得关注的是，在全球绿色转型形成共识的大背景下，绿色产业的发展将成为各国经济增长的主引擎，引起各主要经济体的财税补贴竞争，为应对气候变化合作带来了挑战。

在产业链风险上，可再生能源项目大规模建设对供应链服务能力带来挑战。兑现全球性气候承诺需要不同国家地区以及各个行业的协同应对，对土地的可用性、能源基础设施的完善性、制造能力、消费者负担能力、投资意愿和材料的可用性等方面提出较大挑战。全球风光等清洁能源快速发展，相关材料供应瓶颈已经逐渐显现。受关键矿物、半导体和大宗材料（如钢铁和水泥）等价格上涨，2021年、2022年部分关键清洁能源技术价格有所上升。2022年初，太阳能光伏组件的价格比一年前贵20%左右；风力涡轮机的成本，尤其是欧洲制造商的成本，在2023年初仍然很高，比2020年同期的低水平高出35%[①]。考虑全球政治经济环境不确定因素的持续增加，各国将持续加大清洁能源投资建设以保障自身能源安全，预计2024年各国将加强产业链本土化，尤其是欧美发达国家与中国新能源产业链进行"脱钩"的风险加剧，这或将导致全球供应链进一步紧张，拖累全球绿色转型进程。

总体而言，随着全球能源和电气化转型的继续推进，各国气候政策雄心进一步加强，可以乐观预测2024年全球CO_2排放增速有望低于2022年0.9%的水平，全球碳排放增长拐点或将加速到来。

2.国际减排政策进展

政策方面，全球减排雄心未减，但排放差距依然巨大。政策是驱动各国降低碳排放的基础。联合国《2023年排放差距报告》显示，截至2023年9月25日，约占全球温室气体排放量81%的97个《联合国气候变化框架公约》缔约方通过法律（27个缔约方）、国家自主贡献或长期战略等政策文件（54个缔约方）或高级别政府官员的声明（16个缔约方）做出了净零承诺，较2021年的88个缔约方增加了9个。但整体而言，全面实施最新自主贡献所产生的全球温室气体排放量估计值与符合《巴黎协定》长期升温目标的排放差距依然巨大，目前无条件的国家自主贡献距离实现2℃目标的差距为

[①] 资料来源：国际能源署：预计2023年太阳能投资首超石油，中国经营报，2023/6/16
［2023/11/28］，https://baijiahao.baidu.com/s?id=1768858637481769094&wfr=spider&for=pc

140亿吨二氧化碳当量，实现1.5℃目标的差距为220亿吨二氧化碳当量。附条件的国家自主贡献若实施预计将缩小30亿吨二氧化碳当量的差距。实现《巴黎协定》气候目标仍需各国加大努力。

2.1　国际合作

2.1.1　COP28

COP28在艰难中达成"转型脱离化石燃料（transition away from fossil fuel）"共识。2023年12月，COP28在迪拜召开，是全球首次气候盘点。经过第一部分收集准备信息和第二部分技术评估及包容性对话后，各缔约国在COP28期间通过"加时"完成了此次盘点的第三部分，达成了包括减缓、适应、资金、损失和损害、公正转型多项议题在内的"阿联酋共识"这一政治成果。大会为全球气候行动的多个领域共筹集了超850亿美元的承诺资金，并就"损失与损害"基金达成了历史性协议；发布了包括《全球可再生能源和能源效率承诺》《阿联酋气候与健康宣言》《阿联酋气候救援、恢复与和平宣言》《石油和天然气脱碳宪章》《COP28大会氢宣言》《阿联酋冷却降温宣言》《COP28阿联酋气候投融资宣言》等一系列合作倡议；并最终以"转型脱离化石燃料"作为折中方案，弥补了化石能源"逐步减少"和"逐步淘汰"这一缔约国间最大的分歧。

能效提升与可再生能源利用目标宏伟，产业发展空间进一步提升。尽管各国在气候行动领域依然存在分歧，但在能源领域，COP28大会的成功闭幕进一步彰显了全球对于能效和可再生能源发展的共识。与会代表同意到2030年将能源效率的年提高率翻一倍，可再生能源装机增加两倍。能效方面，IEA数据显示，2022年全球能效提升了2%，2023年预计提升1.3%[①]，

---

① 资料来源：Energy Efficiency2023 Executive summary，IEA，2023［2023/12/14］，https://www.iea.org/reports/energy−efficiency−2023/executive−summary

要实现2030年能效提升一倍，需要各国加大对工业、电力、建筑、交通等领域成倍于当前的节能投资。可再生能源方面，根据IRENA《2023年可再生能源装机容量统计》报告，2022年全球可再生能源发电装机总容量3372GW，实现装机增加两倍的目标意味着今后每年全球平均装机要超过840GW，是2022年295GW新增装机的近3倍。COP28能效和可再生能源发展目标的实现，无疑进一步扩大了相关产业的未来发展规模。

甲烷成为全球减排重要议题。自COP28开幕以来，甲烷减排一直备受关注，2023年12月2日，中、美、阿三国共同主办了"甲烷和非二氧化碳温室气体峰会"，探讨交流全球合作减少甲烷排放。在会议开幕前，中美两国发表了关于加强合作应对气候危机的阳光之乡声明，明确两国将加强甲烷和其他非二氧化碳温室气体排放控制；我国发布了《甲烷排放控制行动方案》（环气候〔2023〕67号），明确甲烷排放控制路径；欧盟同意就限制甲烷排放立法，并对进口能源实施限排标准。未来，甲烷排放控制也将进一步成为全球气候合作重要议题之一。

2.1.2　G20峰会

二十国集团（G20）环境和气候部长会议未能形成公报，全球气候共识偏差依然难以调和。G20不仅是全球经济发展的主要驱动力，也是全球最主要的温室气体排放来源，2022年排放占比为76%，较2021年增加1.2%（2023年排放差距报告），因此，G20环境与气候可持续部长会议对凝聚全球共识，推动国际社会团结合作积极应对气候变化意义重大。2023年7月28日，G20环境与气候可持续部长会议在印度金奈举行，一致强调将加快气候行动；防止、减少和扭转土地退化，加快生态系统修复，遏制和扭转生物多样性丧失；加强水资源管理的可持续性和综合性；保护和养护海洋，促进可持续和有复原力的蓝色经济发展；促进资源的循环利用和循环经济发展，防止污染并降低风险；形成了"可持续和有弹性的蓝色/海洋经济金奈高级别原则"。遗憾的是，受俄乌冲突这一地缘政治的影响，该会议未形成公报。尽管应对气候变化，推进可持续发展早已成为全球共识，但受各国发展国情、资源禀赋、应对能力不同的约束，以及全球突发的地缘政治事件和政治博弈的影响，全球气候共识偏差依然较大，各国应对气候变化的实施节奏将呈现较大的差异性，在此背景下"协作共享"依旧是国际应对气候变化合作的最优解。

2.1.3 G7集团

2023年5月，G7（7国集团）发布清洁能源经济行动计划（*G7 Clean Energy Economy Action Plan*），计划进一步加强合作，加大对新能源的投资支持。该计划达成了7个重要共识，其中"最大限度地发挥激励措施的影响""通过贸易政策减少排放""建立有弹性的全球供应链"尤其值得关注。7国集团将制定更具雄心的激励措施和产业政策，鼓励对清洁能源的投资；制定推动碳减排和脱碳的贸易政策，并开展合作制定商品碳排放强度的方法；确保清洁能源供应链多样化，支持关键矿产资源的本地化，以确保清洁能源安全、有弹性、负担得起和可持续。G7作为西方主要发达国家参与全球治理、进行政策协调的重要平台，该计划的发布将对中国以光伏、风机、动力电池为代表的新能源产业产生一定的影响。

2.2 部分重点区域气候政策持续推进

2.2.1 欧盟

气候政策侧重于对产业的激励和约束，"保护主义"势头显现。2023年俄乌冲突带来的能源危机依然深刻影响着欧盟制造业，而美国单边实施的《通胀削减法案》（IRA）对欧盟传统优势产业又进行了一次"釜底抽薪"。在此背景下，欧盟2023年出台的各项气候政策在延续确保气候目标实现的基础上，更侧重于对产业安全、竞争力、绿色和数字化转型方面的考虑。

政策方面，2023年2月，欧盟公布《绿色协议产业计划》，旨在精简补贴流程，加速对欧盟产业的补贴力度，尤其是在数字化和绿色化转型层面；3月欧盟公布了与该计划相配套的《关键原材料法案》和《净零工业法案》确保产业转型过程中关键原材料的可获得性以及产业政策的适用性。该计划标志着欧盟更加注重发挥政策的作用，以财政补贴，引导产业的转型，并将加大对域外国家企业享受本国政府扭曲性补贴的评估和审查力度，避免欧盟产业遭受类似IRA的歧视性政策。2023年欧盟对我国新能源汽车开展反补贴调查显现出其对于关键绿色产业领域的"保护主义"势头。

市场方面，碳定价机制在欧盟气候政策中的重要性进一步凸显。2023年，欧盟正式通过了改革欧盟碳排放交易体系（EU ETS）、设立欧盟碳边境调节机制（CBAM）的法案，一方面对碳排放市场进行了扩容，将海运领域纳入其中，并收紧了碳排放免费配额的发放，另一方面计划对进口欧盟的高碳纳管产品所含的二氧化碳进行"碳税"征收，避免"碳泄漏"。此外，欧盟还通过更新的《电池与废电池法》，首次将碳足迹要求作为市场准入的一部分。通过为碳定价，鼓励低碳产品的消费，将有力地刺激生产端对于绿色低碳技术的投入和应用，倒逼产业进行绿色转型。

多措并举全力保障能源安全。能源市场的波动和地缘政治博弈引发的供应紧张促使欧盟更加注重能源安全问题。短期内，欧盟采取确保燃料供应与天然气储备、增加燃油和燃煤发电、延长部分核电站运行期限、加快推动可再生能源新项目等措施应对能源危机。具体表现为：一是推动天然气多元化供应，欧盟持续寻找新气源、加强储气能力建设、加快基础设施建设，以满足自身天然气需求；二是投资清洁能源，包括提升可再生能源发展目标、重新审视核电发展、挖掘海上风电资源潜力、加大太阳能开发力度等；三是强化能源需求侧管理，如推进节能与能效提升、制定需求压减方案；四是发挥政府的调节作用，在电力市场改革、能源价格短期干预、财税支持政策等方面持续发力（见表1-1）。

表1-1 欧盟应对能源安全风险策略

主要方面		措 施
推动天然气多元供应	持续寻找新气源	➢ 欧盟深化与卡塔尔、挪威、澳大利亚等产气国的交易； ➢ 意大利同阿塞拜疆、安哥拉及刚果三国达成天然气进口协议； ➢ 欧洲寻求从北非地区进口更多天然气
	加强储气能力建设	➢ 欧盟于2022年5月出台严格的储气规定保障冬季供应安全，要求11月1日前成员国储气库满库率须达80%，且此后每年同期均须达90%
	加快基础设施建设	➢ 根据德国政府规划，在2023年冬季前，三座LNG接收站投入运行，2024年将另有6座LNG接收站上线； ➢ 欧盟委员会称成员国境内LNG再气化终端将由27个增至35个，再气化能力将从1780亿立方米增至2270亿立方米
投资清洁能源	提升可再生能源发展目标	➢ 2023年，欧盟通过最新的《可再生能源指令》，到2030年可再生能源占最终能源消费总量的比例由目前的32%提高到42.5%，指导性目标将提高到45%； ➢ 欧盟还在交通、工业、建筑以及供暖制冷等领域制定了具体的可再生能源发展目标
	重新审视核电发展	➢ 2023年5月，法国国民议会通过了《加速核能发展法案》，将取消2015年设定的"到2035年法国核电占比不超过50%的上限"，并简化行政手续促进新反应堆的建设； ➢ 2023年，匈牙利、芬兰、捷克、英国等将核电站运营年限延长20年
	挖掘海上风电潜力	➢ 比利时、丹麦、德国、荷兰、法国、英国、爱尔兰、挪威和卢森堡九国就开发北海海上风能签署了《奥斯坦德宣言》，提升原有北海海上风电装机目标
	加大太阳能光伏开发力度	➢ 欧盟计划到2025年实现320吉瓦的太阳能光伏并网，较2020年翻番，到2030年几乎再度翻倍至600吉瓦，未来欧盟每年新增装机量至少要达到45吉瓦； ➢ 欧盟提出分阶段屋顶光伏立法，到2026年，所有屋顶面积大于250平方米的新建公共建筑和商业楼必须安装屋顶光伏，所有符合条件的现存楼栋则需要在2027年完成安装，2029年后所有的新建住宅楼都需要强制安装屋顶光伏

续表

主要方面		措　施
	促进绿氢规模化供应	➢ 2023年2月，欧盟宣布1.7亿欧元资助丹麦制氢技术，支持可再生能源电解制氢及其衍生物（如氨、甲醇等）技术； ➢ 德国政府通过新版《国家氢能战略》，预计到2030年，德国的氢能需求量将达到130太瓦时，其中50%～70%需要进口； ➢ 法国推出《绿色工业法案》以加快重工业脱碳进程，尤其侧重于推广无碳氢
强化能源需求侧管理	推进节能与能效提升	➢ 在工业领域，督促企业减产，对资金周转周期短的高耗能企业强制要求投资替代能源； ➢ 在建筑领域，德国对《建筑能源法》修订，提出新安装供热设备的可再生能源使用占比不得少于65%；法国政府规定住宅、教育机构、办公室和对公众开放场所的冬季供暖温度不得高于19摄氏度，夏季空调温度不得低于26摄氏度；瑞士规定，冬季室内暖气温度不得超过19摄氏度，热水不超过60摄氏度
	制定需求压减方案	➢ 法国提出到2024年将能源使用量减少10%、到2050年减少40%的目标； ➢ 2023年3月，欧盟成员国同意将自愿减少15%天然气需求的目标延长一年，即在2023年4月1日至2024年3月31日，将天然气消费量与2017年4月1日至2022年3月31日的平均消费量相比减少15%
发挥政府的调控作用	加速电力市场改革	➢ 欧盟委员会于2023年3月通过了修订后的欧盟电力市场改革提案，增加可再生能源发电占比，提升电力市场稳定性，帮助欧洲降低能源成本； ➢ 2023年1月，西班牙发布文件，呼吁进行更为激进的电力市场改革，希望尽可能降低天然气价格上限，并建议欧盟委员会将电价与天然气市场彻底脱钩，此举得到法国、意大利等支持
	能源价格短期干预	➢ 欧盟委员会于2022年9月发布《应对能源高价的紧急干预方案》，具体包括限电、限价和征收暴利税三方面干预措施； ➢ 欧盟、七国集团和澳大利亚2022年12月对俄海运出口原油设置每桶60美元的价格上限； ➢ 欧盟能源部长会议决定，对来自俄罗斯的进口天然气价格设置180欧元/兆瓦时上限，该限价机制于2023年2月15日启动
	推出财税支持政策	➢ 德国将此前提出的2000亿欧元"一揽子"纾困计划持续至2024年； ➢ 意大利政府于2023年3月通过总额49亿欧元的能源账单补贴法令

资料来源：中能传媒能源安全新战略研究院，兴业碳金融研究院

2.2.2　美国

美国以贸易壁垒与歧视性财税补贴的组合，降低绿色比较成本。有别于欧盟通过"碳定价"变相征收"碳税"的方式凸显绿色竞争优势，美国通过财政补贴降低本土"绿色"比较成本。由于美国本土绿色产业在国际竞争中难言优势，难以支持拜登政府的气候雄心，美国政府需要主动且迅速地对产业进行干预，而财税补贴被视作最直接且最有效的措施。2021年底和2022年通过的《基础设施投资和就业法案》和《通胀削减法案》为美国应对气候变化的巨额资金支持提供了最有利的政策保障。因此，落实应对气候投资和绿色技术领域的财政补贴和税收抵免也成为2023年美国气候政策框架下的主要行动。

《基础设施投资和就业法案》总投资额为1.2万亿美元，解决气候变化危机成为该法案的优先事项之一。该法案旨在加快对基础设施领域的投资，并将气候友好、抵御气候危机、减少碳排放等作为投资的软性要求，以拉动就业实现可持续的经济复苏。《通胀削减法案》是美国里程碑式的气候法案，在未来十年中将动用近4000亿美元资金通过直接补贴、税收抵免等方式支持能源安全与应对气候变化。该法案提出了一系列歧视性、排他性措施，如要求相关产品必须在美国本土或者北美地区生产或销售，旨在通过巨额排他性单边补贴的形式培育绿色产业本土产业链。

2.2.3　日本

绿色技术的革新是关键，能源安全是核心。2021年5月，日本正式通过了《全球变暖对策推进法》，以立法的形式明确了日本政府提出的到2050年实现碳中和的目标。同年11月，日本更新《2050碳中和绿色增长战略》，通过调整预算、税收优惠、健全金融体系、进行监管改革、制定标准促进可再生能源、氢能、氨能等零碳技术的发展。日本是典型的经济大国、资源小国，能源高度对外依赖的特征深刻地影响了日本绿色转型政策。日本发展以海上风电和核电为主，配套绿氨、绿氢关键技术的零碳技术路线一方面有利于扩大日本传统的技术优势，另一方面能解决日本能源过度依赖的问题。

2023年，日本通过了"以实现绿色转型为目标的基本方针"，将核能和氢能的发展摆在优先地位，辅助以加强节能管理，提升能源的清洁高效利用。此外，该方针还计划在10年内发行20万亿日元的绿色转型债券，促进超150万亿日元（约合1.1万亿美元）的公共和私人绿色转型投资，还将采取对碳排放收费的"碳定价"措施。氢能方面，日本政府于2023年开始修订《氢能基本战略》，计划到2040年实现氢用量增长6倍至1200万吨，并将燃料电池、电解水制氢设备等9项氢能关键技术确定为"战略领域"。日本新能源产业技术综合开发机构（NEDO）也发布《汽车和重型卡车用燃料电池路线图》和《固定式燃料电池路线图》，明确了氢能领域核心技术发展目标，强化交通领域氢能的应用。核能方面，日本于2023年发布了《未来核能政策方向与行动指南》，强调最大限度利用现有反应堆的同时开发建设下一代新型反应堆。与此同时，日本还敲定了首个核聚变能源开发战略方案，将重点培育核聚变产业。

3. 国际气候博弈新趋势

2022年12月13日，欧盟理事会与欧盟议会就建立欧盟碳边境调节机制（CBAM）达成临时协议。同年12月17日，欧盟碳市场（EU ETS）改革方案也正式被批准通过，CBAM实施方案中剩余涉及EU ETS的相关细节全部敲定。2023年5月16日，欧盟正式通过《建立碳边境调节机制》的法令（Regulation［EU］2023/956）。至此，全球首个具有"碳关税"意义的气候贸易机制"靴子落地"，于2023年10月1日正式实施。

在CBAM临时协议签署的前一天，G7集团正式宣布"气候俱乐部（climate club）"成立，而气候俱乐部的核心之一就是建立统一互认的碳排放核算规则，并将强化合作，在国际层面打击碳泄漏。这一联盟也被认为是发达国家间的"碳关税"联盟。而在更早之前的6月，美国也公布《清洁竞争法案》（Clean Competition Act）提案，架构了美版"碳关税"。

我国应谨防海外特别是美国以"碳关税"为工具，打压发展中国家经济和产业发展，并以绿色发展"为矛"应对国际绿色贸易壁垒。同时，应积极开展国际合作，一方面，加强"一带一路"绿色经贸合作，进一步发挥发展中大国的引领作用；另一方面，推进与欧盟的磋商谈判，确保应对气候变化的国际规则公平公正。

3.1　碳关税：欧盟CBAM与美国CCA的比较

3.1.1　欧盟碳边境调节机制尘埃落定

在经历了长达半年的磋商后，欧洲议会与欧洲理事会于2022年12月13日达成临时协议，正式确定建立欧盟碳边境调节机制（CBAM）。2022年12月17日，针对欧盟碳市场（EU ETS）的改革方案也正式批准通过。至此，CBAM实施方案中剩余涉及与EU ETS有关的细节也得以敲定。2023年5月CBAM立法通过，并于2023年10月1日起正式生效，全球首个"碳关税"机制进入实施阶段。

在实施期限上，2023—2026年将是CBAM的过渡期，过渡期内申报企业只需要履行报告义务，从而建立数据基础，熟悉CBAM的执行流程。2026年，欧盟将正式征收"碳关税"。

在征收范围上，CBAM首批纳入征收范围的产品种类在立法过程中经过数次修订最终确定为水泥、电力、化肥、钢铁、铝和化学制品（氢气）。其间，欧盟对于征收范围进行过多次修改，CBAM最终将首批征税产品范围确定为上述6类主要考虑可以理解为：一是水泥、电力、化肥、钢铁、铝行业属于高排放行业；二是氢能战略是欧盟未来能源发展的核心领域，通过CBAM可以避免域内氢能产业（尤其是绿氢产业）因进口低价氢气（主要为化石能源制氢，即灰氢）受到打击；三是为后续扩大征收范围进行"压力测试"，测试域内产业界和域外其他国家的反应，以及征收效果。

在CBAM的采购和履约上，欧盟将建立中央交易平台负责CBAM证书的交易结算，每张CBAM证书都有一个唯一的标识号。欧盟委员会将按每个日历周内欧盟碳市场收盘价的平均值确定下一周CBAM证书的价格。申报人必须确保每个季度末账户内CBAM证书的数量不低于该年度进口货物所含碳排放量的80%，并在每年5月31日前，完成CBAM证书的清缴，即"碳关税"履约。抵扣政策方面，申报人在申报过程中可以说明在原产国有效支付（effectively paid）的碳价（考虑了各种相关补贴在内的实际碳履约成本），并提出减少提交CBAM证书的数量。

在管理权属上，欧盟各成员国需设立对应主管机构，负责各国CBAM的履约、监督和处罚等事宜。各成员国海关当局应不允许申报人之外的任何人进口纳管货物。各成员国海关必须定期向欧委会通告进口货物涉及CBAM的相关信息。欧委会负责设立CBAM登记处（注册和交易系统）。登记处是一个信息化的系统，将负责CBAM注册信息、CBAM证书交易信息，以及最终履约信息的收集。欧委会每年会基于此公布每一种纳管货物所含的总排放量。此外，欧委会还将负责标准和方法学的制定、碳排放结果的审核、违规行为的监督。

尽管欧盟CBAM已立法通过，但国际上围绕"碳关税"的争议也从未停歇。

2008年，欧盟单方面立法宣布将国际航空纳入碳排放交易体系，2012年1月1日，该法案正式实施，规定其可对所有进出欧盟国家机场的航班征收碳排放税，这一举措激起全球多国强烈反应。2012年2月22日，国际民航组织23个国家签署了《莫斯科会议联合宣言》，共同反对欧盟单方面将国际航空纳入欧盟的碳排放交易体系。美国参议院于9月表决通过议案，禁止美国的航空公司加入欧盟航空排放交易体系。迫于压力，欧盟委员会于

2012年11月12日宣布在2013年秋季之前，暂停实施欧盟单方面采取的对进出欧盟国家的欧盟以外民用航班征收碳排放税的措施。[①]至此，欧盟第一次对外征收"碳关税"的尝试夭折。

此次欧盟碳关税以CBAM的方式卷土重来，一经提出便引发国际争议，争议的核心聚焦于CBAM是否违背世贸组织协定（WTO）原则，是否有悖于联合国"共同但有区别的责任"原则，对多边贸易体制带来破坏。2023年9月，巴西、南非、印度和中国四国气候部长级会议发表联合声明，深切关注单边主义、贸易保护主义和国际合作支离破碎的趋势对气候行动的损害。11月，我国正式在世界贸易组织贸易与环境委员会会议上提交《关于碳边境调节机制有待多边讨论的政策问题》提案，提出若干需要在多边开展专题讨论的具体问题，得到广泛响应。在COP28期间，来自多个国家的代表也对欧盟CBAM表示了严重的关切，认为CBAM严重限制发展国家的贸易和工业化进程。

而欧盟始终坚持，在进行碳市场定价的同时，实施碳排放履约是最有效的气候手段，并认为CBAM（欧盟境内与境外商品所需承担的碳履约成本一致）与WTO原则本质上是相适应的，也希望借此促使全球各国都能够推行具有气候雄心的政策。而关税与贸易总协定（GATT）中的例外条款即"为保护人类、动物或植物的生命或健康所必需的措施"和"与保护可用竭自然资源有关的措施"，也被外界认为将是欧盟在弥合CBAM与WTO的争端中最有可能加以利用的条款。

3.1.2　美版"碳关税"雏形显现

2022年6月，美国民主党参议员向参议院金融委员会提交了一个设立

[①] 资料来源：中国共产党新闻网，欧盟征收航空碳税被迫暂停［EB/OL］. 2012/11/14［2022/12/20］，http://theory.people.com.cn/n/2012/1114/c40531-19574042.html.

碳边调节机制的立法提案，名为《清洁竞争法案》（Clean Competition Act，CCA）。①CCA被认为是美国"碳关税"的雏形，相较于欧盟CBAM，CCA展现了另一种"征税"形式。

美国CCA的征税逻辑是，以美国产品的平均碳排放水平为基准，对碳排放水平高于基准的进口产品和本国产品征收超标费用。

在征收时间上，从2024年开始，不论是美国产品还是进口产品，只要其碳排放水平高于基准线值，就对超过的部分征收55美元/吨的碳税。之后每一年在上一年碳税额的基础上按上一年度通货膨胀率叠加5%上浮。进口商需在第二年度9月30日前支付上一年度所需缴纳的碳税。

在征收范围上，CCA征收的范围覆盖多达21个行业的产品，包括石油开采、天然气开采、地下煤矿开采、纸浆、造纸、石油精炼、石油化工、乙醇、玻璃、水泥、钢铁、铝等，主要都是高耗能行业产品。按CCA规定，对于进口商品而言，2024年和2025年仅覆盖法案中涉及的21个类目产品，从2026年开始，CCA对进口产品的征税范围将进一步延伸至下游制成品，如进口产品含有500磅（1磅约为0.45千克）以上CCA纳管的初级产品也将缴纳碳税。到2028年，这一标准将收紧到100磅。

在基准线的制定上，征收范围覆盖的企业需根据"温室气体报告计划（Greenhouse Gas Reporting Program）"的要求，每年提交温室气体排放报告，报告内容包括企业产品产量、对应的排放量和耗电量。基于企业提交的排放报告，美国政府将计算出每一类产品的平均碳排放水平（范围一和范围二排放）作为该类产品的基准线值，在2025—2028年，基准线水平将每年下调2.5%，之后每年下调5.0%，从而激励企业采取措施降低碳排放

---

① 资料来源：美国国会官网，S.4355 – Clean Competition Act［EB/OL］. 2022/06/07［2022/12/20］，https://www.congress.gov/bill/117th–congress/senate–bill/4355/text?r=6&s=1

水平。

在进口产品碳排放水平核定层面，如果进口商品原产国具备透明的、可核验的且可信的碳排放信息，且该国是"透明市场经济体（transparent market economy）"的话，美国将承认该产品的碳排放信息。否则，将采用原产国行业产品的平均碳排放强度。如果原产国的排放数据不可靠或无法验证，则采用该国整体碳排放强度（基于GDP核算的碳排放强度）。而从之前的国际贸易博弈来看，是否是"市场经济"已成为美国滥用诸多贸易保护手段的道德"支点"，其认定也依赖于美国自由随意的裁量。

在豁免机制层面，美国将对本国生产的用于出口的涉税产品给予退税，并对来自最不发达国家的进口涉税产品予以豁免。在碳税用途方面，75%的碳税收入计划用于支持本国纳管行业进行节能降碳改造，25%用于多边援助，以支持气候和清洁能源计划。

美版"碳关税"相较于欧盟CBAM实现了与碳市场的脱钩，这与美国尚未建立全国碳市场的国情有关。对于企业而言，按照CCA的规则，企业生产的产品不需要为"全部"的碳排放埋单，而仅仅需要为"落后"于基准值的部分缴税。

从整体上看，美国CCA提案还处于初级阶段，离形成正式文本还有一段距离，也存在部分监管漏洞和不明确的地方，例如，如何定义"透明经济体"、本土涉税产品的垂直生产型企业（涵盖从原材料生产到下游制成品加工的企业）理论上并不在纳管范围，是否豁免已经在出口国进行碳排放履约的产品等。后续部分细节和条款势必将进一步完善，但该法案能侧面反映美国"碳关税"制度的设计思路和机制雏形。

尽管目前该法案提案并未有实质性的进展，且后续美国还公布了其他涉及对碳排放征费的《外国污染费法案》（*Foreign Pollution Fee Act of 2023*）提案，但美国相关法案提案的制定向外界表明了美国对于"碳关税"的开放和趋于支持的态度。

美国紧跟欧盟制定"碳关税"政策，一方面表达出对传统盟友欧盟气候政策的支持，另一方面也看到了实施"碳关税"对于保护和发展本国制造业的积极作用。

3.2 气候俱乐部：发达经济体的合纵连横

在气候问题日益成为外交主线的当下，各国更加意识到气候话语权的重要性，而发达国家似乎更加有意结成气候联盟，主导全球气候治理话语权。在2022年1月，德国曾表示希望建立"气候俱乐部（climate club）"，并推动七国集团（G7）成为俱乐部核心。在CBAM临时协议签署的前一天，七国集团轮值主席国德国的总理舒尔茨正式宣布"气候俱乐部"成立。

气候俱乐部将重点关注工业部门的减排，俱乐部成员将合作加速推进工业部门绿色升级，通过建设零碳排放的工业来促进全球绿色转型。气候俱乐部还将致力于促进各国建立更具雄心且更透明的气候政策，尤其是在碳排放的核算和报告机制方面，并将强化合作，在国际层面打击碳泄漏。

2023年初，欧美计划建立"钢铁俱乐部"的消息也甚嚣尘上。①2022年10月31日，美国和欧盟同意结束钢铁和铝的贸易争端，并承诺"加强伙伴关系应对钢铁和铝行业的共同挑战"。美欧不仅试图恢复钢铁和铝产品贸易正常化，还计划在未来两年内制定一系列促进钢铁和铝行业低碳转型的政策，并确保进口的高碳钢铁和铝产品无法规避这些政策。

尽管G7气候俱乐部才迈出一小步，但可以明确的是：在国际贸易规则与应对气候变化规则交织的背景下，发达经济体有意建立"气候联盟"，在

---

① 资料来源：Euractiv, Green industry: G7 sets out terms for global 'climate club'［EB/OL］. 2022/12/13［2022/12/23］，https://www.euractiv.com/section/energy-environment/news/ green-industry-g7-sets-out-terms-for-global-climate-club/

内部建立一套互认的应对气候变化新机制，并试图利用其在经济和贸易领域的影响力将机制和配套的标准扩大到全球范围。碳关税的相关政策，以及碳排放核算标准体系将成为联盟合作的优先项。

3.3　小结：国际气候博弈新动态

无论过程是有意还是无意，气候问题已从最开始的科学问题逐渐演化成政治问题，成为当下全球治理议程的核心之一。应对气候变化问题需要国际合作，但迄今为止应对气候变化问题与国家发展权问题两者的强对立关系并未从根本上得到缓解，致使国际气候谈判进展缓慢，国际绿色竞合关系维持着脆弱的平衡。要实现巴黎气候协定温升控制在1.5/2℃之内，就必须对每年全球温室气体排放量进行限制，这也是"碳预算"的由来。如果对温室气体排放进行总量控制，那么针对排放权这一国际公共产品的分配方式自然就成了各国在气候博弈中针锋相对的核心问题。应对气候变化是应基于"现实与后果"还是要尊重"道义与公平"，一直是发达国家与发展中国家气候谈判博弈的重点。近年来，发达经济体对国际气候谈判进程似乎"失去耐心"，更多从单边出发，利用自身经贸优势地位和气候保护的"道义制高点"，主导国际气候政策的制定，促使发展中国家不得不接受发达经济体的要求。近年来发达经济体在应对气候变化的行动上发生了细微的变化，体现在如下三方面。

一是内部更"团结"。在行动方式上，发达经济体酝酿成立各种内部气候合作关系，实现内部团结一致，减少分歧，进一步牢牢控制气候政策、标准、科技等方面的话语权。

二是创新"游戏规则"。在方式方法上，发达经济体以促进减排为由，利用国际经贸中的强势地位，通过设置各种类似"碳关税"的贸易机制，倒逼发展中国家采取更有力的减排措施。

三是气候援助"画饼充饥"。欧盟的CBAM、美国的CCA都设置了帮助最不发达国家实施绿色发展的条款，也表示有意对最不发达国家实施豁免，以便争取其支持。

发达经济体激进的行为，为本就艰难的国际气候合作添加新的变数。国际气候合作将面临以下挑战。

一是美欧酝酿新秩序，发展中国家发展权力受到挤压。近年来，WTO处于改革进程中，尽管气候问题与国际贸易规则的相融成为国际关注的热点，但在WTO现有框架下气候贸易政策的认定与协调机制仍未有太多进展。欧盟CBAM、美国CCA的实施势必对现有贸易秩序带来冲击，受到绝大多数发展中国家的反对，未来不排除欧美有绕开WTO强行征收的可能。WTO裁定美国对中国等方钢铁和铝产品加征关税违规，但美国蛮横拒绝，并表示不会取消这些关税就是例子。在逆全球化浪潮愈演愈烈的当下，假若其他国家对欧美碳关税采取相应的反制措施或者制定类似的关税政策，将对全球贸易自由化带来进一步严重冲击，全球贸易秩序也将面临崩溃，而发展中国家，尤其是出口导向型国家经济将受到重创。

二是发展中国家经济面临挑战，无暇顾及气候问题。碳关税制造的贸易壁垒将弱化发展中国家产品的价格优势，影响出口。随着出口减弱，经济增长放缓带来的失业、贫困、政府财政收入降低、外汇失衡等问题都将成为政府优先于气候问题亟待解决的事项。全球气候将因此加速恶化，各国气候议题磋商中的矛盾也将越来越大，更多被相互指责充斥。

三是发达国家将承受高物价。碳关税的实施将会使一部分制造业回流，从而导致发达经济体居民不得不承受高物价。

3.4 我国的应对思考

3.4.1 关注"透明市场经济体"概念

在美国肆意破坏国际规则，推行单边主义和贸易保护主义的背景下，美国CCA法案提案中提及的"透明市场经济体"概念尤其值得注意。根据CCA规定，一旦被定义为非透明经济体，其出口美国的产品将按该国整体碳排放强度进行核算。以2019年为例，美国2019年GDP为21.4万亿美元，碳排放量为51.47亿吨，折算碳排放强度为2.41吨/万美元，约合0.35吨/元（以1美元兑人民币6.9元的汇率估算），约为我国的1/3。

图1-4　近年来美国碳排放情况

资料来源：EIA，兴业碳金融研究院

考虑到中美碳排放强度差异，一旦美国滥用"透明市场经济体"概念，将对我国出口美国产品带来严重负面影响。即便我国建立了完整的碳排放核算方法和标准、构建了完善的碳交易和履约体系，美国还是很有可能将中国定义为非透明市场经济体。此外，如果美国将越南、印尼、印度等承接了中国制造业转移的国家定义为透明市场经济，甚至豁免国家，则会进一步打压我国出口型企业的生存空间，加剧产业链外移风险。

整体来看，我国处于要素和投资驱动型向创新驱动型转换的经济变革中，成本优势依然是我国出口产品的核心竞争力之一，美国碳关税将使我国出口型企业面临更大的转型压力。同时，我国不具备像发达国家一样对进口产品征收碳关税的基础。我国进口额排前十的商品主要集中于高端制造业产品和基础原材料产品，大多属于刚需类产品，暂时不具有国产替代性，加征碳关税的成本将转嫁到消费端。此外，在我国出口结构中，外商投资企业出口金额占比高，存在产业链转移的风险。

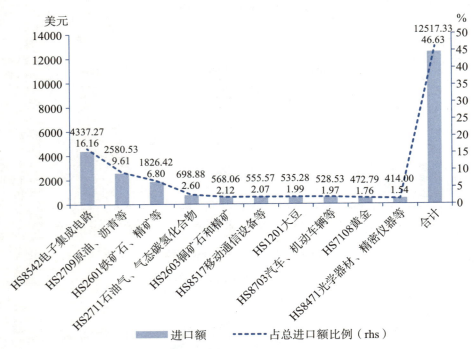

图1-5 2021年我国前十大进口商品进口额和占比情况

资料来源：UN Comtrade，兴业碳金融研究院

表1-2 2022年外商投资企业进出口情况

项目	金额［亿美元］	项目	金额［亿美元］	外资占比
我国进出口总额	62813	外商投资企业进出口总额	20764	33.1%
我国出口总额	35693	外商投资企业出口总额	11233	31.5%
我国进口总额	27120	外商投资企业进口总额	9530	35.1%

资料来源：商务部，兴业碳金融研究院

3.4.2 强化与欧盟的谈判与合作

从发展趋势来看，欧盟CBAM已形成一套成熟和较为合理的碳排放核算、履约和交易机制，且在设计之初有意考虑了与WTO规则的兼容性，并已立法实施。英国、日本、加拿大等国也表示要研究制定本国的"碳关税"政策，随着越来越多的发达国家对于碳关税的浓厚兴趣，各国碳关税方案预计将在未来几年密集出现在国际视野，而发展中国家阻止碳关税实施的措施有限。

从国际关系的视角来看，欧盟基于其自身战略自主的长期战略目标，保持与我国常态的竞争合作关系，发展对华关系的良好意愿也在提升。中欧就共同谈判制定国际气候标准、方式方法的对话空间远大于中美。

从征收目的来看，欧盟CBAM的核心诉求是通过为碳排放定价，以价格手段倒逼企业加速采取减排措施，从而推动全球减排目标的实现。尽管欧盟CBAM对境内外所有企业一视同仁，按照碳排放"绝对值"进行征税将为企业带来更大的经济负担，但征收方式方法较美国CCA更加透明，且出口产品在生产地碳履约的成本可以进行抵扣。而美版碳关税完全有可能沦为美国打压发展中国家经济和产业的工具。

从发展规划来看，我国碳排放强度水平呈逐年下降的趋势，未来我国将坚定不移地推行绿色发展，产业绿色低碳化成为企业发展的重点之一，在巨大需求刺激下，绿色低碳产业发展也将继续保持飞速发展。现阶段，我国经济在向高质量发展转型的过程中出现了产业链向东南亚、南亚国家转移的现象，但长期而言，随着我国"双碳"目标的推进，无论是绿色基础设施方面，还是制度框架层面将更有利于服务企业建立绿色产业链，打造绿色竞争力。而欧美国家的碳关税在一定层面上能促进我国对相关产业的吸引力。

综上而言，如果发达国家征收碳关税难以避免，基于两害相权取其轻的原则，我们应当强化与欧盟的谈判和合作，一方面，基于欧盟CBAM的核心框架推动全球制定统一的、透明的碳关税机制；另一方面，从欧盟CBAM的核心诉求出发，联合发展中国家与欧盟开展谈判，商讨兼顾共同但有区别的原则，推动制定更加合理的CBAM机制。例如，CBAM在征收过程中充分考虑各国的发展水平，设置多样化的减免机制，可根据各国提交的国家自主贡献目标完成情况进行差异化征收；在CBAM资金管理上，交由联合国系统进行监督统筹；在资金使用上，坚持公正透明的原则，全部用于全球应对气候变化行动。

3.4.3 高质量共建"一带一路"

党的二十大报告指出，"积极参与应对气候变化全球治理"。2022年《关于推进共建"一带一路"绿色发展的意见》（发改开放〔2022〕408号）发布。展望未来，我国应继续坚持共同但有区别的责任原则，进一步发挥发展中大国的引领作用，加强"一带一路"国家在绿色发展领域的合作，扩大发展中国家在国际气候乃至经贸领域的话语权。在外交上，站在发展中国家的立场出发，在"一带一路"倡议的框架下，合作共建气候对话平台，团结发展中国家，形成合力应对发达国家的绿色壁垒。在政策和标准制定上，积极参与国际绿色标准制定，以公平公正的原则，使政策、标准与各国发展节奏相适应。在技术和金融支持方面，分享中国绿色发展经验，为发展中国家提供力所能及的资金、技术支持，鼓励企业赴境外设立聚焦绿色低碳领域的股权投资基金，帮助提高环境治理能力。加速产业链在"一带一路"国家中的布局，为发展中国家提供可持续发展项目资源，支持"一带一路"国家基础设施互联互通和经济一体化，形成经济向心力。使应对气候变化与发展权脱钩方面，敦促发达经济体落实对发展中国家的资金和技术援助。帮助发展中国家提高技术水平、降低碳排放强度才是减缓全球气候变化最直观、最有效的方案。

3.4.4　加快国内绿色转型

绿色发展是我国高质量发展的内在需求，也是我国应对发达国家绿色壁垒的最优解。我国应从以下方面加速绿色转型，培育企业绿色竞争力。加大绿色能源基础设施建设，构建现代能源体系。在确保能源安全的情况下，进一步优化能源结构，通过统筹推进大型风电光伏基地和管网基础设施建设，增加绿色低碳能源的供给，在不增加额外用能成本的情况下，降低企业用能过程中的碳排放。强化政策和机制建设，增加企业减排动力，丰富企业减排方式。完善财税、价格、金融、贸易等政策和市场化机制，推动碳排放外部成本内部化，激励和引导各类主体参与碳减排。加速碳排放核算方法学和标准的更新完善，确保企业有明确清晰的参考依据。完善并创新碳减排工具，如碳排放因子库、绿证、碳汇等，拓宽企业减排路径。加快绿色低碳科技创新，强化基础研究、前沿技术布局和科技攻关，围绕能源、工业、建筑、交通、碳汇等领域加快先进绿色低碳技术研发。保护知识产权，加大财税金融的支持力度，促进绿色科技成果的转化以及在企业中的应用和推广。

二、中国：开启生态文明建设新篇章

1. 我国各省区碳减排：进展与路径

2023年7月11日，中央全面深化改革委员会第二次会议审议通过了《关于推动能耗双控逐步转向碳排放双控的意见》，提出有计划、分步骤地推动能耗双控转向碳排放双控的工作安排和实施路径。这意味着，我国已启动建设以降碳为导向、以碳排放总量和碳排放强度为主线、自上而下的碳排放管控体系。参照能耗双控制度的指标分解落实机制，在碳排放双控制度体系下，未来碳排放总量和碳排放强度控制目标预计也将会分解落实至各省（市、区），成为各地区经济社会发展的重要约束性指标，引导着各地区的低碳转型发展。

在此背景下，本章节通过分析当前我国各省碳排放现状与特点，探究未来逐步转向碳排放双控后，不同省份和地区面临的减排压力和可能的低碳转型路径。

1.1　方法与数据

温室气体的核算主要遵循两种原则："生产责任原则"和"消费责任原则"。"生产责任原则"法衡量的是一地区生产生活过程中产生的碳排放，实际上将碳排放责任分配给生产地区，体现了"污染者付费"的思想。"消费者责任原则"法衡量的是一地区由最终消费导致的碳排放，实际上以跨区域贸易为基础，根据价值链上产品的最终流向，将"生产侧"中的产品隐含碳排放责任重新划分给消费者。两种方法优劣性明显：（1）"生产责任原则"法操作性更强，但忽略跨区域贸易隐含碳排放。根据"污染天堂假说"，该方法可能会促进高碳产业向管制较松的地区转移，或加剧跨地区"碳泄漏"问题的发生。（2）"消费者责任原则"法避免了"碳泄漏"的发生，能够促进某地进口低碳消费品或转让低碳技术，但却缺乏对生产端的约束。"生产责任原则"法是目前的主流方法，《京都议定书》《巴黎协定》等在制定气候政策时均采用该原则，并且通常以IPCC国家温室气体清单指南为参考。

当前，我国碳排放双控制度体系下对各省碳排放核算方法尚未明确。本章将采用"生产者责任原则"和"消费者责任原则"两种利益原则法，核算并分析省级地区"生产侧"和"消费侧"碳排放现状，深入剖析各省份面临的碳减排的责任与压力。

本章采用的基础数据来自CEADs。一方面，基于CEADs的2005—2021

年30个省份的碳排放清单（以下简称"CEADs清单"），分析"生产侧"碳排放情况；另一方面，利用CEADs的2017年中国多区域投入产出表，分析"消费侧"碳排放现状，该投入产出表包括31个省份①以及42个部门。

1.2　"生产者责任原则"：碳排放现状及减碳压力分析

■　从省级地区碳排放总量角度分析：

煤炭资源型、重工业、加工贸易密集型省份的碳排放量水平更高，北京、青海、海南等服务业为主或能源结构较为清洁的省份碳排放量较低。2021年，山东、河北、内蒙古、江苏位列全国碳排放量第一梯队，合计碳排放量贡献全国总量的30.30%。第二梯队为广东、新疆、山西、辽宁，合计贡献全国碳排放总量的20.85%。时间趋势上，各省碳排放量已基本摆脱快速增长的趋势，仅北京出现碳排放负增长的现象（年均增长率–0.88%）。

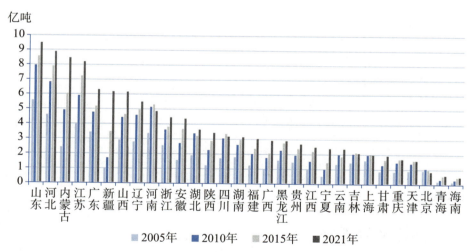

图1–6　2005年、2010年、2015年、2021年部分省份碳排放量

资料来源：CEADs，兴业碳金融研究院

---

① 原始投入产出表不包含中国香港、中国澳门和中国台湾地区。为保持全文分析的一致性，本节仅分析不包含西藏、中国香港、中国澳门和中国台湾地区的30个省份的贸易隐含碳排放情况。

■ 从省级地区碳排放强度角度分析：

碳排放强度存在区域不平衡的现象，且大致与人均GDP呈现反向相关关系。南部省份碳排放强度普遍较小；东北、环渤海、西部等能源密集型或重工业省份的碳排放强度较高。具体而言，2021年，宁夏、内蒙古、新疆和山西的碳强度远高于其他省份，约为全国碳排放强度（1.00吨/万元）的2～5倍，可见这些省份的碳减排形势并不乐观。2021年，北京和上海的碳排放强度分列全国倒数一、二位，江苏、福建等东南沿海城市紧随其后。

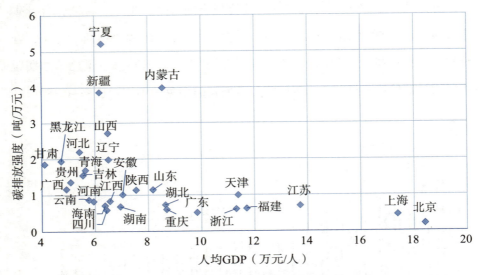

图1-7 2021年各省份碳排放强度及人均GDP

资料来源：CEADs，国家统计局，兴业碳金融研究院

■ 从行业碳排放角度分析：

行业碳排放呈现电力蒸汽热水生产供应业"一业独大"的现象。2021年，电力蒸汽热水生产供应业碳排放量达62.67亿吨，约占全国碳排放总量的56.61%。其次为黑色金属冶炼及压延加工业、非金属矿物制品业、交通运输及仓储邮电通信业，2021年碳排放量分别为16.26亿吨、9.70亿吨和6.87亿吨，三者之和占全国碳排放总量的29.65%。此外，石油加工及炼焦业、

农林牧渔和水利业、煤炭采选业、有色金属冶炼及压延加工业、批发和零售贸易餐饮业以及化学原料及制品制造业的碳排放水平也位于上游水平，碳排放量超过1亿吨。

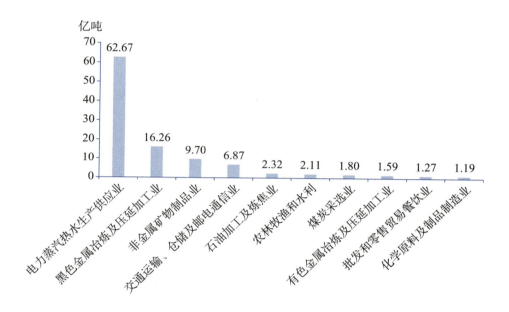

图1-8 2021年全国碳排放量前十行业

资料来源：CEADs，兴业碳金融研究院

■ 从减碳压力的角度分析：

本书采用Q型层次聚类模型[①]，选定2005—2021年人均GDP、人均碳排放量、碳排放总量、碳排放强度、能源消耗强度、工业增加值占比、GDP增长率和碳排放增长率为聚类变量（Jiang等，2017；郭芳等，2021），将全国30个省（市）划分为六大聚类类型展开分析。

第一类：山西、新疆、内蒙古、宁夏。该类省份处于能源结构优化与低碳

---

① Q型聚类（Qtype Cluster）是一种基于样本分析的聚类方法，其将具有性质相近的对象分在同一类，性质差异较大的对象分到另一类。

经济转型的早期阶段，碳排放增速高，人均碳排放、碳强度与能源消耗强度处于全国上游水平，面临低碳转型与经济发展的双重挑战，减碳压力非常大。

第二类：吉林、甘肃、黑龙江、河北、辽宁。该类省份处于经济发展较为缓慢，重工业比重高，能源消耗强度和工业增加值占比位于全国前列，产业结构和能源消费结构亟待转型，虽然人均碳排放较高，但碳排放增速较低，减碳压力较大。

第三类：福建、陕西、安徽、江西、广西、云南、河南、湖北、重庆、湖南、四川。该类省份碳排放量、碳强度、能源消耗强度、工业增加值占比处于全国中下游，但碳排放增速较高，减碳压力适中，实现"双碳"具有很大潜力。

第四类：广东、江苏、浙江、天津、山东。该类省份经济发展水平较高，虽然工业增加值占比较高，但能源轻度较低，人均碳排放量较大、碳排放强度低、碳排放增速较慢，"双碳"进程取得一定的进展，减碳压力较小。

第五类：海南、贵州、青海。该类省份经济发展水平较低，碳排放总量小且碳排放增速较慢，人均碳排放量与工业增加值占比处于全国中游水平，减碳压力很小。

第六类：北京和上海。该类省份的经济发达，能源消耗强度、工业增加值占比位于六类地区最低，人均碳排放量、碳排放强度较低，碳排放增速甚至出现负增长，基本完成产业结构与能源结构低碳转型，发挥"双碳"进程的先锋带头作用。

1.3 "消费者责任原则"：省际贸易隐含碳排放

隐藏在跨区域贸易背后的是贸易隐含碳。根据《联合国气候变化框架公约》的定义，隐含碳排放是指商品在原料获取、加工和仓储运输到分销出售给消费者的整个过程中产生的直接或间接的碳排放。因此，省际贸易隐含碳会随着产品和服务的跨区域贸易，在不同地区、不同产业及不同产品间转移。也就是说，贸易隐含碳产生于两种情况：（1）在不同生产环节中产生的中间产品跨区域贸易隐含碳；（2）因地理位置造成的生产和消费最终产品跨区域贸易隐含碳。多区域投入产出模型是研究省级地区贸易隐含碳排放的有效工具，因此，本节以多区域投入产出模型（MRIO）为理论框架，对省际贸易隐含碳排放进行核算（汤维祺等，2016）。

一省碳排放由三部分构成：消费自身产品碳排放（或称直接碳排放）、隐含碳进口和隐含碳出口。其中，隐含碳出口量表示一省向其他地区提供产品和服务引起的该省份的碳排放；隐含碳进口量表示一省使用其他地区的产品和服务引起的其他地区的碳排放。净隐含碳转移表示隐含碳出口量与隐含碳进口量的差值，若差值为正，表示该省份向其他地区转出了碳排放，若净碳转移总量为负，则表明其他地区向该省份转入了碳排放。此外，本节参考Airebule 等（2023）的研究，将"消费者责任原则"贸易隐含碳排放量（以下简称"消费侧"碳排放）定义为消费自身产品碳排放量和隐含碳进口量之和。

1.3.1 省际贸易隐含碳排放特征

2017年，中国省内直接碳排放和省际贸易隐含碳排放分别为59.59亿吨和34.66亿吨，省际贸易隐含碳排放贡献了全国碳排放的1/3以上。可见，考虑省际贸易隐含碳排放对于治理碳排放具有举足轻重的作用。

■ 从净隐含碳排放角度分析：

净隐含碳出口省份主要分布于西部、东北部地区的能源密集型省份和重工业省份，包括内蒙古、山西、辽宁、山东、河北等14个省份。其中内蒙古、山西、宁夏等能源密集型省份是高碳能源产品的主要提供者，为其他省份分担碳排放压力；辽宁、河北等重工业省份在生产、加工过程中会消费大量的化石能源，这些高碳产品随产业链大量转移，导致此类省份成为净隐含碳调出省份。

净隐含碳进口省份地理上主要分布在东部沿海、中部、西南等服务业为主或依赖进口最终消费产品的省份，包括广东、河南、浙江、云南、北京、上海、湖南、湖北等12个省份。为了满足自身加工贸易或最终消费需求需要进口大量能源密集型原材料或最终消费品，导致进口贸易隐含大量碳排放，而生产出的产品更为低碳化，由此成为净隐含碳进口省份。

上海、海南、青海、广西的隐含碳进口量与隐含碳出口量相当，为净隐含碳平衡地区。

■ 从"消费侧"碳排放总量角度分析：

贸易密集型省份（河南、广东、浙江）、重工业省份（河北）以及二者兼具省份（山东）的"消费侧"碳排放总量往往更高。空间上大致呈现从东部地区逐渐向中、西部递减的趋势。2017年，"消费侧"碳排放总量前五省份依次为河南、江苏、山东、广东、河北，五省份碳排放量均超过5亿吨，合计碳排放量占全国"消费侧"碳排放总量的34.25%。

分解来看，服务业主导型[①]或贸易输入型省份的隐含碳进口占"消费侧"碳排放比重更高，而能源密集型或重工业省份的消费自身产品碳排放占"消费侧"碳排放比则更高。具体而言，2017年，北京、重庆的隐含碳进口量占比高达91.70%和70.52%，其次为上海、浙江、陕西、海南、广东、河南等地，隐含碳进口占比也超过60%；相对的，辽宁、四川、福建、青海、内蒙古、山东、山西消费自身产品碳排放占比均高于70%。

■ 从"消费侧"碳排放强度角度分析：

碳排放强度水平高的省份主要有两类特点：一是经济发展较为落后；二是煤炭资源型省份或重工业省份。从地域上来看，西部地区的碳排放强度普遍较高。其中，2017年，宁夏和新疆的碳排放强度分别为3.68吨/万元和2.51吨/万元，远高于全国平均碳排放强度（0.95吨/万元）；反之，碳排

---

① 根据国家统计局数据显示，2017年第三产业GDP占比前八省份分别为北京、上海、天津、海南、黑龙江、甘肃、广东、浙江。

放强度较低的省份地理上主要分布于东南部沿海地区。其中，上海、福建的碳排放强度最低，均小于0.5万元/吨。

图1-9 2017年各省净碳转移量及构成

资料来源：兴业碳金融研究院

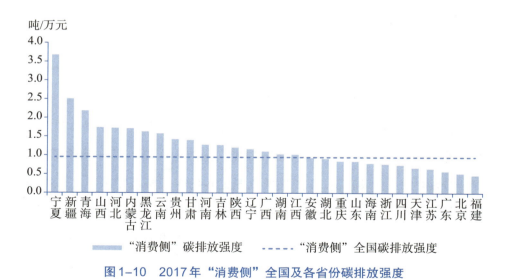

图1-10 2017年"消费侧"全国及各省份碳排放强度

资料来源：兴业碳金融研究院

1.3.2　省际间贸易隐含碳转移路径

空间格局上，隐含碳转移路径具有环渤海地区（河北、山西、辽宁、山东）和西部地区（内蒙古、新疆）的碳排放流向东部、南部沿海地区（广东、江苏、浙江）的特征，即由西向东、由北向南输送二氧化碳；能源和产业特点上主要表现为煤炭资源密集型或重工业型省份向贸易密集型或依赖进口最终消费品的省份输送二氧化碳。例如，广东的贸易隐含碳主要来自内蒙古、山东、江苏、辽宁、河南、河北、山西等省份，合计贡献广东隐含碳调入总量近五成。

此外，隐含碳转移的另一个重要特征是贸易隐含碳转移倾向于向地理位置毗邻省份转移。例如，北京的贸易隐含碳调入主要来自内蒙古、河北、山东等省份，三者合计贡献北京碳调入总量近1/3；山西的贸易隐含碳主要调出至河北、河南、江苏和浙江等省份，对四省份的隐含碳调出量合计占山西碳调出总量的37.79%。主要原因在于随着区域经济一体化发展，省际贸易更易发生在地理位置相邻的省份，引致产生贸易隐含碳倾向于转移至地理位置毗邻地区的效应。

1.4　碳减排责任与压力："生产者责任原则"VS"消费者责任原则"

总结前文分析结果，"生产者责任原则"法和"消费者责任原则"法下各省级地区面临的碳减排责任与压力有所不同。

通过对比各省碳排放量占总碳排放量的份额，本书将碳排放责任的结构特征表现总结为："生产者责任原则"聚焦生产端，偏向于将碳减排责任分配给在生产加工过程中耗费资源更多的煤炭资源型或重工业型省份，如河北、内蒙古、山西、新疆等。"消费者责任原则"立足消费端，更偏向于将碳减排责任分配给在跨省贸易中收益更高的贸易密集型或依赖进口最终消费品省份，如广东、浙江、河南、湖北、湖南、四川、云南等。

1.5 研究结论、政策建议与展望

"双碳"目标重点关注省份包含主要的能源基地和重工业基地省份，需承担非常高的生产者责任，碳减排压力很大。这些省份应立足生产端谋划碳排放策略，如优化能源生产和清洁能源技术，升级传统能源产业，积极运用低碳技术改造、优化升级传统产业，并发展本地可再生能源，构建低碳能源供应体系。

"双碳"目标中坚力量省份包含主要的省际贸易密集型省份，需承担很高的消费者责任，但碳减排具备一定优势。这些省份更要侧重消费端碳减排，应通过税收、提高价格等政策手段限制高碳产品的进口，并且推动资金、技术等要素的跨省流动，帮助进口来源地区的低碳技术进步。

"双碳"目标潜力省份整体碳减排压力不大，应结合自身优势，规划建立低碳产业体系，发展创新型绿色经济，并以低碳城市规划作为切入点，开展低碳试点城市建设工作。此外，可自身当地的可再生能源禀赋，高效利用风电、光伏等清洁能源，发挥对碳减排的积极作用。

"双碳"目标先锋示范省份虽然应负消费者责任相对较大，但碳减排总体压力很小，有望提前完成碳达峰任务。这些省份应通过经济手段限制碳排放密集型产品的输入，优化自身需求结构，提早谋划以碳中和为目标的深度脱碳路径，发挥"双碳"目标的先锋带头作用。

生态本底相对良好省份：碳减排压力小，应协调好生态屏障保护与经济发展的关系，构建以生态旅游等产业为核心的生态友好型低碳产业结构，提升生态系统碳汇能力。

另外，将"生产责任原则"和"消费者责任原则"有机结合的"碳足迹"，覆盖供应链上下游相关主体，将贯穿于原材料、制造、储存、分销、废弃、再回收利用等全生命周期的碳排放进行集合。目前，我国已出台《关于加快建立产品碳足迹管理体系的意见》，大力推进产品"碳足迹"管理体系的构建。理论上，"碳足迹"一方面能发挥产成品地区对于原材料地区减排的帮扶作用，推动碳密集型产品、企业、地区碳减排任务的上下游分解，合理分担减排压力与成本，助力公正转型，从而带动全供应链协同减排、提质绿色发展；另一方面，在欧美国家相继设立诸如CBAM等贸易壁垒的局面之下，"碳足迹"更有利于妥善应对碳贸易壁垒冲击、化解国际贸易"脱钩断链"风险，提升我国的外贸竞争力。因此，衔接"生产侧"和"消费侧"、平衡价值链各主体减排关系、搭建链接国内和国际市场绿色桥梁的"碳足迹"，在未来将有很大潜力成为碳排放核算的主流方式之一。

2. 从能耗"双控"到碳排"双控"的制度构想

2021年12月10日，中央经济工作会议明确"要科学考核，新增可再生能源和原料用能不纳入能源消费总量控制，创造条件尽早实现能耗'双控'向碳排放总量和强度'双控'转变"；标志着我国未来将重点以碳排放总量和碳排放强度为主线，自上而下实施碳排放相关的政策调控。

以碳排放总量和强度进行"双控"，能产生更好的"降碳"导向效果，通过促进可再生能源的发展和消纳，避免能源总量控制对经济发展构成长期制约。

2.1 能耗"双控"制度介绍

2007年4月，国家发展和改革委发布《能源发展"十一五"规划》，一次能源消费总量控制目标和万元GDP能源消耗（能耗强度）下降目标第一次被正式提出。伴随着我国经济的高速增长，能源消费需求不断增长，资源约束日益加剧。以煤为主的能源消费结构、粗放的用能方式，带来了许多环境问题和社会问题，经济社会可持续发展受到严峻挑战。此外，我国石油、天然气对外依存度不断攀升，国际能源市场波动剧烈，应对供应中断能力弱，能源安全问题十分严峻。为能够实现经济社会发展与能源消费增长趋势相对"脱钩"，我国从"十一五"期间开始，便将能耗强度降低作为经济社会发展的重要约束性指标之一，以倒逼产业结构调整和产能加速升级。

图1-11　我国能耗情况和GDP变化情况

资料来源：兴业碳金融研究院

表1-3　不同时期我国节能目标

	"十一五"	"十二五"	"十三五"	"十四五"
能耗强度下降目标	20%左右	16%	15%	13.5%
能耗总量控制目标	27亿吨左右	40亿吨	50亿吨	合理控制

资料来源：兴业碳金融研究院整理

我国《能源"十三五"规划》中首次提出实施能源消费总量和强度"双控"，把能源消费总量和能源消费强度作为经济社会发展重要约束性指标，建立指标分解落实机制。2016年，国家发改委会同相关部门研究制定了全国能源消费总量和强度"双控"行动方案，建立"双控"分解落实机制，并形成"双控"激励和约束机制。同年，国务院印发《"十三五"节能减排综合工作方案》，公布各地区"十三五"能耗强度降低目标和能耗增量控制目标，同时明确"十三五"工业、建筑、交通、公共机构等主要行业和部门的节能指标。

表1-4 "十三五"各地区能耗总量和强度"双控"目标

地区	"十三五"能耗强度降低目标（%）	2015年能源消费总量（万吨标准煤）	"十三五"能耗增量控制目标（万吨标准煤）
北京	17	6853	800
天津	17	8260	1040
河北	17	29395	3390
山西	15	19384	3010
内蒙古	14	18927	3570
辽宁	15	21667	3550
吉林	15	8142	1360
黑龙江	15	12126	1880
上海	17	11387	970
江苏	17	30235	3480
浙江	17	19610	2380
安徽	16	12332	1870
福建	16	12180	2320
江西	16	8440	1510
山东	17	37945	4070
河南	16	23161	3540
湖北	16	16404	2500
湖南	16	15469	2380
广东	17	30145	3650
广西	14	9761	1840
海南	10	1938	660
重庆	16	8934	1660
四川	16	19888	3020
贵州	14	9948	1850

地区	"十三五"能耗强度降低目标（%）	2015年能源消费总量（万吨标准煤）	"十三五"能耗增量控制目标（万吨标准煤）
云南	14	10357	1940
西藏	10	—	—
陕西	15	11716	2170
甘肃	14	7523	1430
青海	10	4134	1120
宁夏	14	5405	1500
新疆	10	15651	3540

资料来源：《"十三五"节能减排综合工作方案》，兴业碳金融研究院[①]

　　为强化"双控"目标的责任和落实，由国家发改委牵头，会同工信部、交通运输部等部委组织对各省（区、市）开展一年一次的节能减排目标责任评价考核，并将考核结果作为领导班子和领导干部考核的重要内容，同时开展领导干部自然资源资产离任审计试点。对未完成强度降低目标的省级人民政府实行问责，对未完成国家下达能耗总量控制目标任务的予以通报批评和约谈，实行高耗能项目缓批限批。对环境质量、总量减排目标均未完成的省（区、市），采取约谈、暂停新增排放重点污染物的建设项目环境影响评价审批，暂停或减少中央财政资金支持等措施，必要时列入环境保护督查范围。对重点单位节能减排考核结果进行公告并纳入社会信用记录系统，对未完成目标任务的暂停审批或核准新建扩建高耗能项目。对于国有企业节能减排目标实行责任制，将节能减排指标完成情况作为企业绩效和负责人业绩考核的重要内容。对节能减排贡献突出的地区、单位和个人以适当方式给予表彰奖励。

　　中央政府对地方能耗"双控"的评价考核制度为地方产业经济发展带

---

① 注：西藏自治区相关数据暂缺。

上了"紧箍咒"，为地方高质量招商引资和既有产业升级提出了硬约束，有效引导了绿色高质量发展转型。

2.2 能耗"双控"的成效与挑战

2.2.1 能源利用效率显著提高

"十三五"时期，能耗"双控"制度成功建立，体现我国坚定奉行能效优先的能源政策，有效倒逼发展方式转变，在支撑经济社会发展的同时，为促进高质量发展、保障能源安全、改善生态环境质量、应对气候变化发挥了重要作用。"十三五"期间，我国GDP总量从2015年的68.8万亿元增至2020年101.3万亿元，增长32.5万亿元；而能耗总量仅从2015年的43.4万吨标煤增长至2020年的49.8万吨标煤。我国成为全球能耗强度降低最快的国家之一，"十三五"期间，以年均2.8%的能源消费量增长支撑了年均5.7%的经济增长，节约能源占同时期全球节能量的一半左右[①]。

图1-12 "十三五"至今我国能耗强度和GDP增长情况

资料来源：WIND，兴业碳金融研究院

---

① 资料来源：中国应对气候变化的政策与行动，中国政府官网，［EB/OL］. 2021/10/27［2023/2/3］，http://www.gov.cn/zhengce/2021-10-27/content_5646697.htm

2.2.2 能源要素对经济发展的约束依然严峻

随着我国生态文明建设的稳步推进，社会经济增长绿色转型取得显著成效，尽管能源使用效率有了大幅的提升，但经济社会的运行始终离不开能源要素的投入。以能耗总量和能耗强度为指标的约束制度在我国经济社会不断发展的进程中暴露了相关不足，能源消费总量管理缺乏弹性、能耗"双控"差别化管理措施偏少等问题对经济发展带来一定影响，尤其是对于部分经济强省的发展带来了不小的制约。

2020 年底，浙江、湖南、江西等地相继发布有序用电或限电通知，能源供应偏紧是大部分地区拉闸限电的主因。过去，我国通常是在每个五年计划的起始阶段为各省分配未来五年的用能权指标。总量指标通常由既有用能权指标叠加新增指标构成。既有指标是该省过去五年的用能总量，新增指标是中央政府根据我国五年规划整体新增用能的控制量根据一套分配方法分配给各个省份，同时国家留有部分余量支持重大专项的建设。因此，各省对未来一段时间的经济规划、招商引资都需要综合考虑新建项目的能耗量。此外，为了鼓励西部地区经济的发展，中央政府往往在用能权方面向西部倾斜，但这却在事实上对我国经济发展带来了一定的制约。

以东部沿海地区为例，基于地理条件、经济基础等多方面的优势，无论是从经济的活跃度还是要素利用率方面都高于中西部地区，这意味着每单位能源要素的投入将创造更多的经济产出。但由于用能权指标的约束以及全国用能权交易市场并未真正成形，导致东部沿海地区在引进新建项目上伸展空间受限。

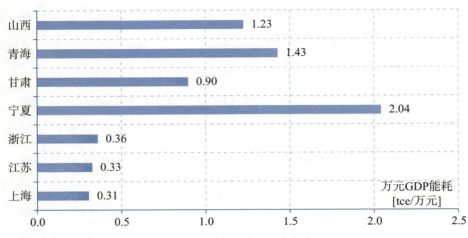

图1-13　2019年我国部分地区万元GDP能耗

资料来源：WIND，兴业碳金融研究院

2.2.3　降碳是新时期生态文明建设的重点

现阶段，我国生态文明建设已经进入以降碳为重点战略方向，推动减污降碳协同增效、促进经济社会发展全面绿色转型、实现生态环境质量改善由量变到质变的关键时期。降碳是我国绿色发展的主要目标之一，在清洁能源一次能源占比日益提升的背景下，能源这一生产要素投入的限制与经济发展的矛盾亟待化解。

我国能耗"双控"制度将新能源使用量也纳入能耗总量控制之中，不利于新能源项目的建设和可再生电力的消纳，对于西部风光资源较为丰富的地区，能耗"双控"会对地方清洁能源带来"误伤"，地方低碳能源的供给对资本和产业的吸引力被大大削弱，2022年，出于这种削弱和误伤，发改委明确"原料用能"和"新增可再生能源电力消费量"都不纳入能源消费总量控制考核。用碳排放指标来代替能耗指标能真正实现调控的目标导向，促进各省市择优发展可再生能源，加强可再生能源的消纳，推动西部风光资源丰富的地区社会经济发展。

2.3　碳排放总量和强度控制制度体系构建的建议

2.3.1　构建碳排放统计报送体系

能耗"双控"制度实施的基础是构建了一套能源统计和报送制度。根据现行的《能源统计报表制度（2021）》，我国能源相关数据主要通过基层以定期报表、综合年报表的形式自下而上向上级统计机关报送，主要反映能源的生产、销售、库存、购进、消费、加工转换、能耗强度、能源平衡核算情况等。与能耗统计不同，我国二氧化碳的核算并非采用直接监测法，而是采用间接核算法，即利用碳排放因子数据或碳元素质量守恒原理，根据不同碳排放源的活动水平（含碳物质消费和产出情况）进行生产过程中碳排放量的计算。因而，实际操作中对于碳排放源识别和排放量核算及统计的难度较大，数据规模和准确性的高要求为企业和地区碳排放的准确统计和报送工作带来困难。

根据2022年8月国家发展改革委、国家统计局和生态环境部发布《关于加快建立统一规范的碳排放统计核算体系实施方案》的通知（发改环资〔2022〕622号），推动建立全国及地方碳排放统计核算制度、完善行业企业碳排放核算机制，以及建立健全重点产品碳排放核算方法等。可以预见，构建一套完整的自下而上的碳排放统计和报送体系，以及相关标准是未来"双碳"的重点工作。

对比现有能源数据报送体系，就建立类似于现行能源统计报送制度的碳排放报送制度将主要面临以下几个难点。

一是企业普遍缺乏相关碳核算的知识储备和人才。因为与能源数据的直接可监测不同，碳排放数据是换算数据，需要企业填报人员具有相关的知识技能，尤其是未参与过碳排放交易履约的非重点排放企业。如何确保企业填报过程中数据的准确性和规范性，并且避免人为虚报、篡改数据是整个报送机制需要注意的事项。

二是区域各类型碳排放源排放因子的准确性对碳排放量核算的准确性至关重要。为鼓励重点排放企业提高计量和监测设备设施的配备，相关核算指南的缺省值往往采用偏高的数值（采用缺省值测算的碳排放结果偏高）。而大多数非重点排放的规上企业往往缺乏对一些主要碳排放源排放因子计算指标实施检测的专业仪器，如测量低位发热量、飞灰含碳量的仪器等，在核算过程中采用政府公布的缺省值，这将对区域整体碳排放水平的统计带来较大误差。

三是数据报送存在滞后性，报送渠道需要多部门协调联动。目前我国碳排放数据报送的目标群体主要是地方重点排放单位，统计口径和报送方式由生态环境部门负责确立。未来如果由统计部门负责碳排放数据的统计，相关填报系统和口径预计将进行统一。在频率上为本年度对上年度的数据进行核查确认，这导致政府获得碳排放数据存在滞后性（第二年才能获得前一年的碳排放数据），政府难以采取相应措施和政策进行事中调节。

对于主管部门而言，建立一套信息化、数字化报送系统是解决上述难点的有效方式之一。建议地方根据区域或国家相关的温室气体排放报告和核查指南建立一套包含碳排放量换算逻辑算法内核的信息化系统。地区主管部门可以对区域主要能源供应商定期进行碳排放因子监测和更新并保存至信息化系统中，从而根据实际情况建立区域差异化的因子库（而非一个行业全国统一因子库）。填报企业依然只要对自身碳排放源（如能源、碳酸盐）的消耗量数据进行计量监测并填报即可，通过信息化系统后台换算得到碳排放量。主管机构鼓励具有实验检测条件的企业填报自身实测数据，并由第三方核查机构进行年度抽检。信息化系统的建立对政府和企业而言都能实现碳排放数据的高频监测，实现针对企业，乃至区域碳排放的事中管理。

2.3.2 构建以碳排放数据为主线的监管体系

在全面掌握区域碳排放数据的情况下，中央政府对于地方政府"双控"

的考核和评价打分预计将围绕碳排放量和能源双主线进行。相关目标指标的考核预计将以碳排放量为主体，能源方面将侧重聚焦于化石能源消耗量的控制。为此，建议对《中华人民共和国节约能源法》（以下简称《节能法》）进行修订，以融入更多与降碳相关的内容，为地方政府开展以碳排放为主的控制调节工作提供法律依据和支持。《节能法》明确了节约资源是我国的基本国策和国家实施节约与开发并举、把节约放在首位的能源发展战略，有效地推动了全社会能源利用效率的提升。在我国生态文明进入降碳为重点战略方向的新阶段，政府对于区域、企业碳排放的监管同样需要法律的赋权和支持。《节能法》作为我国开展节能工作的上位法，在新的发展阶段需要融入更多的降碳和碳排放管理的内容，建议在《节能法》中对我国节能降碳的重点领域和薄弱环节进行有针对性的补充，并强化对不执行、不落实节能降碳行为应承担的法律责任。

2023年3月28日，国家发展改革委修订印发《固定资产投资项目节能审查办法》（国家发展和改革委员会令2023年第2号），融入更多的关于碳排放量控制的要求，对于具备碳排放统计核算条件的项目，提出应在节能报告中增加碳排放量、碳排放强度、降碳措施、碳排放情况对所在地区完成降碳目标任务影响。建议开展碳排放权交易试点的区域基于现有的碳排放核算和报告方法学及碳排放管理经验对固定资产投资项目进行以节能量和减碳量为主体的评估审核试点，形成可推广、可复制的模式，更好发挥对固定资产投资项目能耗和碳排放的源头把控作用，根据地方能源和碳排放权益资源"量体裁衣"，科学合理引导地方产业和经济发展。

建议将现行的节能监察制度监测重心转变为以化石能源消耗和碳排放总量，以及能耗和碳排放强度监察为主。目前，各省市节能监察机构主要设立在地方工信部门，少数地区归口地方发改委，而碳排放管理的职责主要由生态环境部门履行。建议进一步明确节能监测和碳排放监测的事权，并进行适当的行政改革，统一归口部门，明确职权范围，避免重复监察。此外，建议地方主管部门服务重点用能企业开展节能诊断、能源审计、节能技术推广和培训，以及在促进节能技术推广的"能效领跑者"行动的同时更多融入降碳元素，实现节能与降碳并举。

未来，随着我国碳排放"双控"体系的建立，建议将针对碳排放"双控"相关的督察和整改也纳入中央生态环境保护督察体系之中，并作为重点督察项目，以确保地区减碳目标的落实。

2.3.3 优化指标分配体系

在碳排放总量和强度控制的背景下，如何合理分配碳排放权这一与发展权息息相关的指标必将是各地方政府关注的焦点，也是整个政策体系建设的难点之一。建议进一步完善碳排放权交易市场，不仅在全国碳排放权交易市场纳入更多不同行业的重点排放企业，同时还构建省际的、城市间的碳排放权交易体系，增加碳排"双控"的弹性。

建议参照用能权市场建设的经验，进一步完善碳排放权的有偿使用和交易制度。在碳排放强度控制方面，建议更多考虑地区产业结构特点和优势，以及未来我国产业布局规划，为不同省份设定有差异化的强度指标和降低目标，在提升资源使用效率的同时，引导产业的科学分布。在碳排放权总量配额方面，建议根据国家主体功能区规划，平衡好不同地区的碳排放总量限额，并构建省际的碳排放权交易机制，在为各地预留合理排放空间的同时，通过建立区域碳排放权的交易制度实现生态保护补偿。例如，当新增可再生能源发电量不再纳入总量控制，而林业碳汇、碳捕捉利用与封存等减碳项目带来的减碳量可以进行交易获利时，西部地区发挥风光、土地资源优势发展新能源和碳汇项目的积极性将进一步得到激励，各区域对用能权和碳排放权指标"惜售"的情况也将得到解决。西部地区也将通过保护绿色青山获得更多金山银山回报。

3.我国绿色制造与重点领域初探

制造业是经济发展的根基，同时也是中国能源消耗和碳排放的主要领域，工业能耗占全社会总能耗的70%左右，碳排放量占全国碳排放总量约39%。在新发展理念下，绿色发展是我国制造业转型升级的重要方向，而绿色制造作为绿色发展的重要组成部分，是破解制造业与生态环境协调发展难题、促进工业文明与生态文明和谐共生的必由之路。

3.1　绿色制造体系综述

绿色制造是一种低消耗、低排放、高效率、高效益的现代化制造模式，其本质是制造业发展过程中统筹考虑产业结构、能源资源、生态环境、健康安全、气候变化等因素，将绿色发展理念和管理要求贯穿于产品全生命周期中，以制造模式的深度变革推动传统产业绿色转型升级，引领新兴产业高起点绿色发展，协同推进降碳、减污、扩绿、增长，从而实现经济效益、生态效益、社会效益协调优化[①]。当前，工信部已将全面推行绿色制造作为工业和信息化领域"双碳"工作的重要抓手。

"十三五"以来，为推进绿色制造体系建设，国家发布了一系列相关政策和措施。2015年5月，国务院发布的《中国制造2025》（国发〔2015〕28号），将绿色制造列为五大工程之一，首次为绿色制造指明了方向和目标。《中国制造2025》指出，要全面推行绿色制造，到2020年，建成千家绿色示范工厂和百家绿色示范园区，到2025年，制造业绿色发展和主要产品单耗达到世界先进水平，绿色制造体系基本建立。2016年9月，工信部出台的《绿

[①] 资料来源：绿色制造定义依据《绿色制造术语》（GB/T 28612-2023）和《绿色制造属性》（GB/T 28616-2023）两项国家标准。该两项标准已于2024年1月1日起正式实施，是由工业和信息化部提出，全国绿色制造技术标准化技术委员会归口，界定了绿色制造的相关术语和定义，以及绿色制造属性分类的基本原则、分类体系和相关说明。

色制造工程实施指南（2016—2020年）》和《工业绿色发展规划（2016—2020年）》（工信部规〔2016〕225号）进一步对绿色制造体系建设的工作任务进行了细化，详细阐述了绿色制造体系的建设内容和"十三五"期间的阶段性目标，绿色产品、绿色工厂、绿色园区和绿色供应链试点正式启动。为保障绿色制造体系建设的规范化和统一化，同期也制订了《绿色制造标准体系建设指南》（工信部联节〔2016〕304号），目标到2020年，制定一批基础通用和关键核心标准，基本形成绿色制造标准体系；到2025年，绿色制造标准普遍应用，形成较完善的绿色制造标准体系。该标准体系也成为绿色制造体系建设的基础，为其提供导向引领的作用。在"十三五"强调的绿色基础上，"十四五"将绿色、低碳同时作为主基调。2021年12月，工业和信息化部发布了《"十四五"工业绿色发展规划》（工信部规〔2021〕178号），以全面提升绿色制造水平为目标，提出以实施工业领域碳达峰行动为引领，着力构建完善的绿色低碳技术体系和绿色制造体系两大支撑体系。其中绿色制造方面，到2025年，重点行业和重点区域绿色制造体系基本建成，完善工业绿色低碳标准体系，推广万种绿色产品，绿色环保产业产值达到11万亿元。

绿色制造体系基本构建完成。绿色制造体系的主要工作包括绿色工厂、绿色产品、绿色园区和绿色供应链四方面建设，其纵向上囊括了绿色产品的设计、生产加工以及产品的供应链建设；横向上将工厂、产业链及整个园区有机地衔接在一起。得益于国家和地方层面加速推动工业绿色发展转型，目前中国已基本构建起绿色制造体系。根据工信部发布的年度绿色制造名单，截至2023年，我国已在国家层面创建绿色工厂5095家、绿色工业园区372家、绿色供应链管理企业605家。

3.2　绿色制造体系重点领域

3.2.1　绿色工厂

绿色工厂是绿色制造体系建设的核心支撑单元。工厂是制造业运行和发展的承载主体，而工业生产是国内碳排放的主要来源。早在2010年，我国已以19.8%的制造业全球占比跃居世界第一并持续保持，作为"世界第一制造大国""世界工厂"，全面推进绿色工厂创建、践行工业绿色低碳发展任重道远又极具意义。2017年以来，工业和信息化部开展绿色工厂建设，不断从节能节水、清洁生产、污染防治、资源综合利用等各个方面提升企业绿色化水平，在全国取得了积极的反响。此外，最新版的绿色制造评价标准中，增加了绿色工厂与绿色工业园区、绿色供应链管理企业的联动。其中在绿色工业园区的评价中，"优先推荐绿色工厂数量多的工业园区"，在绿色供应链的评价中，"优先推荐供应商中绿色工厂数量众多的龙头企业"，绿色工厂在绿色制造体系中的核心支撑力度进一步凸显。

表1–5 国家级绿色工厂统计

批次	发布时间	绿色工厂（家）
第一批	2017年9月	201
第二批	2018年2月	208
第三批	2018年11月	391
第四批	2019年9月	602
第五批	2020年10月	719
第六批	2022年1月	662
第七批	2023年2月	874
第八批	2024年1月	1488
合计		5145（实际为5095，动态管理后，50家绿色工厂被移除）

资料来源：兴业碳金融研究院基于工信部公开数据整理

绿色工厂逐年递增，绿色程度深度挂钩经济发展水平。截至目前，工信部已先后发布了八批国家级绿色工厂名单，共计5145家（实际为5095家）。从数量上看，除第六批绿色工厂数量在上一批基础上略有下降外，其余每批均在原有基础上有所上升。从区域分布来看，绿色工厂覆盖了全国30个省市自治区，其中广东、山东、江苏、浙江等经济发达省份绿色工厂的数量较多，四省国家级绿色工厂个数占比总量接近30%，而欠发达地区如西藏、青海、吉林等相对数量较低，总体来看，工厂的绿色先进性同区域经济发展程度存在较大关联。此外，自2022年起，各地区申报数量将按照规模以上工业企业数量等因素确定，不再固定为20家或30家。如广东、江苏、山东等规上企业数量较多的地区，申报数量会大幅度提高。

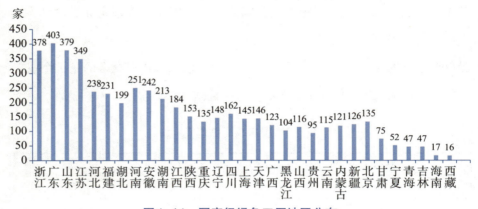

图1-14　国家级绿色工厂地区分布

资料来源：兴业碳金融研究院基于工信部公开数据整理

能效优先，绿色工厂评价维度多元化。绿色工厂评价系统主要包括基本要求以及基础设施、管理体系、产品、能源与资源投入、环境排放、绩效6大方面，不同行业或地方根据上述各方面对资源与环境影响的程度和敏感性，明确各项指标相应的评价要求、评分标准及权重值，按照行业或地方能够达到的先进水平确定综合评价标准和要求。此外，为推动重点用能行业绿色转型升级，最新版评价体系新增能效优先项，重点用能行业优先推荐能效水平达到《工业重点领域能效标杆水平和基准水平（2023年版）》（发改产业〔2023〕723号）、《煤炭清洁高效利用重点领域标杆水平和基准水平（2022年版）》（发改运行〔2022〕559号）标杆水平的工厂，其他行业优先推荐达到国家相应能源消耗限额标准先进值的工厂。

表1-6　绿色工厂评价指标体系

序号	评价维度	具体范围
1	基础设施	建筑、计量设备、照明等
2	管理体系	包含质量、环境、职业健康安全、能源等管理体系，企业社会责任等
3	产品	生态设计、节能、碳足迹、有害物质限制使用等
4	能源资源投入	能源投入、资源投入、绿色采购等
5	环境排放	污染物处理设备、大气污染物排放、水体污染物排放、固体废物排放、噪声排放、温室气体排放等
6	绩效	用地集约化、生产洁净化、废物资源化、能源低碳化

资料来源：兴业碳金融研究院、《绿色工厂评价通则》（GB/T 36132-2018）

发挥行标引领，绿色工厂评价领域进一步细化。自2021年起，在已有《绿色工厂评价通则》（GB/T 36132-2018）基础上，工信部陆续发布了针对钢铁、有色金属、化工、建材、轻工、纺织、电子、船舶、汽车、通信等重点行业的82个绿色工厂评价行业标准。其中化工、有色、建材、轻工等因行业内细分品种较多，占比数量较大。

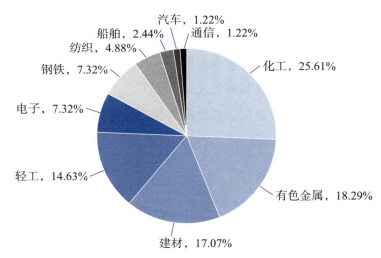

图1-15　绿色工厂评价行业标准统计（截至2023年7月）

资料来源：兴业碳金融研究院基于工信部公开数据整理

动态管控与梯度培育并行。为保证获评企业保持绿色发展的连续性，工信部于2022年起启动了绿色工厂动态管理制度，定期组织复审，目前移除绿色制造名单的工厂共计50家。此外，为了树立领军标杆，加强绿色工厂梯度培育，工信部试点推行了"企业绿码"，即对企业绿色化水平进行量化分级评价和赋码，直观反映企业在所有绿色工厂中的位置以及所属行业中的位置。国家层面绿色工厂分为A+、A、B三级，比例分别为5%、35%、60%。"企业绿码"每年更新一次，如企业不填报或者填报不规范、数据异常，则不对其赋码。申领后可向其采购商、金融机构、有关政府部门等出示，证明自身绿色化发展水平。

3.2.2 绿色园区

绿色园区是绿色制造的综合集聚平台，侧重统筹管理和协同链接。工业园区是我国经济发展的强大引擎，省级及以上园区工业产值占全国工业产值一半以上。同时，作为能源消耗活动的聚集地，工业园区贡献了全国31%左右的碳排放，是能源结构和产业结构调整的重点，也是实现"双碳"目标的关键要素。而绿色园区侧重于园区内工厂之间的统筹管理和协同链接，是突出绿色理念和要求的生产企业和基础设施集聚的平台。推动园区绿色化，是要在园区规划、空间布局、产业链设计、能源利用、资源利用、基础设施、生态环境、运行管理等方面贯彻资源节约和环境友好理念，从而实现具备布局集聚化、结构绿色化、链接生态化等特色的绿色园区。绿色园区建设主要聚焦以产品制造和能源供给为主要功能、工业增加值占比超过50%、具有法定边界和范围、具备统一管理机构的省级以上工业园区。

表1-7 国家级绿色园区统计

批　　次	发布时间	绿色园区（家）
第一批	2017年9月	24
第二批	2018年2月	22
第三批	2018年11月	34

续表

批　　次	发布时间	绿色园区（家）
第四批	2019年9月	39
第五批	2020年10月	53
第六批	2022年1月	52
第七批	2023年2月	47
第八批	2024年1月	104
合计		375（实际372）

资料来源：兴业碳金融研究院基于工信部公开数据整理

　　绿色园区产业分布广泛、形式多元。截至目前，工信部已先后发布了共计八批国家级绿色园区名单，总计375家，其中3家绿色工业园区已于2022年度动态管理移出绿色制造名单。从数量上看，除第七批数量在上一批基础上略有下降外，其余每批均在原有基础上有所上升，主要包含以钢铁、建材、有色、石化等产业为主导的高耗能园区及以节能环保、高新技术产业为主导的低耗能园区。从分布地区看，同绿色工厂类似，绿色园区覆盖了全国30个省（市、区），其中江苏省、山东省、安徽省国家级绿色园区数量处在全国领先地位。从区域角度，除东北地区外，东、中、西部地区省份绿色园区分布较为均匀。

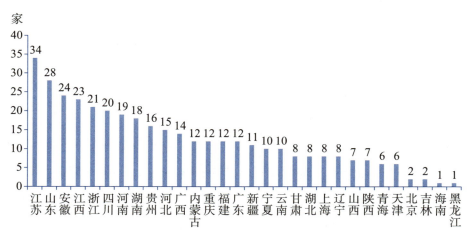

图1-16　国家级绿色园区分布

资料来源：兴业碳金融研究院基于工信部公开数据整理

绿色园区评价指标体系主要包括6大类31项指标，即能源利用绿色化指标、资源利用绿色化指标、基础设施绿色化指标、产业绿色化指标、生态环境绿色化指标和运行管理绿色化指标，其中必选指标18个、可选指标13个。

表1-8　绿色园区评价指标体系

序号	评价维度	二级指标
1	能源利用绿色化	能源产出率、可再生能源使用比例、清洁能源使用率
2	资源利用绿色化	水资源产出率、土地资源产出率、工业固体废弃物综合利用率、工业用水重复利用率、中水回用率、余热资源回收利用率、废气资源回收利用率、再生资源回收利用率
3	基础设施绿色化	污水集中处理设施、新建工业以及公共建筑中绿色建筑的比例、新建公共建筑中绿色建筑的比例、500米公交站点覆盖率、节能与新能源公交车比例
4	产业绿色化	高新技术产业产值占园区工业总产值比例、绿色产业增加值占园区工业增加值比例、人均工业增加值、现代服务业比例
5	生态环境绿色化	工业固体废弃物（含危废）处置利用率、万元工业增加值碳排放量消减率、单位工业增加值废水排放量、主要污染物弹性系数、园区空气质量优良率、绿化覆盖率、道路遮荫比例、露天停车场遮荫比例
6	运行管理绿色化	绿色园区标准体系完善程度、编制绿色园区发展规划、绿色园区信息平台完善程度

资料来源：兴业碳金融研究院、《绿色园区评价要求》

3.2.3　绿色供应链

绿色供应链是绿色制造各环节的链接，双碳背景下绿色供应链管理示范企业或将越发重要。区别于绿色工厂，绿色供应链将环境保护和资源节约的理念贯穿于企业从产品设计到原材料采购、生产、运输、储存、销售、使用和报废处理的全过程，使企业及上下游供应关系的经济活动与环境保护相协调，推行绿色供应链管理的目的主要是发挥供应链上核心企业的主体作用。近年来，我国也不断从循环经济和工业能效提升等视角鼓励企业开展绿色供应链行动，2021年2月《关于加快建立健全绿色低碳循环发展经济体系的指导意见》和2022年6月《工业能效提升行动计划》等政策中都明确提出建设绿色供应链试点。2022年8月《工业领域碳达峰实施方案》中明确提出了以减碳为目标的供应链行动，支持汽车、机械、电子、纺织、通信等行业龙头企业在供应链整合、创新低碳管理等关键领域发挥引领作用，绿色供应链管理有望成为中国工业领域协同落实双碳战略降碳减污的重要抓手。

绿色程度深度挂钩经济发展水平，产业链带动效应强。截至目前，工信部已先后发布了共计八批国家级绿色供应链管理企业名单，共计613家（动态调整后实际为605家）。从区域分布来看，绿色供应链示范企业覆盖了全国30个省市自治区，同绿色工厂相似，广东、山东、江苏、浙江等经济发达省份绿色供应链示范企业的数量较多，四省国家级绿色供应链示范企业个数占比总量接近47%，且远高于四省绿色工厂所占总量比例，而欠发达地区如西藏、广西、青海、甘肃等相对数量较低。总体来看，绿色供应链示范企业分布同区域经济发展程度亦存在较大关联，且供应链核心企业充分发挥了"关键少数"的绿色带头引领作用。

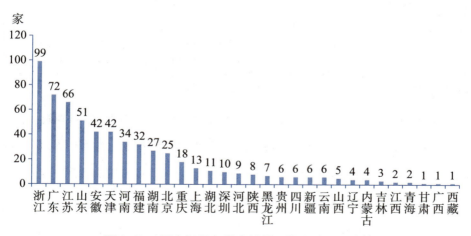

图1-17 国家级绿色供应链管理企业地区分布

资料来源：兴业碳金融研究院基于工信部公开数据整理

　　绿色供应链管理评价指标体系包括绿色供应链管理战略指标、绿色供应商管理指标、绿色生产指标、绿色回收指标、绿色信息平台建设指标、绿色信息披露指标6个方面，二级指标多数为定性指标，仅低风险供应商占比、产品及包装回收率为定量评价。最终绿色供应链管理指数大于80分（含等于）的企业，认定为"卓越绿色供应链管理企业"，优先享受国家各项支持政策。

表1-9　绿色供应链评价指标体系

序号	评价维度	二级指标
1	绿色供应链管理战略	纳入公司发展规划、制定绿色供应链管理目标、设置专门管理机构
2	绿色供应商管理	绿色采购标准制度完善、供应商认证体系完善、对供应商定期审核、供应商绩效评估制度健全、定期对供应商进行培训、低风险供应商占比
3	绿色生产	节能减排环保合规、符合有害物质限制使用管理办法
4	绿色回收	产品回收率、包装回收率、回收体系完善（含自建、与第三方联合回收）、指导下游企业回收拆解
5	绿色信息平台建设	绿色供应链管理信息平台完善
6	绿色信息披露	披露企业节能减排减碳信息、披露高、中风险供应商审核率及低风险供应商占比、披露供应商节能减排信息、发布企业社会责任报告（含绿色采购信息）

资料来源：兴业碳金融研究院、《绿色供应链管理企业评价要求》

　　新增部分行业予以优先支持。新版绿色供应链管理评价体系对参评企业增加了行业倾向性，提出"各地区要组织汽车、机械、电子、纺织、通信等行业影响力大、经营实力雄厚、产业链完整、绿色供应链管理基础好、在产业链发挥主导作用的链主企业进行申报"。这几个行业的企业，或将在申报供应链企业的时候具备先行优势。此外，最新版绿色供应链评价中增加了"优先支持汽车产品生产者责任延伸试点企业"，这也是工信部推进汽车产业链供应链绿色化发展的一项重要举措。

3.2.4 绿色设计产品

绿色设计产品为绿色制造的成果输出。绿色设计产品侧重于按照全生命周期的理念，在产品设计开发阶段系统考虑原材料选用、生产、销售、使用、回收、处理等各个环节对资源环境造成的影响，实现产品对能源资源消耗最低化、生态环境影响最小化、可再生率最大化。截至目前，工信部已先后发布了共计六批国家级绿色设计产品名单，总计3802种，其中72种绿色设计产品已于2022年度动态管理移出绿色制造名单。根据工信部最新发布的标准清单，截止到2022年9月，已经出台了《生态设计产品评价通则》《生态设计产品标识》2个绿色设计产品通用标准，以及159个产品标准，涉及机械、石化、钢铁、有色、轻工、纺织、建材、包装、通信等行业，包含整机产品、终端消费品、原材料等。但从2023年工信部发布的《工业和信息化部办公厅关于开展2023年度绿色制造名单推荐工作的通知》及最新公布的2023年度绿色制造名单中观察，最新轮次的评价并未提及绿色产品，附件中也没有相关评价要求，后期绿色设计产品或不再纳入年度绿色制造申报。

表1-10　绿色设计产品标准—评价技术规范（截至2022年9月）

序号	行业	个数	涉及主要产品
1	机械行业	30	金属切削机床、装载机、内燃机、汽车产品M1类传统能源车、电动工具、核电用不锈钢仪表管、盘管蒸汽发生器、真空热水机组、片式电子元器件用纸带等
2	石化行业	29	复混肥料（复合肥料）、水性建筑涂料、喷滴灌肥料、液体分散染料、轮胎模具、聚氯乙烯树脂、氯化聚氯乙烯树脂、水性木器涂料、鞋和箱包用胶粘剂等
3	钢铁行业	26	稀土钢、铁精矿（露天开采）、烧结钕铁硼永磁材料、钢塑复合管、五氧化二钒、取向电工钢、管线钢、新能源汽车用无取向电工钢、厨房厨具用不锈钢、家具用免磷化钢板及钢带、建筑用高强高耐蚀彩涂板等

序号	行业	个数	涉及主要产品
4	有色行业	23	锑锭、稀土湿法冶炼分离产品、多晶硅、气相二氧化硅、阴极铜、电工用铜线坯等
5	纺织行业	20	涤纶磨毛印染布、户外多用途面料、丝绸制品、聚酯涤纶、巾被织物、皮服、羊绒产品等
6	轻工行业	15	家用洗涤剂、可降解塑料、生活用纸、标牌、水性和无溶剂人造革合成革等
7	建材行业	10	无机轻质板材、水泥、汽车玻璃等
8	包装行业	3	折叠纸盒、瓦楞纸板和瓦楞纸箱、无溶剂不干胶标签
9	通信行业	3	通信电缆、光缆、通信用户外机房及机柜
总计		159	

资料来源：兴业碳金融研究院整理

　　绿色设计产品评价指标设置主要针对绿色设计产品的属性提出要求。评价指标一般从资源能源的消耗，以及对环境和人体健康造成影响的角度提出要求，通常由一级指标和二级指标构成，一级指标包括资源属性指标、能源属性指标、环境属性指标和产品属性指标。其中资源属性方面重点选取材料及水资源减量化、便于回收利用、包装物材料等方面的指标；能源属性方面重点选取产品在制造或使用过程中能源节约和能源效率方面的指标；环境属性方面重点选取生产过程的污染物排放、使用过程的有毒有害物质释放等方面的指标；品质属性方面重点选取消费者关注度高、影响高端品质的产品耐用性、健康安全等方面的指标。

3.3　重点领域与绿色金融

　　作为绿色发展的重要组成部分，绿色制造是破解制造业与生态环境协调发展难题、促进工业文明与生态文明和谐共生的必由之路。为更好地将绿色金融业务与绿色制造体系结合，特将工信部绿色制造体系中的重点领域与国家发展改革委出台的《绿色产业指导目录》进行比对分析，细化绿色金融可支持范畴。《绿色产业指导目录》属我国绿色金融标准体系中的"绿色金融通用标准",2023年3月16日,国家发展改革委组织修订了《绿色产业指导目录(2019年版)》,形成《绿色产业指导目录(2023年版)》(征求意见稿)(以下简称《2023版目录》),待正式稿出台后,我国的绿色信贷、绿色债券等其他绿色金融标准预计将以新版目录为基础进行更新修订。

3.3.1 绿色工厂与绿色金融

绿色工厂的核心词是工厂,绿色工厂申报的首要条件是在中国境内注册,且具有加工、制造、组装等实际生产过程的制造业工厂,企业需属于国民经济行业分类(GB/T 4754–2017)中的制造业,不属于制造业的采矿企业、电力企业等则不可进行申报。基于此,通过对比《2023版目录》,工厂主营业务若仅限于《2023版目录》中高效节能装备制造、先进交通装备制造、先进环保装备和原料材料制造、资源循环利用装备制造、新能源与清洁能源装备制造5大类56小项,即可被视为"绿色产业",该企业所进行的融资活动可纳入绿色融资。

表 1–11　绿色工厂与绿色产业指导目录重点关联部分

二级分类	细分领域
1.1　高效节能装备制造	节能锅炉制造、节能窑炉制造、节能内燃机制造、高效发电机及发电机组制造、节能型泵及真空设备制造、节能型气体压缩设备制造、节能电动机、微特电机制造、节能风机风扇制造、节能型变压器、整流器、电感器和电焊机制造、高效节能磁悬浮动力装备制造、节能农资制造、节能采矿、建筑专用设备制造、高效节能商用设备制造、高效节能家用电器制造、高效照明产品及系统制造、高效节能炉具灶具设备制造、余热余压余气利用设备制造、绿色建筑材料制造、能源计量、检测、监测、控制设备制造等19项
1.2　先进交通装备制造	新能源汽车关键零部件制造、船用绿色动力装备制造、先进轨道交通装备制造、新能源飞行器制造等4项

续表

二级分类	细分领域
2.1 先进环保装备和原料材料制造	大气污染防治装备制造、水污染防治装备制造、土壤污染治理与修复装备制造、固体废物处理处置装备制造、噪声与振动控制设备制造、放射性污染防治和处理设备制造、环境污染处理药剂材料制造、无毒无害原料生产与替代使用、高效低毒低残留农药生产、环境监测仪器与应急处理设备制造等10项
3.1 资源循环利用装备制造	矿产资源综合利用装备制造、水资源高效及循环利用装备制造、工业固体废弃物综合利用装备制造、农林废弃物综合利用装备制造、废旧物资循环利用装备制造、垃圾资源化利用装备制造、废气回收利用装备制造等7项
4.1 新能源与清洁能源装备制造	风力发电装备制造、太阳能发电装备制造、生物质能利用装备制造、水力发电和抽水蓄能装备制造、核电装备制造、燃气轮机装备制造、地热能开发利用装备制造、海洋能开发利用装备制造、非常规油气勘查开采装备制造、海洋油气开采装备制造、新型储能装备制造、燃料电池装备制造、氢能"制储输用"全链条装备制造、智能电网产品和装备制造等14项

资料来源：兴业碳金融研究院、《绿色产业指导目录（2023年版）》（征求意见稿）

此外，国家建设绿色工厂出发点是通过工厂在用地集约化、生产洁净化、废物资源化、能源低碳化等多方面进行绿色升级，从而由点及面引领行业和区域绿色转型、进一步构建高质量绿色制造体系，但目前国内除部分试点地区外，并未出台针对绿色工厂的专用绿色金融扶持政策。为了引导金融资源支持绿色工厂持续实施绿色低碳改造升级，2023年11月，工信部节能与综合利用司面向国家绿色工厂组织开展绿色低碳改造升级项目融资需求征集工作。后期工信部将组织对推荐的项目融资需求进行筛选和梳理，通过国家产融合作平台分类推送给有关金融机构，并建立跟踪反馈机制。结合绿色园区评价指标体系，创建绿色工厂过程中的企业绿色投融资项目方向，聚焦于《2023版目录》中节能降碳改造、温室气体控制、大气污染治理、水污染治理、其他污染治理和环境综合整治、资源循环利用、清洁能源设施建设和运营、能源系统高效运行、建筑节能与绿色建筑、绿色交通、运营管理、资源环境权益交易等12大类产业方向及50个细分领域。

表1-12　创建绿色工厂过程中的企业绿色投融资项目方向

二级分类	细分领域
1.3 节能降碳改造	1.3.1　锅炉（窑炉）节能改造和能效提升；1.3.2　汽轮发电机组系统能效提升；1.3.3　电机系统能效提升；1.3.4　电网节能改造；1.3.5　余热余压利用；1.3.6　能量系统优化；1.3.7　绿色照明改造
1.4 温室气体控制	1.4.1　二氧化碳捕集利用与封存；1.4.4　工业生产过程温室气体减排
2.2 大气污染治理	2.2.1　工业脱硫脱硝除尘改造；2.2.2　燃煤电厂超低排放改造；2.2.3　非电行业企业超低排放改造；2.2.4　挥发性有机物综合整治；2.2.5　工业厂矿大气污染物无组织排放控制
2.3 水污染治理	2.3.4　重点行业水污染治理；2.3.5　工业集聚区水污染集中治理
2.5 其他污染治理和环境综合整治	2.5.1　工业固体废弃物无害化处理处置；2.5.2　危险废物处理处置和运输；2.5.3　噪声污染治理；2.5.5　新污染物治理；2.5.6　重点行业清洁生产改造；2.5.7　园区污染治理集中化改造；2.5.8　交通车船污染治理
3.2 资源循环利用	3.2.2　水资源高效及循环利用；3.2.3　工业固体废弃物综合利用；3.2.7　废气回收利用
4.2 清洁能源设施建设和运营	4.2.1　风力发电设施建设和运营；4.2.2　太阳能利用设施建设和运营；4.2.3　生物质能利用设施建设和运营；4.2.9　氢能基础设施建设和运营；4.2.10　热泵设施建设和运营
4.4 能源系统高效运行	4.4.2　新型储能设施建设和运营；4.4.3　抽水蓄能电站建设和运营；4.4.4　煤电机组节能降耗改造；供热改造和灵活性改造；4.4.5　智能电网建设和运营；4.4.8　分布式能源工程建设和运营；4.4.9　能源产业数字化智能化升级
6.1 建筑节能与绿色建筑	6.1.3　既有建筑节能及绿色化改造；6.1.7　建筑可再生能源应用；6.1.8　建筑用能电气化；智能化改造；6.1.9　绿色高效制冷改造和运行；6.1.10　绿色仓储
6.2 绿色交通	6.2.12　绿色物流
7.2 运营管理	7.2.1　能源管理体系建设；7.2.2　合同能源管理；7.2.3　合同节水管理；7.2.4　电力需求侧管理；7.2.5　资源循环利用第三方服务；7.2.6　环境污染第三方治理
7.6 资源环境权益交易	7.6.6　可再生能源绿证和绿色电力交易

资料来源：兴业碳金融研究院、《绿色产业指导目录（2023年版）》（征求意见稿）

3.3.2　绿色园区与绿色金融

绿色园区综合性较强，要求园区在能源利用、资源利用、基础设施、产业发展、生态环境、运行管理等方面均贯彻资源节约和环境友好理念。目前《2023 版目录》基于园区整体进行绿色化改造支持的细分领域主要有两项，即园区污染治理集中化改造以及园区循环化改造，其中园区污染治理集中化改造聚焦工业园区、企业集群集中污染治理设施、集中喷涂设施；涉 VOCs "绿岛"项目建设运营及升级改造；废弃可再生资源集中拆解处理和集中污染治理设施建设运营，公共基础设施建设和技术改造等。而园区循环化改造则是以提升资源产出率和废弃物循环利用率为主，如建链、补链、延链等产业发展类活动；土地盘活及废弃土地修复等土地集约利用类活动；园区内开展的废弃物循环利用改造活动等。除此之外，对于绿色园区的绿色金融支持亦可聚焦于对于园区内部绿色工厂、工厂的绿色化转型及链主企业绿色供应链管理方向。

3.3.3　绿色设计产品与绿色金融

绿色设计产品目前尚未纳入绿色产业支持范畴。加快绿色技术产品的创新脚步，推动绿色技术的有效转化应用，《2023 版目录》已新增"绿色技术产品研发认证推广"这一细分产业，但《2023 版目录》中所支持的绿色技术产品与工信部绿色制造体系中的绿色技术产品存在本质区别。绿色技术产品属国家市场监管总局的评价体系，多是与消费者吃、穿、住、行、用密切相关，对人体健康和生态环境影响大、具有一定市场规模、国际贸易需求旺盛的产品，且绿色技术产品认证也是国家市场监管总局在全国全面推行的一种产品认证，主要依据《绿色产品评价标准清单及认证目录》，绿色技术产品认证更关注产品的消费端，强调消费引领。而绿色设计产品认证基于工业和信息化部发布的《绿色设计产品标准清单》，涉及石化、钢铁、有色、建材、机械、轻工、纺织、通信、包装等 9 个行业，其关注点为产品的生产端，即制造的源头。

表1-13　绿色产品认证与绿色设计产品对比

分类	绿色产品认证	绿色设计产品
涵盖范围	国家市场监督管理总局发布的《绿色产品评价标准清单及认证目录》，包括人造板和木制地板、涂料、卫生陶瓷、建筑玻璃、太阳能热水系统、家具、绝热材料、防水密封材料等，共计19类	工业和信息化部发布的《绿色设计产品标准清单》达161项（其中产品评价标准159项），涉及石化、钢铁、有色、建材、机械、轻工、纺织、通信、包装等9个行业。
评价依据	《绿色产品评价通则》（GBT 33761-2017）（新版征求意见中）	《生态设计产品评价通则》（GB/T32161-2015）
内涵定义	在全生命周期过程中，符合环境保护要求，对生态环境和人体健康无害或危害小、资源能源消耗少、品质高的产品，其内涵在于满足用户使用要求和消费升级需求、节约资源和能源、对环境无影响或影响极小、产品无毒无害或低毒低害	按照全生命周期的理念，在产品设计开发阶段系统考虑原材料选用、生产、销售、使用、回收、处理等各个环节对资源环境造成的影响，力求产品在全生命周期中最大限度地降低资源消耗，尽可能少用或不用含有有毒有害物质的原材料，减少污染物产生和排放，从而实现环境保护
关注点	更关注产品的消费端，强调消费引领。遵循"生命周期理念、代表性、适用性、兼容性、绿色高端引领"的原则，围绕消费升级需求，绿色产品认证作为高端品质认证的一部分，将致力于优化产品供给，营造良好消费环境	更关注产品的生产端，即制造的源头，从产品设计阶段就融入生态设计理念与方案，从而在产品全生命周期减少资源消耗和环境影响。
评价指标	《绿色产品评价通则》则遵循"绿色高端引领"原则，符合绿色产品评价要求的领先产品比例不超过同类可比产品的5%。相比而言，绿色产品认证的评价基准值更严格，以突出其高端引领目标	《生态设计产品评价通则》规定："在确定指标基准值时，以当前国内20%的该类产品达到该基准值要求为取值原则。"

资料来源：兴业碳金融研究院

　　目前，国家市场监督管理总局已先后发布了四批绿色产品认证目录，涉及19种不同类别的产品，其中包括人造板和木质地板、涂料、卫生陶瓷、建筑玻璃、太阳能热水系统、家具、绝热材料、防水与密封材料、陶瓷砖（板）、纺织产品、木塑制品、纸和纸制品、塑料制品、洗涤用品、快递封装用品、电冰箱、空调器和洗衣机、轮胎、厨卫五金产品、家用燃气用具等。但涉及的产品侧重于建材产品、电器电子产品和少量生活消费相关产品，在国民经济、工业制造体系与消费品体系中所占的比例还相对较小。

表1-14　绿色产品评价标准清单

序号	标准编号	标准名称	认证目录	批次
1	GB/T 35601-2017	绿色产品评价人造板和木质地板	人造板和木质地板	第一批
2	GB/T 35602-2017	绿色产品评价涂料	涂料	
3	GB/T 35603-2017	绿色产品评价卫生陶瓷	卫生陶瓷	
4	GB/T 35604-2017	绿色产品评价建筑玻璃	建筑玻璃	
5	GB/T 35606-2017	绿色产品评价太阳能热水系统	太阳能热水系统	
6	GB/T 35607-2017	绿色产品评价家具	家具	
7	GB/T 35608-2017	绿色产品评价绝热材料	绝热材料	
8	GB/T 35609-2017	绿色产品评价防水与密封材料	防水与密封材料	
9	GB/T 35610-2017	绿色产品评价陶瓷砖（板）	陶瓷砖（板）	
10	GB/T 35611-2017	绿色产品评价纺织产品	纺织产品	
11	GB/T 35612-2017	绿色产品评价木塑制品	木塑制品	
12	GB/T 35613-2017	绿色产品评价纸和纸制品	纸和纸制品	
13	GB/T 37866-2019	绿色产品评价塑料制品	塑料制品	第二批
14	GB/T 39020-2020	绿色产品评价洗涤用品	洗涤用品	
15	GB/T 39084-2020	绿色产品评价快递封装用品	快递封装用品	
16	GB/T 39761.1-2021	绿色产品评价家用电器第1部分：电冰箱、空调器和洗衣机	电冰箱、空调器和洗衣机	第三批
17	GB/T 40718-2021	绿色产品评价轮胎	轮胎	
18	GB/T 42065-2022	绿色产品评价厨卫五金产品	厨卫五金产品	第四批
19	GB/T 42169-2022	绿色产品评价家用燃气用具	家用燃气用具	

资料来源：兴业碳金融研究院基于工信部公开数据整理

3.3.4　绿色供应链与绿色金融

目前，绿色供应链金融的研究还处于起步阶段，国内外对于其概念并没有统一的权威性定义。基于兴业研究开展的课题，我国绿色供应链金融主要呈现三大发展模式，即"供应链金融+绿色金融"融合模式、"绿色供应链+供应链金融"融合模式、"绿色供应链+绿色金融"融合模式（钱立华等，2022）。

目前，国内金融机构主要以"供应链金融+绿色金融"模式为主，更多是基于银行传统供应链金融模式。以质押融资、应收账款融资，信用担保融资等模式为企业的绿色生产、环保治理、绿色低碳转型或者购买绿色装备/产品等提供金融服务，从而实现供应链金融与绿色金融的有效融合，其主要关注点聚焦企业的资金投放是否符合绿色导向。再如，业务范围仅限于绿色融资统计制度支持范围内的企业，其融资行为默认纳入绿色金融范围，各贸易环节所开展的供应链金融业务也将纳入绿色供应链金融统计，其主要关注点聚焦在该企业本身是否绿色。

工信部推行绿色供应链管理主要是为了强调供应链上核心企业的主体作用，即一方面要求"链主"做好自身的节能减排和环境保护工作；另一方面是引导带动供应链上下游企业持续提高资源能源利用效率，改善环境绩效，实现绿色发展。更多强调是将环境保护和资源节约的理念贯穿于企业从产品设计到原材料采购、生产、运输、储存、销售、使用和报废处理的全过程。这就要求金融机构在关注"链主"企业自身是否全绿或是否进行绿色投放的基础上，还要关注供应链上下所有企业的运营管理活动的资金投放是否满足绿色导向，即"绿色供应链+绿色金融"融合模式。通过直接对绿色供应链从产品设计到原材料采购、生产，运输和销售以及回收等全产业链融入绿色环保理念的项目进行资金支持，从而实现绿色供应链与绿色金融的有效融合，目前该模式在国内属起步阶段，仅部分机构开展了试点业务。

4. 全面推进美丽中国建设

2024年1月11日，《中共中央 国务院关于全面推进美丽中国建设的意见》（以下简称《意见》）发布①，围绕美丽中国建设的目标路径、重点任务、重大政策进行了全面系统部署。《意见》把建设美丽中国摆在强国建设、民族复兴的突出位置，开启了新时代生态文明建设新篇章。

4.1 背景与目标路径

4.1.1 美丽中国建设背景

建设美丽中国是全面建设社会主义现代化国家的重要目标，是实现中华民族伟大复兴中国梦的重要内容。党的十八大报告提出："把生态文明建设放在突出地位，融入经济建设、政治建设、文化建设、社会建设各方面和全过程，努力建设美丽中国，实现中华民族永续发展。"这是美丽中国首次纳入党的报告。党的十九大报告首次将"美丽"纳入社会主义现代化强国目标，提出到2035年"生态环境根本好转，美丽中国目标基本实现"、到本世纪中叶"把我国建成富强民主文明和谐美丽的社会主义现代化强国"。党的二十大报告继续将"美丽中国"作为全面建设社会主义现代化国家的重要目标，以美丽中国建设推动人与自然和谐共生的现代化。

党的十八大以来，美丽中国建设迈出重大步伐，实现四个重大转变。2023年7月，习近平总书记在全国生态环境保护大会上强调②："党的十八大

---

① 资料来源：中共中央 国务院关于全面推进美丽中国建设的意见，中国政府网［EB/OL］. 2024/1/11［2024/1/15］https://www.gov.cn/zhengce/202401/content_6925405.htm

② 资料来源：习近平在全国生态环境保护大会上强调：全面推进美丽中国建设 加快推进人与自然和谐共生的现代化，生态环境部官网［EB/OL］. 2023/7/18［2024/1/15］https://www.mee.gov.cn/ywdt/szyw/202307/t20230718_1036581.shtml

以来，我们把生态文明建设作为关系中华民族永续发展的根本大计，开展了一系列开创性工作，决心之大、力度之大、成效之大前所未有，生态文明建设从理论到实践都发生了历史性、转折性、全局性变化，美丽中国建设迈出重大步伐"，并指出新时代生态文明建设实现了由重点整治到系统治理、由被动应对到主动作为、由全球环境治理参与者到引领者、由实践探索到科学理论指导的四个重大转变。

新征程上，必须把美丽中国建设摆在强国建设、民族复兴的突出位置，正确处理五个重大关系，开启全面推进美丽中国建设新篇章。尽管新时代生态文明建设的成就举世瞩目，但习近平总书记在全国生态环境保护大会上也强调："我国生态环境保护结构性、根源性、趋势性压力尚未根本缓解。我国经济社会发展已进入加快绿色化、低碳化的高质量发展阶段，生态文明建设仍处于压力叠加、负重前行的关键期。必须以更高站位、更宽视野、更大力度来谋划和推进新征程生态环境保护工作，谱写新时代生态文明建设新篇章。"新征程上继续推进生态文明建设，习近平总书记指出要正确处理高质量发展和高水平保护、重点攻坚和协同治理、自然恢复和人工修复的关系、外部约束和内生动力、"双碳"承诺和自主行动这五个重大关系，并对全面推进美丽中国建设进行了系列部署。

《意见》的发布是对全国生态环境保护大会要求的进一步落实，把建设美丽中国摆在新征程上强国建设、民族复兴的突出位置，对我国全面推进美丽中国建设进行了全面系统性的部署，也是继2015年《中共中央　国务院关于加快推进生态文明建设的意见》之后又一顶层部署，意味着我国开启了新时代生态文明建设新篇章。

4.1.2　美丽中国建设目标与战略部署

《意见》明确，全面推进美丽中国建设，需统筹产业结构调整、污染治理、生态保护、应对气候变化，协同推进降碳、减污、扩绿、增长，维护国家生态安全，抓好生态文明制度建设，以高品质生态环境支撑高质量发展，从而为加快形成以实现人与自然和谐共生现代化为导向的美丽中国建设新格局，筑牢中华民族伟大复兴的生态根基。

为此，《意见》锚定未来5年、到2035年和本世纪中叶三个时间节点目标要求。

到2027年，美丽中国建设成效显著。绿色低碳发展深入推进，主要污染物排放总量持续减少，生态环境的质量、服务功能持续提升，国家生态安全有效保障，生态环境治理体系更为健全，国土空间开发保护格局得到优化。

到2035年，美丽中国建设基本实现。广泛形成绿色生产生活方式，碳排放达峰后稳中有降，生态环境根本好转，生态系统多样性稳定性持续性显著提升，国家生态安全更加稳固，生态环境治理体系和治理能力以现代化基本实现，国土空间开发保护新格局形成。

到本世纪中叶，美丽中国建设全面建成。展望远期，生态文明全面提升，绿色发展方式和生活方式全面形成，重点领域实现深度脱碳，生态环境健康优美，生态环境治理体系和治理能力现代化全面实现。

另外，《意见》根据经济社会高质量发展的新需求，提出三个阶段生态环境治理路径："十四五"深入攻坚，实现生态环境持续改善；"十五五"巩固拓展，实现生态环境全面改善；"十六五"整体提升，实现生态环境根本好转。不断深化美丽中国建设、推动生态环境质量改善的量变到质变，要围绕四"全"建设路径展开：推动经济社会发展绿色化、低碳化，加快能源、工业、交通运输、城乡建设、农业等领域绿色低碳转型的全领域转型；绘就各美其美、美美与共的美丽中国新画卷就要以美丽中国先行区为引路者，打造美丽城市、美丽乡村，重点推进美丽蓝天、美丽河湖、美丽海湾、美丽山川的全方位提升；因地制宜、梯次推进东部、中部、东北、西部的全地域建设；鼓励园区、企业、社区、学校等基层单位开展绿色、清洁、零碳引领行动，将建设美丽中国转化全体人民自觉的全社会行动。

《意见》共部署了七项重点任务：加快发展方式绿色转型、持续深入推进污染防治攻坚、提升生态系统多样性稳定性持续性、牢守美丽中国建设安全底线、打造美丽中国建设示范样板、开展美丽中国建设全民行动、健全美丽中国建设保障体系，并提出加强党的全面领导作为组织实施保障。

4.2　协同推进降碳、减污、扩绿、增长

统筹产业结构调整、污染治理、生态保护、应对气候变化，协同推进降碳、减污、扩绿、增长是推进美丽中国建设的核心内容，《意见》延续党的二十大报告精神，围绕加快发展方式绿色转型、持续深入推进污染防治攻坚、提升生态系统多样性稳定性持续性三大任务进行了进一步的细化部署。

4.2.1　加快发展方式绿色转型

在优化国土空间开发保护格局方面，进一步提升生态环境"红线""底线"治理效能。《意见》强调统筹优化农业、生态等各类空间布局，明确坚守生态保护红线面积在315万平方公里以上、守住耕地18亿亩红线等"底线"目标，并提出完善生态环境分区管控体系的具体管控思路。其中，中央深改委第三次会议通过了《关于加强生态环境分区管控的指导意见》，把生态保护红线、环境质量底线、资源利用上线等生态环境"硬约束"，进一步落实到生态环境管控单元，实行更加差异化、精细化的管控，将为我国生态环境源头防控夯实基础、为绿色低碳高质量发展挖掘更多空间，有效提高生态环境治理效能。

"先行先试"创新发展将是推进"双碳"战略的重要途径，碳核算基础制度将进一步加强。《意见》提出"开展多领域多层次减污降碳协同创新试点"，探索从重点行业、重点环节突破，并形成可推广、可复制的先进范式，将成为未来推动经济社会"系统性"变革的关键手段。其中，2023年

12月国家发改委发布《关于印发首批碳达峰试点名单的通知》（发改办环资〔2023〕942号），确定了张家口等25个城市、长治高新技术产业开发区等10个园区作为首批碳达峰试点；2024年1月生态环境部发布了第一批城市和产业园区减污降碳协同创新试点名单，包括21个城市、43个产业园区。预计未来绿色发展相关试点将更加细化，在发展模式、管理措施、技术路径等方面形成的实践经验也将更有实操性与针对性。此外，《意见》首次明确"逐年编制国家温室气体清单"，此前《关于加快建立统一规范的碳排放统计核算体系实施方案》（发改环资〔2022〕622号）中曾提出"持续推进国家温室气体清单编制工作，建立常态化管理和定期更新机制"，此次《意见》则明确了定期更新频率，这一方面将更有利于我国履行《巴黎协定》实施细则要求[1]，另一方面也将为我国构筑更完善的碳核算数据基础。

结构优化、节能降碳改造成为重点领域绿色低碳发展的重点。一方面，优化产业结构。《意见》提出"大力发展战略性新兴产业、高技术产业、绿色环保产业、现代服务业"等技术集中度高、高附加值、清洁环保的新产业，同时严把准入关，遏制传统的"两高"项目、低水平项目上马。另一方面，推动重点领域节能降碳改造。在建筑领域，《意见》提出"加快既有建筑和市政基础设施节能降碳改造，推动节能、低碳建筑的规模化发展"；在交通领域，《意见》提出"大力推进'公转铁''公转水'，加快铁路专用线建设，提升大宗货物清洁化运输水平。推进铁路场站、民用机场、港口码头、物流园区等绿色化改造和铁路电气化改造，推动超低和近零排放车辆规模化应用、非道路移动机械清洁低碳应用"，并提出了量化目标："到2027年，新增汽车中新能源汽车占比力争达到45%，老旧内燃机车基本淘

---

[1] 注：《巴黎协定》实施细则要求，所有缔约方不晚于2024年提交气候变化透明度双年报告，随后每两年提交一次，每次提交的报告应包括自2020年开始每个年度的温室气体排放清单。

汰，港口集装箱铁水联运量保持较快增长；到2035年，铁路货运周转量占总周转量比例达到25%左右。"

节能、节水引领资源节约集约利用。《意见》提出"实施全面节能战略，推进节能、节水、节地、节材、节矿"，并提出"到2035年，能源和水资源利用效率达到国际先进水平"的目标。其中，节能方面，《意见》提出"持续深化重点领域节能，加强新型基础设施用能管理"，节水方面，《意见》提出"深入实施国家节水行动，强化用水总量和强度双控，提升重点用水行业、产品用水效率，积极推动污水资源化利用，加强非常规水源配置利用"。

4.2.2　持续深入推进污染防治攻坚

近年来，我国推动污染防治的措施之实、力度之大、成效之显著前所未有。从"十三五"的坚决打好污染防治攻坚战，到"十四五"的深入打好污染防治攻坚战，从"坚决"到"深入"，意味着污染防治触及的矛盾问题层次更深、领域更广，要求也更高。《意见》中延续了中共中央、国务院印发的《关于深入打好污染防治攻坚战的意见》中的主要观点，继续开展"蓝天、碧水、净土三大保卫战"，此外将原净土保卫战中"提升固废和新污染物治理能力"单独作为重点任务提出，充分认可了固废在减污降碳协同增效方面的重要作用，助推绿色低碳循环发展。

持续深入打好蓝天保卫战。作为攻坚战的重中之重，《意见》聚焦重点区域、重点领域治理，以京津冀及周边、长三角、汾渭平原等重点区域为主战场，以细颗粒物控制为主线，大力推进多污染物协同减排。从钢铁、水泥、焦化等重点产业超低排放、清洁能源替代、煤炭总量控制、交通运输清洁化等方面提出优化措施，大力推进挥发性有机物、氮氧化物等多污染物协同减排，持续降低细颗粒物浓度，着力解决老百姓"家门口"的噪声、油烟、恶臭等问题，此外也提出要加强区域联防联控，采取综合措施，加快消除重污染天气。目标到2027年，全国细颗粒物（PM2.5）平均浓度下降到28微克/

立方米以下，到2035年，下降到25微克/立方米以下。目标中25微克/立方米为欧盟现行规定的PM2.5年均值标准，但目前我们离28微克/立方米仍有一定差距。

持续深入打好碧水保卫战。目前，我国水生态环境保护结构性、根源性压力尚未根本缓解，一是水环境治理任务依然艰巨，二是水生态破坏问题比较普遍。针对于此，《意见》提出要统筹水资源、水环境、水生态治理，深入推进长江、黄河等大江大河和重要湖泊保护治理，此外在扎实推进水源地规范化建设和备用水源地建设，加快补齐城镇污水收集和处理设施短板，建立水生态考核机制，持续推进重点海域综合治理，继续抓好美丽河湖、美丽海湾建设等方面也作出具体部署。值得注意的是，《意见》首次针对近岸海域水质优良比例、美丽河湖、美丽海湾等设置约束性指标，即"到2027年，全国地表水水质、近岸海域水质优良比例分别达到90%、83%左右，美丽河湖、美丽海湾建成率达到40%左右；到2035年，'人水和谐'美丽河湖、美丽海湾基本建成"。从指标设置强度看，仍以稳中求进为主。据生态环境部数据，2022年全国地表水优良水体比例达87.9%，近岸海域水质优良比例为81.9%，目标指标提升幅度相对趋缓，该设定或考虑不单纯追求以水环境理化指标评价为主，重心仍放在巩固成果、提升质量上。

持续深入打好净土保卫战。《意见》着力开展土壤污染源头防控行动，从严防新增污染、逐步解决长期积累的土壤和地下水严重污染问题两个角度出发，重在强化污染风险管控。目标到2027年，受污染耕地安全利用率达到94%以上，建设用地安全利用得到有效保障；到2035年，地下水国控点位Ⅰ—Ⅳ类水比例达到80%以上，土壤环境风险得到全面管控。

强化固体废物和新污染物治理。近年来，我国新污染物治理受到党中央、国务院的高度重视。2022年5月，国务院发布《新污染物治理行动方案》，明确了新污染物治理的目标和工作重点，我国新污染物治理工作全面启动，而《意见》中亦将新污染物治理行动作为重点抓手。固废方面，《意见》侧重以"无废城市"建设为引领，提升固体废物环境治理体系和治理能力整体水平，深化全面禁止"洋垃圾"入境工作，以"一废（危废）一库（尾矿库）一品（化学品）"为重点，着力提升固体废物环境监管能力、利用处置能力和风险防范能力。《意见》目标，到2027年，"无废城市"建设比例达到60%，固体废物产生强度明显下降；到2035年，"无废城市"建设实现全覆盖，东部省份率先全域建成"无废城市"，新污染物环境风险得到有效管控。

表1-15　持续深入推进污染防治攻坚量化指标与前期目标梳理

《关于全面推进美丽中国建设的意见》			前期目标
指标	2027年	2035年	2025年
全国细颗粒物平均浓度	下降到28微克/立方米以下	下降到25微克/立方米以下	《中华人民共和国国民经济和社会发展第十四个五年规划和2035年远景目标纲要》：较2020年下降10%（测算约29.7微克/立方米）
全国地表水水质优良比例	达到90%左右	/	《重点流域水生态环境保护规划》：达85%
全国近岸海域水质优良比例	达到83%左右	/	/
美丽河湖、美丽海湾建成率	达到40%左右	/	
受污染耕地安全利用率	达到94%以上		《关于深入打好污染防治攻坚战的意见》：达到93%左右
地下水国控点位I—IV类水比例	/	达到80%以上	《"十四五"土壤、地下水和农村生态环境保护规划》：地下水国控点位V类水比例保持在25%左右
"无废城市"建设比例	达到60%	实现全覆盖	《"十四五"时期"无废城市"建设工作方案》：推动100个左右地级及以上城市开展"无废城市"建设

资料来源：兴业碳金融研究院根据公开资料整理

4.2.3　提升生态系统多样性稳定性持续性

《意见》从"筑牢自然生态屏障""实施山水林田湖草沙一体化保护和系统治理""加强生物多样性保护"三个层面进一步细化了守好我国自然生态安全边界、巩固生态系统质量基础的举措。近年来，生态系统保护修复与生物多样性等问题日益受到国内外关注，也成了可持续金融重点关注的议题之一。我国针对提升生态系统多样性稳定性持续性日益趋严的激励约束政策和监管强化，将对金融机构形成有效的传导，不仅将为金融机构带来生态系统保护修复领域的长期投资价值，也将促使金融机构越来越注重对自然生态资源、生物多样性破坏等的风险识别，以避免金融资产减值或债券违约等方面的金融风险。

4.2.3.1　筑牢自然生态屏障

构建全国自然生态资源监测评价预警体系，强化制度约束。《意见》在强调推进以国家公园为主体的自然保护地体系建设，巩固国家生态安全屏障外，重点提出自然生态资源监测评价、生态保护修复和自然资源各类主体监管、生态状况监测评估、生态破坏问题监督等体制机制层面加强发挥制度的约束作用，以筑牢自然生态屏障。我国在提升自然生态资源制度约束的举措体现为如下方面。

统一自然资源调查监测是提升国家治理能力现代化的重要举措。2018年4月，自然资源部在北京正式挂牌成立，重点负责我国自然资源的调查监测，解决以往自然调查部门比较分散、概念不统一、内容相互交叉、指标之间相互矛盾、相关标准和技术体系不协调等问题。充分体现了我国对于构建自然资源统一调查监测体系的重视。2018年9月开始，我国开展了第三次全国国土调查（以下简称"三调"），历时三年掌握了全国主要地类数据。"三调"为国家制定经济社会发展重大战略规划、重要政策举措提供了基本依据。2020年1月，自然资源部印发《自然资源调查监测体系构建总体方案》

（自然资发〔2020〕15号），围绕土地、矿产、森林、草原、水、湿地、海域海岛七类自然资源的调查监测进行规划和设计。生态资源将成为自然资源监测体系中的有效补充。《意见》中明确将实施全国自然生态资源监测评价预警工程。生态资源也将同自然资源一道纳入我国调查监测体系中。生态资源通常包括有形的山水林田湖草等自然资源要素，也包括野生动植物等生物性资源，还包括森林景观、农田景观、水文景观等在内的自然景观资源、无形的环境资源和生态文化资源等①。生态资源通常具有生态价值，是我国将绿水青山创造金山银山的重要潜力资源。下一阶段，我国预计将借鉴"三调"经验，开展更广泛的生态资源普查，进一步为自然和生态资源管理数字化转型提供统一的底图底数，为有效保护和合理开发利用自然生态资源，发挥基础性作用。

4.2.3.2　实施山水林田湖草沙一体化保护和系统治理

从顶层规划角度继续坚持系统观念，强化一体化和系统治理。生态系统具有整体性、系统性及其内在发展规律，"山水林田湖草沙"是生态系统的组成要素，共同构成了一个生命共同体，各要素存在内在关联，过去治山、治水、护田各自为战的工作局面已经发生改变，头疼医头脚疼医脚的工作方式已经向系统化方案转变。这与党的十九届五中全会提出的"十四五"时期我国经济社会发展必须遵循的原则之一——"系统观念"相一致。《意见》再次强调，"中国山水工程"（中国山水林田湖草沙一体化保护和修复工程）实施过程中需更加注重生态治理和修复过程中全要素协调和管理。

挖掘林地可持续生产力，强化森林生态系统服务功能和固碳能力。《意见》中要求全面实施森林可持续经营，以及推进生态系统碳汇能力巩固提

---

① 资料来源：生态资源价值实现的困境破解与可行路径，光明网［EB/OL］. 2021/02/02 ［2024/01/06］，https://theory.gmw.cn/2021-02/02/content_34591084.htm

升行动。我国森林平均每公顷蓄积95.02立方米，不到全球平均水平的70%，不到德国的1/3，每公顷年均蓄积生长量仅为德国的1/2，林地生产力远未充分发挥[①]。挖掘林地生产力不仅能有效提升生态资源价值，也能提升森林固碳能力。2023年3月，国家林业和草原局发布《全国森林可持续经营试点实施方案（2023—2025年）》，计划用3年时间，在全国开展森林可持续经营试点，并以试点示范引领带动各地提高森林质量、调整林分结构。2023年我国共安排森林可持续经营试点单位310个，其中，国有林场221个，国有林区51个林业局，集体林适度规模经营主体38个。通过试点的开展，我国将探寻先进的森林采伐管理方式，同时形成针对不同林地抚育砍伐的技术标准规范。

"三北"工程三大标志性战役和京津风沙源治理成阶段性重点。2023年6月，习近平总书记在内蒙古调研期间，发出了打好"三北"工程攻坚战、努力创造新时代中国防沙治沙新奇迹的动员令。此次《意见》突出强调要持续推进"三北"工程建设和京津风沙源治理，意味着黄河"几字弯"攻坚战，科尔沁、浑善达克两大沙地歼灭战，河西走廊—塔克拉玛干沙漠边缘阻击战三大标志性战役，以及京津地区风沙源治理将是我国今后一段时间内"中国山水工程"北方地区协同防沙治沙的核心。区域将通过重大工程、重大项目的形式，运用以树挡沙、以草固沙、以水含沙、以光锁沙等科学手段，在治沙的同时，通过制定激励约束机制，如林长制、林场经营性收入分配等，增加防沙治沙内生动力。

4.2.3.3　加强生物多样性保护

生物多样性保护重要性日益突出。生态系统的"多样性"是"稳定性"

---

① 资料来源：全国森林可持续经营试点政策解读，国家林草局资源司［EB/OL］，2023/03/14［2024/01/17］，https://www.forestry.gov.cn/main/6271/20230314/1511159959102 68.html

和"持续性"的基础，是解决我国生态系统脆弱性的核心。我国高度重视生物多样性保护工作，2020年9月30日，习近平主席在参加75届联大生物多样性峰会时指出"实施生物多样性保护重大工程"。一年后，《生物多样性公约》缔约方大会第十五次会议（COP15）在我国昆明举办，我国宣布出资15亿元人民币成立昆明生物多样性基金，正式设立第一批国家公园等。2021年10月我国发布《生物多样性保护》白皮书、印发《关于进一步加强生物多样性保护的意见》，明确了进一步加强生物多样性保护的总体目标，提出了加快完善生物多样性保护政策法规、持续优化生物多样性保护空间格局等任务措施。

建立多元化投融资机制是新阶段金融助力生物多样性保护的新要求。2024年1月，我国更新发布了《中国生物多样性保护战略与行动计划（2023—2030年）》（以下简称《行动计划》）。作为我国生物多样性保护总体规划和《生物多样性公约》履约核心工具，《行动计划》明确了我国新时期生物多样性保护战略，部署了生物多样性主流化、应对生物多样性丧失威胁、生物多样性可持续利用与惠益分享、生物多样性治理能力现代化等4个优先领域。《行动计划》将建立"多元化投融资机制"作为优先行动之一，对金融机构支持生物多样性保护提出了新要求。未来，我国将编制《国家生物多样性战略行动融资计划》，从财政资金支持、社会资本参与、市场化交易、改革激励政策措施、发挥集体行动的作用、协同气候融资等方面引导金融资源应用于生物多样性保护。值得注意的是，《行动计划》明确提出：我国将在绿色金融体系中考虑生物多样性因素，将生物多样性保护纳入《绿色债券支持项目目录》，推动生态产品可交易可抵押可变现，充分衔接碳减排货币政策工具，优化生物多样性和气候投融资的共同惠益和协同作用，推动将生物多样性项目纳入生态环保金融支持项目储备库。基于此，金融机构在组织架构、人才、科技、风险、研究等方面都应进一步强化机制支持，在绿色项目筛选、绿色信贷监测、生态环境效益测算、金融科技应用等方面将生物多样性保护因素纳入运营管理和绿色金融支持机制中，积极服务国家战略。同时基于支持生物多样性保护为原则，强化构建风险管理体系。

4.3　健全生态安全体系，守牢美丽中国建设安全底线

生态安全在国家安全体系中地位愈加凸显。事实上，早在2014年4月，习近平总书记主持召开中央国家安全委员会第一次会议提出坚持总体国家安全观时，就已明确将生态安全纳入国家安全体系之中。但在党的二十大报告中，仅提出"加强生物安全管理，防治外来物种侵害"。而本次《意见》则系统提出了"健全国家生态安全体系"，包括健全国家生态安全的"法治体系、战略体系、政策体系、应对管理体系"，形成"全域联动、立体高效的国家生态安全防护体系"，同时也丰富了生态环境安全风险防范的重点领域。

一是确保核与辐射安全，重点是加强安全监管与应急体系。当前，我国在核电机组数量、运维水平以及技术水平等方面，均处于世界前列。"十四五"时期，我国核电将迎来重要发展机遇期，建设与我国核事业发展相适应的现代化核安全监管体系尤为重要。推动核安全监管体系与能力现代化，一方面，持续完善安全监管体系，持续强化核电厂、研究堆、核燃料循环设施安全监管和铀矿等矿辐射环境监管；另一方面，健全应急体系，加强核与辐射应急指挥机制、核应急"海陆空"监测能力、辐射应急预案体系能力建设。

二是加强生物安全管理，强化全链条防控和系统治理。《意见》提出"加强生物技术及其产品的环境风险检测、识别、评价和监测。强化全链条防控和系统治理，健全生物安全监管预警防控体系。加强有害生物防治。开展外来入侵物种普查、监测预警、影响评估，加强进境动植物检疫和外来入侵物种防控。健全种质资源保护与利用体系，加强生物遗传资源保护和

管理"。

三是有效应对气候变化不利影响和风险。当前，全球气候风险日益凸显，极端气候风险事件频发，增强气候韧性刻不容缓。《意见》以"到2035年，气候适应型社会基本建成"为目标，提出要强化气候变化的监测、预测、风险评估工作，着重提升农业、健康和公共卫生等领域气候韧性，深化气候适应型城市建设和行动，逐步提升气候变化适应和减缓能力。

四是严密防控环境风险。《意见》提出加强环境风险常态化管理的重要性，应健全"分级负责、属地为主、部门协同"的环境应急责任体系，完善上下游、跨区域的应急联动机制。强化重点领域、管辖海域、边境地区等环境隐患排查，建立健全应急响应、环境健康监测调查和风险评估制度。

第二章

重点领域与产业篇

一、绿色产业风向标：兴业绿色景气指数（GPI）

"兴业绿色景气指数（GPI）"是为响应2016年七部委联合发布的《关于构建绿色金融体系的指导意见》中所明确提出的"支持开发绿色债券指数、绿色股票指数以及相关产品"，由兴业碳金融研究院和兴业银行绿色金融部共同开发，基于对兴业银行绿色金融客户调研结果编制，并于每月1日发布，旨在全面、细致、系统地揭示绿色产业的发展现状、研判产业热点领域和发展趋势、感知绿色产业发展中的痛点，为绿色金融和绿色产业的发展提供调查的第一手信息。

2023年是"兴业绿色景气指数（GPI）"持续发布的第六年，自2018年到2023年按月连续发布72期。GPI是一个多维度的指数体系，包括GPI综合景气指数、分项指数、分行业指数、分企业规模指数等，各项指数走势情况与我国目前绿色发展政策走向显示出高度的一致性，GPI指数已成为绿色产业风向标。而随着绿色经济在我国占据越来越重要的地位，部分GPI分项指数与我国宏观经济指标等其他指标也展现出一定的相关性。

1. 2023年绿色产业GPI综合景气指数先扬后抑

2023年初，随着我国疫情防控较快平稳转段，绿色产业景气度迅速回暖，2023年2月GPI综合景气指数一度上升至55.5%，是2022年以来的最高水平，也是2023年内高点。随后在整体需求回落、资金持续承压的情况下，绿色产业景气度波动下降，在11月降至荣枯线以下，为年内低点，不过在

12月回升至50.7%，较2022年末小幅提升了0.6个百分点。GPI综合景气指数年内走势与我国宏观经济走势一致，如图2-1所示，GPI综合景气指数季度均值与我国名义GDP季度同比增速显示出高度同步性，GPI指数也一定程度上反映了整体宏观经济景气程度。

图2-1　GPI综合景气指数走势与名义GDP增速

资料来源：Wind，兴业碳金融研究院

2. GPI分项指数

从分项指数来看，2023年绿色产业供需均小幅回暖，成本压力显著缓解，但资金周转压力进一步加大。供需方面，GPI调研结果显示，2023年上半年，新订单指数和生产指数都处于较高水平，但在下半年有所回落，从全年平均水平来看，新订单指数和生产指数均较2022年平均水平有小幅提升。成本方面，2023年在PPI持续为负的情况下，绿色产业成本压力显著缓解。2023年末GPI成本指数较上年末下降了6.9个百分点，创下GPI指数发布以来的历史新低，从全年平均水平来看，2023年平均成本指数也较2022

年下降了4.4个百分点。资金周转方面，2023年绿色产业整体资金周转压力有所增加。2023年绿色产业平均补贴到位率指数同比下降了1.1个百分点，平均资金指数同比下降了0.7个百分点，并且2023年全年有7个月GPI资金指数都处于50%以下，但在2023年末稍有回暖迹象。

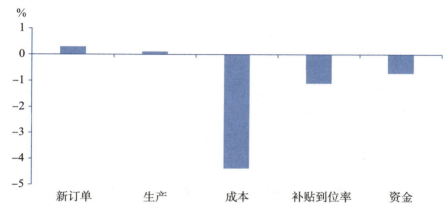

图2-2 GPI部分分项指数：2023年度均值—2022年度均值

资料来源：兴业碳金融研究院

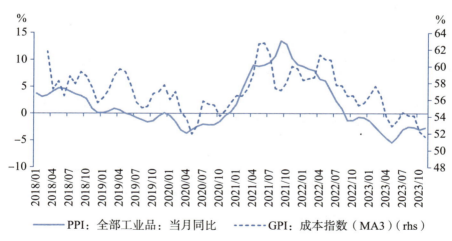

图2-3 GPI成本指数与PPI

资料来源：Wind，兴业碳金融研究院

3. GPI分行业指数

分行业来看，固废危废治理、水治理、节能技术服务相关行业景气提升。作为绿色产业"风向标"，GPI指数能够从市场第一线最直观反映我国各绿色产业的景气程度。2023年，《危险废物重大工程建设总体实施方案（2023—2025年）》《国家水网建设规划纲要》等国家规划政策陆续出台，推动固废危废治理、水治理、相关行业景气提升，其中，固废危废治理行业2023年度平均景气指数较2022年提升了2.2个百分点，并且是2023年度平均景气度最高的细分行业。与此同时，2023年多领域稳增长工作方案陆续出台，推升绿色低碳节能改造需求，节能技术服务行业景气度也有所提升。此外，虽然绿色环保专用设备材料制造、可再生能源与清洁能源发电与供暖、环境监测等行业2023年平均景气指数较2022年有所下降，但绝对值水平仍排在各细分行业前列。

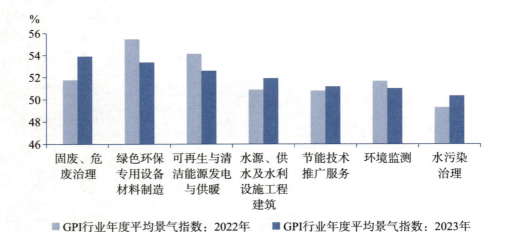

图2-4　GPI部分行业年度平均景气指数

资料来源：兴业碳金融研究院

4. GPI分企业规模指数

分企业规模来看，小型企业景气度总体回暖，但不同规模企业景气分化情况依旧。相较2022年末，2023年末小型绿色环保企业景气指数上升了3.2个百分点，而大型绿色环保企业景气指数则下降了2.9个百分点。年度平均景气程度也呈现出同样的变化趋势，2023年小型企业年度平均景气度较2022年抬升了1.1个百分点，而大型企业则下降了2.2个百分点。但从绝对水平来看，大型企业景气度还是显著高于小型企业，不同规模企业景气分化情况依旧。

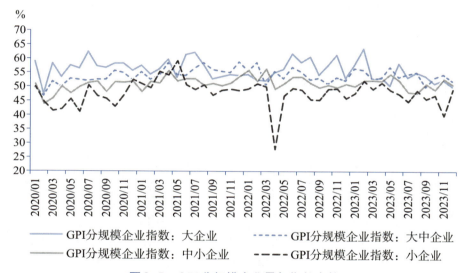

图2-5　GPI分规模企业景气指数走势

资料来源：兴业碳金融研究院

二、能源

1. 能源转型现状

围绕能源安全，煤油气资源稳定供给能力不断增强。根据《"十四五"

现代能源体系规划》（发改能源〔2022〕210号）目标，到2025年，原油年产量回升并稳定在2亿吨水平，天然气年产量达到2300亿立方米以上，发电装机总容量达到约30亿千瓦，能源储备体系更加完善，能源自主供给能力进一步增强。2023年我国能源安全稳定供给能力稳步增强。其中，原煤产量持续增长但增速放缓。根据国家统计局数据，2023年全国原煤产量46.58亿吨，同比增长2.9%，增速较2022年的9%下降明显。全年原油产量站稳2亿吨，连续六年保持增长；天然气产量2353亿立方米，连续七年增产超100亿立方米。[①]

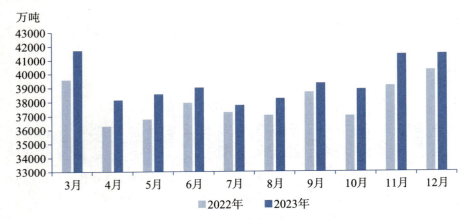

图2-6　2022年与2023年我国原煤产量（当月值）

资料来源：Wind，兴业碳金融研究院

----

① 资料来源：中石油经研院发布《2023年油气行业发展报告》，新华网，［EB/OL］.2024/2/28［2024/3/25］，http://www.xinhuanet.com/energy/20240228/366b278089eb4f8b805669ceabb813c5/c.html

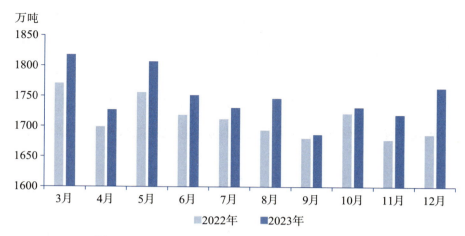

图2-7　2022年与2023年我国原油产量（当月值）

资料来源：Wind，兴业碳金融研究院

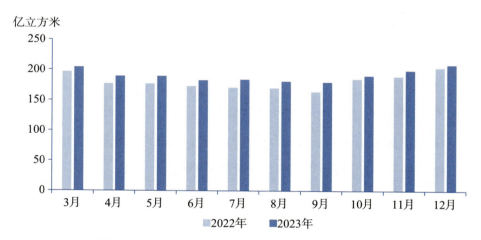

图2-8　2022年与2023年我国天然气产量（当月值）

资料来源：Wind，兴业碳金融研究院

传统煤电项目迎来新一轮审批潮。受国际能源危机冲击、极端天气引发电力间歇性短缺、电力供需不平衡等多重因素影响，2022年，我国煤电项目审批核准规模飙升，创下2015年以来审批量最高值。根据国际环保组织绿色和平（Greenpeaoe）《中国电力部门低碳转型2022年进展分析》《中国电力部门低碳转型2023年上半年进展分析》两份报告显示，2022年中国新增核准煤电项目82个，总核准装机达9071.6万千瓦，为2021年获批总量的近5倍；地方政府煤电核准热情不减。2023年全年煤电核准容量66.03GW，开工容量达到99.76GW[①]，虽然核准容量较大幅度下降，但开工容量大幅度提升。短期来看，煤电机组重点发挥电力保供与促进新能源大规模消纳作用。

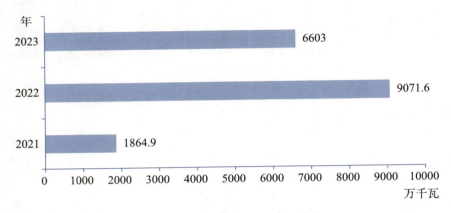

图2-9　近三年煤电项目核准审批情况

资料来源：绿色和平组织，兴业碳金融研究院

新能源成为能源转型的主力军。2023年，新能源完成投资额同比增长超34%。其中，太阳能发电完成投资额超6700亿元，河北、云南、新疆3个省份的集中式光伏完成投资额同比增速均超100%；风电完成投资额超3800亿元，辽宁、甘肃、新疆3个省份的陆上风电投资加快释放，山东、广东2个省份的新建大型海上风电项目投资集中释放。[②]以风光等新能源为主的

---

①　资料来源：电力设备新能源行业风电/电网产业链周评（1月第2周）：电网板块表现继续走强，全球海上风电逐渐走出低谷，每日经济新闻，［EB/OL］．2024/1/14［2024/3/25］，https://www.nbd.com.cn/articles/2024-01-14/3207119.html

②　资料来源：新能源完成投资额同比增长超34%　2023年能源投资保持快速增长，人民日报，［EB/OL］．2024/2/26［2024/3/25］，http://cn.chinagate.cn/environment/2024-02-26/content_117019050.shtml

非化石能源逐步向电力供给主体转变过渡。根据中电联公布数据，2023年非化石能源发电装机首次超过火电装机规模，占总装机容量比重首次超过50%，煤电装机占比首次降至40%以下；全年新增发电装机容量3.7亿千瓦，其中太阳能发电装机规模新增超2亿千瓦；水电、核电、风电、太阳能发电等清洁能源发电量31906亿千瓦时，比上年增长7.8%。①

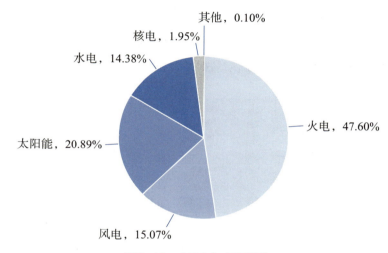

图2-10　2023年电源结构

资料来源：中电联，兴业碳金融研究院

　　电力系统灵活性要求激发可调节性火电、储能等灵活性资源需求。新能源渗透率越高，对电力系统冲击越大，对电力系统中可调节的火电、储能等灵活调节资源提出更大需求。煤电方面，2023年国家发展改革委、国家能源局联合发布《关于建立煤电容量电价机制的通知》（发改价格〔2023〕1501号），一定程度上保障了煤电项目经济性，进一步激发投资者热情，也将为促进煤电灵活性改造提供助力。储能方面，抽水蓄能依然是主体，新

① 资料来源：多项电力数据公布！2023年中国清洁能源发电量同比增长7.8%，国际能源网，〔EB/OL〕.2024/3/1〔2024/3/25〕，https://www.in-en.com/article/html/energy-2330814.shtml

型储能装机增速保持"领头羊"势头。从累计装机容量来看，新型储能累计装机约为32.2GW，同比增长达196.5%，占储能装机总量的38.4%；抽水蓄能累计装机功率约为50.6GW，同比增长10.6%，占储能装机总量的60.5%；蓄冷蓄热累计装机功率约为930.7MW，同比增长69.6%，占储能装机总量的1.1%。从新增装机容量来看，新型储能新增装机量约21.3GW，是2022年新型储能新增装机量的3.6倍，约占2023年储能新增装机的80.3%；抽水蓄能新增装机量约4.9GW，约占2023年新增装机总量的18.3%；蓄热蓄冷新增装机量约0.38GW，占2023年新增装机总量的1.4%。[①]

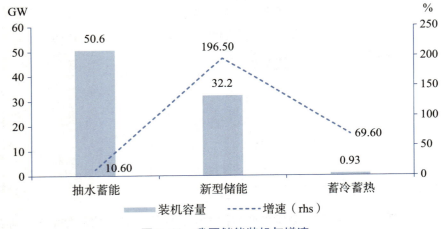

图2-11 我国储能装机与增速

资料来源：中国化学与物理电源行业协会，兴业碳金融研究院

2.趋势展望

我国化石能源供需形势总体平衡。煤炭方面，我国持续释放先进产能，

---

① 资料来源：CIES发布《2024年中国新型储能产业发展白皮书》，中国电力，［EB/OL］．2024/3/11［2024/3/26］，http://mm.chinapower.com.cn/chuneng/dongtai1/20240311/238493.html

保供压力持续缓解，但受煤矿事故频发引起安全监管力度升级的影响，产地供给约束带来原煤产量增速有所放缓，全年供需总体保持平衡态势。石油方面，原油产量持续稳定提升，时隔多年重上2亿吨水平，连续6年保持增长，供给能力持续增强。与此同时，根据中石油经研院预测，中国经济持续回升向好支撑石油需求增长，预计2024年石油需求达7.64亿吨，同比增长1%，成品油需求达4亿吨，同比增长0.3%，达峰时点可能提至2025年前。[①]天然气方面，天然气供应处于较高水平，预计2024年我国国产气供给量2434亿立方米，同比增长100亿立方米，增幅4.3%。与之相比，受经济增速回落、煤改气等多方面因素影响，我国天然气市场消费量3943亿立方米，同比增长170亿立方米，增速4.5%。由于恢复性市场增量难以维系，2024年天然气需求将处于相对温和的状态。[②]

　　煤电机组的合理有序发展将是能源转型的根本。考虑到煤电2—3年建设周期，2023—2024年火电机组项目核准、开工建设数量将维持高位。长期来看，煤电将从当前"主体、基础、支撑"电源向远期"调节"电源过渡转变，装机规模将在"十五五"期间达峰，并在2030年后进入"减容减量"阶段，即装机和发电量稳步下降，一部分逐步退出常规运行而作为应急备用。[③]因此，需要推动煤电机组结构优化与平稳转型。一方面，大容量、高参数机组是基本趋势，且将长期发挥电力电量主力作用。近两年核准的大

---

①　资料来源：中石油经研院：2024年中国石油需求将稳中有升，2030年前石油需求将达峰，前瞻网，［EB/OL］. 2024/2/29［2024/3/26］，https://www.163.com/dy/article/IS4DRHCH051480KF.html

②　资料来源：天然气市场重回正增长，中国石油石化，［EB/OL］. 2024/3/22［2024/3/26］，https://www.163.com/dy/article/ITRH4L5Q05508GA4.html

③　资料来源：我国电力碳达峰、碳中和路径研究，中国水电，［EB/OL］. 2021/12/7［2023/10/29］，http://www.hydropower.org.cn/showNewsDetail.asp?nsId=31629

容量、高参数机组占比较高，其中2022年66万千瓦以上机组占比70.73%、2023年第一季度占比66.7%。同时，煤电机组近期还发挥支撑新能源大规模外送的作用，甘肃、上海等地区"十四五"能源规划中均将煤电与新能源协同作为重点内容。当前在全国超过20条的西电东送输电工程项目里，有大约2/3的线路配有50%容量左右的煤电，以解决可再生能源发电的不稳定问题。另一方面，"三改联动"①是煤电行业转型必需，机组灵活性将是未来煤电可持续发展的关键衡量指标。随着电力系统中新能源装机占比快速提高，通过灵活性改造的煤电机组参与辅助服务市场获利将是常态化经营模式。考虑到短期内30万千瓦级及以下机组参与灵活性调节较新建的大容量机组更具经济性，预计短期内灵活性改造对象将主要为存量小容量机组，深度调峰机组范围将逐步扩大到大型机组。

我国将持续推动新能源高质量发展。2023年，我国全面推进新型能源体系建设，大力推进以沙戈荒地区大型风电和光伏基地为主的新能源体系建设，新能源发展速度超预期创纪录。2024年，预计新能源增速放缓但仍保持高位，以大基地为主的开发模式进入"常态化"。根据国家能源局《2024年能源工作指导意见》（国能发规划〔2024〕22号），一方面持续推进沙漠、戈壁、荒漠地区风光基地建设，另一方面进一步拓展海上风电等非化石能源发展优势。预计海上风电将成未来新的增长引擎。根据国金证券研究报告，预计2023—2025年国内风电总新增装机年复合增速为16%，其中海上风电为73%，远高于陆上风电。因此，在我国陆上风电市场日趋饱和的背景下，海上风电将凭借资源丰富、单机容量大、发电量高等优势，成为风电市场的新增长点。与此同时，《2024年能源工作指导意见》还强调"印发2024年可再生能源电力消纳责任权重并落实到重点行业企业"，通过将新

---

① 煤电"三改联动"包括节能改造、供热改造、灵活性改造。

能源消纳责任进一步向企业压实，预计我国新能源消纳能力将进一步提升。

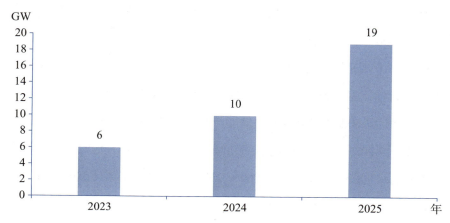

图2-12　海上风电新增装机规模预测

资料来源：国金证券，兴业碳金融研究院

表2-1　部分政策中新能源相关目标

政　　策	要　　点
《中国落实国家自主贡献目标进展报告（2022）》	• 2030年前达到二氯化碳排放峰值，在2060年前实现碳中和； • 到2030年，将GDP的二氧化碳强度从2005年的水平降低60%； • 到2030年，太阳能和风能装机容量达到12亿千瓦
《"十四五"能源发展规划》（发改能源〔2022〕210号）	• 到2025年，国内生产总值的二氧化碳强度比2020年降低18%； • 到2025年，国内生产总值的能源强度比2020年降低13.5%； • 到2025年，非化石燃料在能源结构中所占比例达到20%，到2030年达到25%
《"十四五"可再生能源发展规划》（发改能源〔2021〕1445号）	• 到2025年，可再生能源发电量达到3.3万亿千瓦时左右； • 到2025年，50%以上的电力消费增长由可再生能源满足
《"十四五"建筑发展规划》（建市〔2022〕11号）	• 到2025年，新建建筑的太阳能光伏发电能力达到50GW以上； • 到2025年，为超过1亿平方米的建筑提供地热能源

资料来源：兴业碳金融研究院根据公开资料整理

储能将引领电力系统灵活性资源快速发展。从规模来看，根据国务院《2030年前碳达峰行动方案》（国发〔2021〕23号），到2025年，新型储能装机容量达到3000万千瓦以上，因此2023—2025年将是新型储能爆发式增长的黄金机遇期；《"十四五"现代能源体系规划》（发改能源〔2022〕210号）提出抽水蓄能发展目标，力争到2025年，抽水蓄能装机容量达到6200万千瓦以上、在建装机容量达到6000万千瓦左右。储能产业发展将创造巨大市场空间，据光大证券预测，到2025年，我国储能投资市场空间将达到0.45万亿元，2030年增长到1.30万亿元左右；2020年起至2060年碳中和，储能投资累计市场空间将达到122万亿人民币[①]。2023年央地多项政策支持储能发展，如国家能源局开展新型储能试点示范、国家能源局印发《发电机组进入及退出商业运营办法》（国能发监管规〔2023〕48号）将实施对象扩大范围至新型储能、河南发布《关于加快新型储能发展的实施意见》（豫监能市场〔2023〕82号）明确新能源配储比例等，预计2024年我国储能装机依然保持快速增长，相应投资保持稳步提升。

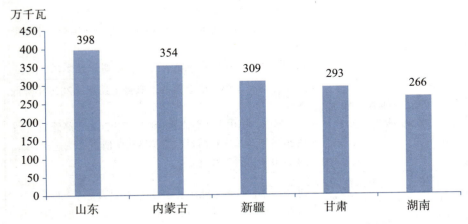

图2-13 2023年我国新型储能累计装机排名前五省份

资料来源：国家能源局，兴业碳金融研究院

---

① 资料来源："十四五"储能规划出台！万亿级市场将起飞！，OFweek锂电网，［EB/OL］．2022/2/22［2023/11/29］，https://libattery.ofweek.com/2022-02/ART-36001-8120-30550665.html

未来电力领域激励政策在于提高新能源发电稳定性与灵活性相关新技术与新模式。包括风光水火储多能互补综合能源基地模式、风光大基地配套煤电、新能源配置储能、用户侧综合能源等。完善储能技术相应成本补偿机制将极大促进新能源大规模消纳，目前针对储能产业已基本形成涵盖宏观政策、市场规则、行业管理、财政补贴、技术攻关、人才培养、示范项目等各方面较为完善的政策框架，为新型储能技术创新应用和产业高质量发展奠定了基础。预计关于储能参与各类细分电力市场的规则将更加完善，以通过市场手段引导相关投资规模与结构更加合理化。

表2-2　国家及地方储能产业技术相关政策

领　　域		政策要点
宏观政策	指导意见	30GW发展目标，14个省已发布地方指导意见
	新能源规划	13个省明确配置比例
市场规则	两个细则	储能纳入市场主体，丰富服务品种，健全价格机制，完善分担共享机制
	辅助服务	增加新品种、建立共享分担机制、完善调用规则，与现货市场联动机制研究
	价格机制	28个省市发布分时电价机制
行业管理	项目管理	新型储能项目管理规范
	安全管理	电化学储能电站安全管理暂行办法，全寿命周期管理
	技术规范	工信部：锂电池行业规范
财政补贴	独立储能	独立储能：山东、浙江、宁夏、青海 补贴类型：调峰、初装、发电量、运营
	用户侧储能	用户侧储能：宿州、义务、温州、肇庆、佛山 补贴类型：初装、用电、运营
	需求响应	需求响应：储能可作为市场主体参与需求侧响应或用户侧调峰；补偿价格进一步增加，最高35元/kW次

领　　域		政策要点
技术攻关	揭榜挂帅	加强关键技术装备研发，调动企业、高校、科研院所等各方力量，推动储能理论、关键材料、系统等短板技术攻关
	首台套	8个储能技术入选，涵盖抽蓄、压缩空气、飞轮、电化学等
	产教融合	布局储能产教融合创新平台，与"双一流"建设相结合
人才培养	学科建设	17个省市26所高校设置"储能科学与工程"专业
示范项目	山西	首批15个示范项目，规模供给780.7MW。锂电、液流、飞轮、钠离子、压缩空气
	山东	5个调峰+2个调频项目，规模共计520MW

资料来源：中国能源研究会储能专委会，中关村储能产业技术联盟

三、工业

1. 工业绿色转型现状

1.1　工业生产基本情况

工业生产持续温和回暖，制造业居前。国家统计局数据显示，2023年规模以上工业增加值比上年增长4.6%，重点行业生产整体向好，41个工业大类行业中有28个保持增长。其中汽车制造业、电气机械和器材制造业、化学原料和化学制品制造业等行业工业增加值增速较快，分别为13.0%、12.9%和9.6%。

图2-14 2023年规上工业增加值同比

资料来源：国家统计局，兴业碳金融研究院

工业企业利润增速降幅进一步收窄，装备制造业保持增势，原材料业持续改善。根据国家统计局最新数据，2023年全国规模以上工业企业实现利润总额76858.3亿元，比上年下降2.3%，降幅比1—11月收窄2.1个百分点，跌幅较2022年收窄1.7个百分点。上半年工业企业利润徘徊低位，下半年利润由降转增，并实现较快增长，各季度工业企业利润增速分别为−21.4%、−12.7%、7.7%、16.2%。从四大类行业看，装备制造业保持增势，对工业利润的拉动增强。2023年装备制造业利润同比增长4.1%，较2022年提升2.4个百分点；拉动规上工业利润增长1.4个百分点，较2022年提升0.8个百分点。原材料和消费品行业利润降幅收窄、拖累减弱。2023年，原材料制造业、消费品制造业利润降幅分别较2022年收窄17.8个百分点、10个百分点。

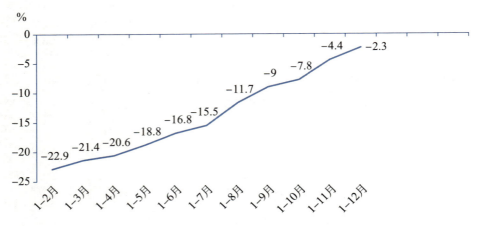

图2-15 规上工业企业利润：累计同比

资料来源：Wind，兴业碳金融研究院

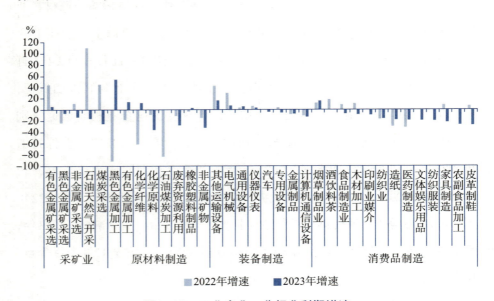

图2-16 工业企业：分行业利润增速

资料来源：Wind，兴业碳金融研究院

稳住工业经济大盘的"压舱石"。当前我国工业经济运行总体呈复苏态势，但也面临地缘政治冲突加剧、内部需求不足、企业效益下滑等困难和挑战，为推动国家工业发展稳中向好、提质增效，工信部于2023年集中出台了十个重点行业稳增长工作方案。方案选取了国内规模大、带动性强、关联性高的钢铁、有色、石化、化工、建材等主要制造业行业为实施对象，侧重从供需两端共同发力，也将绿色化、高端化、智能化作为主要方向，该方案的出台为我国重点工业领域的发展注入了新动能。

表2-3　十个重点行业稳增长方案

成文日期	发文单位	政策名称	文　号
2023年7月19日	工信部等三部委	《轻工业稳增长工作方案》	工信部联消费〔2023〕101号
2023年8月9日	工信部	《电力装备行业稳增长工作方案》	工信部重装〔2023〕119号
2023年8月10日	工信部、财政部	《电子信息制造业稳增长行动方案》	工信部联电子〔2023〕132号
2023年8月17日	工信部、国家发展改革委等七部门	《机械行业稳增长工作方案》	工信部联通装〔2023〕144号
2023年8月18日	工信部、国家发展改革委等七部门	《石化化工行业稳增长工作方案》	工信部联原〔2023〕126号
2023年8月21日	工信部、国家发展改革委等七部门	《有色金属行业稳增长工作方案》	工信部联原〔2023〕130号
2023年8月21日	工信部、国家发展改革委等七部门	《钢铁行业稳增长工作方案》	工信部联原〔2023〕131号
2023年8月22日	工信部、国家发展改革委等八部门	《建材行业稳增长工作方案》	工信部联原〔2023〕129号
2023年8月25日	工信部、国家发展改革委等七部门	《汽车行业稳增长工作方案》	工信部联通装〔2023〕145号

资料来源：兴业碳金融研究院

1.2　工业绿色低碳基本情况

我国工业绿色发展水平显著提升。2021—2022年，规模以上工业单位增加值能耗累计下降6.8%，重点耗能工业企业单位电石、合成氨、电解铝综合能耗分别累计下降6.8%、0.8%、2.5%。从长期看，截至2022年底，规模以上工业单位增加值能耗较2012年累计下降幅度超过36%，钢铁、电解铝、水泥熟料、平板玻璃等单位产品综合能耗较2012年降低了9%以上，均处于世界领先水平。[①]此外2022年大宗工业固废资源综合利用率超过52%，较2012年提高近10个百分点，能源资源利用效率持续提升。

工业重点领域能效水平新标杆建立。2023年7月4日，国家发展改革委等五部门发布了《工业重点领域能效标杆水平和基准水平（2023年版）》（发改产业〔2023〕723号）。该政策文件在此前明确炼油、水泥熟料、炼铁等25个重点领域能效标杆水平和基准水平的基础上，将节能降碳改造升级范围进一步覆盖到能效提升潜力较大、行业发展较快及部分轻工业领域。此外强化能效标杆引领作用和基准约束作用，鼓励和引导行业企业立足长远发展，高标准实施节能降碳改造升级。还对不同企业的能效水平改造期限做了分类规定，要求各地引导企业在规定时限内改造升级到能效基准水平以上，并淘汰无法按期达标的项目。该政策文件是对原2021年版本的拓展和提升，对进一步加快推进工业重点领域节能降碳改造升级、实现高质量发展具有重要意义。

水泥、电解铝和钢铁行业或将于第二批纳入全国统一碳市场。2023年10月，生态环境部发布了《关于做好2023—2025年部分重点行业企业温室气体排放报告核查工作的通知》（环办气候函〔2023〕43号，以下简称《通知》），虽然《通知》并未明示第二批纳入碳市场的行业，但《通知》对三个行业的核查工作完成时间要求与其他重点行业不同。《通知》要求"水泥、电解铝和钢铁行业企业碳排放报告核查工作应于每年9月30日前完成"，而其他行业则要求在每年12月31日之前完成。

"双碳"融入产业结构调整方略。2023年7月14日，国家发展改革委发布

---

① 资料来源：中央人民政府网，我国规上工业单位增加值能耗10年累计下降超36%，2023/6/12［2023/11/30］，https://www.gov.cn/yaowen/liebiao/202306/content_6885847.htm

的《产业结构调整指导目录（2023年本，征求意见稿）》中鼓励类目录融合了资源集约与绿色低碳化、区域产业布局等相关要求，而限制类、淘汰类目录的划分中更具"双碳"特色，不利于实现碳达峰碳中和目标的和阻碍实现碳达峰碳中和目标的分别划入限制类和淘汰类，此外新版目录也更加注重工艺技术、装备及产品本身的能效水平。说明国家已经将"双碳"相关政策的贯彻、能效提升的落实、绿色低碳产业的发展融合到产业结构性调整的工作过程中，这也将给予社会资本明确的投资风向标，助推国家"双碳"战略目标的顺利完成。

2.趋势展望

工业领域绿色低碳转型对于实现国家"双碳"目标意义重大，党的二十大报告在绿色低碳发展以及环境资源保护方面，强调要"协同推进降碳、减污、扩绿、增长，推进生态优先、节约集约、绿色低碳发展"，标志着我国"双碳"政策方针不会动摇。2024年，是工业领域贯彻落实党的二十大精神的第二年，也是攻坚实施"十四五"绿色系列规划的关键一年，预计在政策和经济复苏的双重推动下，工业发展路径逐步优化，节能降碳潜力持续释放。工业领域中，钢铁、水泥、电解铝为国内碳排放量较高的行业，合计占我国社会碳排放总量接近30%。结合生态环境部最新文件发布，水泥、电解铝和钢铁行业或将于第二批纳入全国统一碳市场。

2.1 钢铁行业

中国钢铁行业碳排放量占全国碳排放总量的15%左右，是制造业31个门类中碳排放量最大行业[1]，毫无疑问，钢铁行业将是我国实现"双碳"目标的重点对象。自2022年下半年以来，钢铁行业进入周期性低谷，2023年略有缓和

---

[1] 资料来源：占据全国碳排放总量15%左右，钢铁行业将纳入全国碳市场，国家大气污染防治攻关联合中心，2021/06/28［2022/8/16］，https://www.163.com/dy/article/GDJEGP0C0514TVLI.html

迹象。国家统计局数据显示，2023年黑色金属冶炼和压延加工业实现营业收入83352.4亿元，同比下降2.2%；营业成本79335.0亿元，同比下降2.8%；利润总额564.8亿元，同比增长157.3%。产量方面，2023年我国粗钢产量101908万吨，与上年基本持平；生铁产量87101万吨，同比增长0.7%；钢材产量136268万吨，同比增长5.2%。但全行业也仍面临诸多困境，如产能过剩加剧、国内需求不足、出口增长等问题交织，导致原料价格坚挺但成材均价下移，行业利润微薄等。结合钢铁行业稳增长方案及工业碳达峰方案等相关政策，预计2024年钢铁行业绿色低碳发展方向侧重于沿用极致能效与循环经济为代表的降成本路线，以及产业结构优化与减污降碳协同并进的良性发展方式。

2.1.1 极致能效与循环经济减排

极致能效提升将作为企业节能减排的攻坚高地。一般而言，钢铁企业能源成本约占总生产成本的25%—40%，提升能效即可有效实现企业降本增效，此外能源消耗与二氧化碳排放相辅相成，据殷瑞钰等学者研究，2021—2060年累计碳减排贡献中节能等因素可占7%。[①] 按照《高耗能行业重点领域节能降碳改造升级实施指南（2022年版）》要求，"到2025年，钢铁行业炼铁、炼钢工序能效标杆水平以上产能比例达到30%，能效基准水平以下产能基本清零，行业节能降碳效果显著，绿色低碳发展能力大幅提高"。但根据中国钢铁工业协会数据，目前钢铁行业高炉工序达到能效基准值的产量占比均在99%以上，远高于转炉工序，此外，整体而言，各主体工序达到能效标杆值的比例，距"2025年能效达到标杆值的产能占比超30%"的政策要求有较大差距。推进钢铁重点工序极致能效提升既是企业节能减排的攻坚之战，也是行业实现转型升级、高质量发展的内在需求。基于此，2022年底，由中国钢

---

① 资料来源：直接还原网，专家议三大国际钢铁公司氢冶金路线，2022/6/13［2023/11/20］，http://www.driinfo.com/show.php?contentid=550757

铁工业协会牵头组织的钢铁行业"能效标杆三年行动方案"正式启动。2024年，构建极致能效运行体系将作为重点企业推动实现"双碳"目标的战略性抓手，根据钢协相关规划，力争实现2023年0.8亿吨—1.0亿吨、2024年1.5亿吨—2.0亿吨、2025年2.0亿吨—3.0亿吨的钢铁产能达到能效标杆水平。

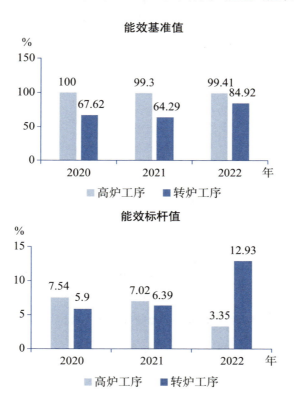

图2-17　高炉、转炉工序达到能效基准值及标杆值的产量占比

资料来源：中国钢铁行业协会，兴业碳金融研究院

围绕废钢产业链构建资源循环利用体系是行业降碳主要路径。废钢的利用能有效降低钢铁行业原材料和能源资源消耗。近年来，废钢性价比大幅高于铁水致使长流程钢厂用废积极性增加，2017年长流程钢厂废钢比同比增长6.63%至17.78%，并于2021年创历年新高21.9%。此外，基于长流程钢厂产能基数庞大及较低生产成本，我国废钢消费更多流向长流程炼钢。

根据中国废钢铁应用协会测算，到2025年，我国废钢铁资源量将达到3亿吨至3.2亿吨，到2030年，我国废钢铁资源量将超过3.5亿吨。届时，我国钢铁工业的原料结构将会发生巨大变化，废钢产业链的建设对于企业提升资源掌控能力和市场集中度有巨大帮助。此外，钢渣微粉也是钢渣综合利用的主流趋势，通过钢渣粉磨成超细粉，作为建材参合料的方式进行综合利用，产品多以路基材料、沥青路面、透水砖等为主。

图2-18　转炉废钢比

资料来源：中国钢铁行业协会，兴业碳金融研究院

2.1.2　联合重组及结构优化仍将继续

并购整合是钢铁行业实现低碳高质量发展和稳增长的要求。国家鼓励龙头企业实施兼并重组，优化产业布局，也强调依托优质企业，在细分领域进行兼并重组，解决钢铁行业小散乱的局面。2023年，钢铁行业经历了一场加速洗牌，鞍钢集团实质性兼并重组凌源钢铁股份有限公司，中国宝武钢铁集团有限公司收购山东钢铁集团有限公司股权案取得重大突破，冀南钢铁、敬业集团等多家民营钢铁也进一步扩大了在钢铁产业的布局。2024年，在头部钢企资产负债表健康、盈利能力和抗风险能力均较强的背景下，行业景气下行或波动加大，将有助于加速行业整合，特别是针对民企的整

合。此外由钢铁企业主导推进钢焦融合值得关注，钢焦企业联合重组不仅提升钢铁企业焦炭供应保障能力、实现了企业节能降碳增效，其副产品焦炉煤气也可以有效利用。《关于促进钢铁工业高质量发展的指导意见》中也提出，要构建产业间耦合发展的资源循环利用体系，引导京津冀及周边地区独立热轧和独立焦化企业参与钢铁企业兼并重组。

电炉短流程炼钢产业有序发展，是推动我国钢铁工业碳达峰、碳中和的重要举措。相比以铁矿石为原料的长流程，短流程工艺利用废钢生产钢材，碳排放量锐减，目前短流程炼钢吨钢二氧化碳排放量仅为0.4吨左右，仅为长流程的1/4。[①] 同时，大量使用废钢，还可以降低铁矿石对外依存度，缓解战略性资源"卡脖子"的问题。《钢铁行业稳增长工作方案》也提出"加快实施电炉短流程炼钢高质量发展引领工程，对全废钢电炉炼钢项目执行差别化产能置换、环保管理等政策"。根据工业领域碳达峰相关政策，2025年短流程炼钢占比达15%以上。但从实际效果来看，2022年，我国电炉钢产量仅占粗钢总量的9.7%，相比全球28%、美国68%、欧盟40%、日韩两国约30%的比例仍有较大差距。2024年，在差别化政策的推动下，电炉钢或迎来发展期。

2.1.3　减污与降碳协同并进

环境污染物和碳排放高度同根同源，推动减污降碳协同增效是我国立足新发展阶段、大力推进生态文明建设的必然要求。根据冶金工业规划研究院发布的数据，截至2023年6月底，270余家钢铁企业约7.6亿吨粗钢产能已完成或正在实施超低排放改造，约占总产能的60%，其中62家钢铁企业3.14亿吨粗钢产能完成全流程超低排放改造并公示，距离工信部针对钢铁行业"力争到2025年80%以上钢铁产能完成超低排放改造"的要求还尚

---

① 资料来源：钢铁行业减煤减碳捷径：电炉短流程炼钢，自然资源保护协会，2022/4/29
　　［2023/8/1］，http://www.nrdc.cn/news/newsinfo?id=902&cook=2

有一定差距，2024年，钢铁行业超低排放的脚步仍将继续前进。

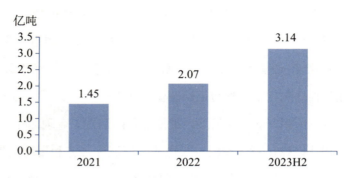

图2-19 已完成超低排放的产能情况

资料来源：冶金工业规划研究院，兴业碳金融研究院

2.2 水泥行业

我国是全球最大的水泥生产国，水泥产量连续多年保持世界第一，2022年我国水泥产量21.3亿吨，约占全球水泥产量的60%，这也直接导致我国水泥行业碳排放量巨大，约占全国碳排放总量的13%，仅次于电力和钢铁行业，其减排任务艰巨。[①]水泥行业与房地产和基建领域息息相关，二者消费占比水泥总消费量超80%。2023年水泥产量20.23亿吨，同比下降0.7%，由于需求下行以及延期投产项目正式投产，水泥行业产能过剩压力进一步加大，行业竞争加剧，水泥行业景气度下降明显。结合建材行业碳达峰实施方案及稳增长方案等相关政策，预计2024年水泥行业绿色低碳发展方向侧重于供给侧结构性改革换取行业成长空间，此外节能与能效提升、原燃料及产品替代等亦为发展重点。

2.2.1 供给侧结构性改革持续推进

推动水泥行业碳排放总量降低的最大因素是产量的降低。2010—2020年水泥行业碳排放变化趋势与产量趋势图对比看，两者变化基本趋同。根据RMI预测，到2050年，水泥熟料的产量将下降至每年5.6亿吨，约为2020

---

① 资料来源：中国经济导报，水泥行业减碳：从生产和消费端协同发力，2023/10/8〔2023/11/3〕，https://www.sohu.com/a/726548068_100011043

年水平的1/3，这将有助于减少约67%的碳排放。但目前熟料产能依旧过剩，根据中国建筑材料科学研究总院数据，截止到2022年底，全国新型干法水泥生产线累计共有1572条[①]，设计熟料年产能18.4亿吨，实际熟料年产能超过20亿吨，但熟料产能利用率61%，创近年来新低。在"双碳"+"双控"政策下，高耗能行业转型压力加大，水泥企业淘汰落后产能、剥离低效资产及优化资源配置的需求迫切，浙江、山东等多地都有明确规定，要加快淘汰2500t/d及以下熟料产能。2024年，供给侧改革将持续推进。

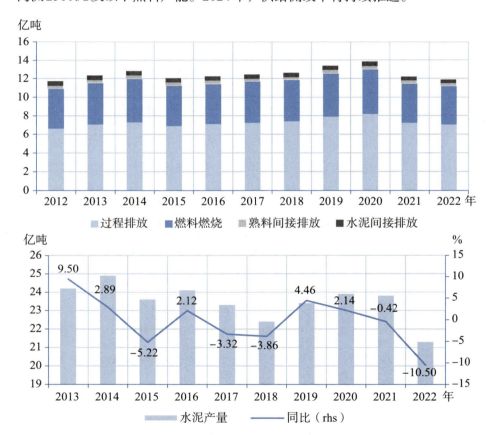

图2-20 2010—2020年水泥碳排放变化趋势（上）与产量趋势（下）

资料来源：中国水泥协会，RMI，兴业碳金融研究院

---

① 剔除已关停和拆除生产线，不包括日产700吨以下规模生产线。

2.2.2 节能与能效提升成为主旋律

目前水泥行业单位能耗仍相对较高，与相关"双碳"政策要求目标相差较远。国家发改委数据显示，按照电热当量计算法，截至2020年底，水泥行业能效优于标杆水平的产能约占5%，能效低于基准水平的产能约占24%，目前水泥行业基准水平以下生产线涉及水泥熟料产能就达4.5亿吨，离国家相关产业政策要求"到2025年，水泥行业能效标杆水平以上的熟料产能比例达到30%，能效基准水平以下熟料产能基本清零"相差较远。

2024年，预计水泥行业节能与能效提升将成为企业低碳发展的主旋律。参考中国建筑材料联合会发布的《水泥行业碳减排技术指南》，以综合能耗120kgce/t的水泥生产企业为例，达到3级能耗即能效基准水平，需要将水泥生产的设备及工艺提升至目前主流的高效低阻预热器、大炉容分解炉、第四代篦冷机、生料辊压机终粉磨等某些技术组合，可降低综合能耗7～10kgce/t。在此基础上进一步选择耐火材料整体提升、五级预热器改六级、冷却机中置辊破、富氧燃烧等某些技术组合，进一步降低热耗，整体可降低综合能耗6～8kgce/t，最终达到综合能耗2级水平。[①]此外水泥行业余热发电是利用水泥窑熟料煅烧过程中产生的废气余热进行发电，无须额外增加一次能源消耗。作为二次燃料，减少能源损耗和资金成本，使水泥企业能源利用率提高到95%以上。以海螺水泥为例，日产5000吨生产线每天可利用生产线产生的余热发电21万～24万千瓦时，每年节约标准煤2.53万吨，减排二氧化碳约6.76万吨。[②]目前水泥熟料的综合能耗标杆水平为100千克标准煤/吨，基准水平为117千克标准煤/吨，据中国建筑材料联合会

---

① 资料来源：数字水泥网，水泥行业碳减排技术指南发布，2022/11/21［2023/11/30］，
https://www.dcement.com/article/202211/205082.html

② 资料来源：网易，碳排放超2亿吨，增收不增利的海螺水泥如何实现双碳目标，2021/11/11
［2023/11/30］，https://m.163.com/dy/article/GOI4PVGQ0519PVA0.html

估计，如果基准水平以下生产线其中一半进行技改或重建，投资额约1500亿元左右，介于标杆水平和基准水平生产线进行窑系统提质增产在线改造，预计也将在1000亿元左右，"十四五"期间水泥行业建设改造投资合计约需2500亿元左右。

2.2.3　原燃料及产品替代促降碳

水泥行业或将加速进入碳排放权市场，此举将通过对企业碳排放权进行限制，并利用碳交易机制倒逼企业技术创新，来减少碳排放强度，故2024年水泥企业降碳动力将进一步提升。水泥生产中最主要的碳排放来源是碳酸盐煅烧环节，占总排放的60%，原料碳酸盐（石灰石）的替代[①]比例是实现减碳的关键。另外可使用矿粉、煤粉灰、矿渣和煤矸石等工业废渣来降低水泥中熟料占比，实现碳减排的同时，还可有效消纳工业废弃物，极大地降低资源消耗。此外能源替代也是主要降碳途径，生产过程中来自能源活动和电力使用的碳排放占总排放的40%。目前较可行的方式是使用城市垃圾、工业废弃物（废旧轮胎、石油焦等）、医疗废弃物、生物质作为替代燃料，推广窑炉协同处置生活垃圾，提高传统化石燃料替代率。此外，发展分布式可再生能源也是水泥企业降碳的重要手段。

低碳水泥新品种或将加大研发推广。低碳水泥是通过改造水泥的生产工艺，从而降低水泥在生产和使用中的碳排放量，低碳水泥技术可以实现水泥碳排放量减少50%以上，这将为其他产业腾出足够的碳排放空间，但由于技术成熟度、成本价格等因素尚未大范围应用。2024年，低碳水泥的研发中试推广将不会停滞。新型低碳熟料体系不基于硅酸钙熟料，具有所需氧化钙含量低、烧成温度低、碳排放低的特点，低碳水泥复合材料的

---

① 　注：原料替代是指用某些天然矿物或固废，如电石渣、造纸污泥、脱硫石膏、粉煤灰、冶金渣尾矿等，来替代石灰质原料，从而减少其在分解炉中分解产生的CO_2。

典型例子主要有高贝利特水泥熟料、硫铝酸盐水泥熟料、Solidia水泥熟料、Celitement水泥熟料、X-Clinker水泥熟料、硫氢镁化合物水泥熟料等。

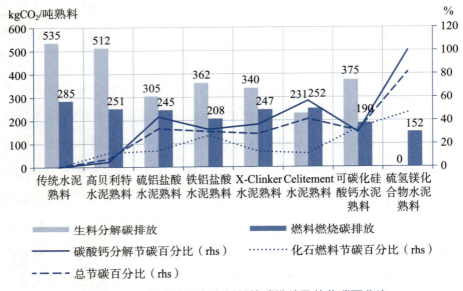

图2-21　可替代水泥复合材料的碳排放及其节碳百分比

资料来源：朗绿科技，兴业碳金融研究院

2.3　电解铝行业

电解铝行业是能耗大户，大多采用火力发电，生产过程中伴随着高耗能和高碳排放量。据中国有色金属工业协会统计，我国有色金属工业碳排放量约占全国总排放量的4.7%，其中电解铝行业碳排放量约占有色金属行业总排放量的64%。为控制行业产能的无序增长，政策端电解铝产能天花板早已确立，约4500万吨，当前在建成产能4474万吨接近峰值及产能利用率达到96%历史高点的背景下，后续产能产量增量有限。[①]需求侧看，中金公司预计，2024年虽地产端消费有所拖累，但新能源需求仍持续拉动铝需求

---

① 资料来源：天风证券，电解铝行业深度：当前需求呈现两个异于以往的特征_供应_产能_领域，2023/11/14［2023/11/28］，https://www.sohu.com/a/736156457_114984

增长。结合有色金属碳达峰实施方案及稳增长方案等相关政策，预计2024年，电解铝的绿色低碳发展主要通过清洁能源替代、节能技术改造以及再生铝应用等方式。

2.3.1　调整用能结构为电解铝降碳主要发力点

目前各类冶炼工艺中，电解铝冶炼环节排放二氧化碳最多，主要由于电解铝生产中消耗能源的86%来自碳排放最大的火电，从全球电解铝能源结构的加权平均值来看，煤电占60%，水电占24.8%，我国电解铝生产的煤电占比远高于全球平均水平，导致我国电解铝单位排放量高达10.3（t.CO$_2$/t.Al），高于全球平均水平9.5（t.CO$_2$/t.Al），具有更大的减排压力，故采用清洁能源代替火电是近期电解铝行业减碳的主要发展方向。采用水电、风电、核电、太阳能发电等绿色能源，发电环节无碳排放，可有效降低电解铝行业的碳排放。我国已明确要求，2030年电解铝使用可再生能源比例提高至30%以上。此外2021年8月，国家发展改革委发布的《关于完善电解铝行业阶梯电价政策的通知》中提出，电解铝企业消耗的非水可再生能源电量在全部用电量中的占比超过15%，且不小于所在省（自治区、直辖市）上年度非水电消纳责任权重激励值的，占比每增加1个百分点，阶梯电价加价标准相应降低1%。2024年，电解铝企业将继续探索清洁能源利用渠道，优化产能布局地理位置。

2.3.2　节能降碳技术助力电解铝绿色发展

2022年2月，工信部等四部门发布的《高耗能行业重点领域节能降碳改造升级实施指南（2022年版）》中提出，到2025年，通过实施节能降碳技术改造，铝等重点产品能效水平进一步提升，其中电解铝能效标杆水平以上产能比例达到30%。2024年，在节能减排高压下，电解铝行业将加速提升产线能效水平。根据国家出台相关行业低碳政策，电解铝节能低碳技术重点方向聚焦装备大型化、能源管理、余热利用、固碳低碳冶炼技术，如铝电解槽及氧化铝生产线大型化技术、铝电解能源管理关键技术、新型稳流保温铝电解槽节能技术，重点研发氧化铝无钙溶出、赤泥固碳除碱、铝冶炼中低位余热回收利用、原铝低碳冶炼、通用设备如水泵风机升级换代等。

2.3.3　再生铝迎来广阔空间

"碳中和"背景下，低能耗，低"碳"排放的再生铝有望得到更大力度的政策支持和资本的青睐。与生产等量的原铝相比，每吨再生铝相当于节约3.4吨标准煤，节水22立方米，减少固体废物排放20吨，此外每吨再生铝仅产生约0.23吨碳排放，是同样电解铝产生的碳排放量的2.1%。[①]《"十四五"原材料工业发展规划》要求电解铝碳排放下降5%，均间接刺激再生铝产量的提高，此外根据2021年7月国家发展改革委发布的《"十四五"循环经济发展规划》，到2025年，我国再生铝行业年产量将达到1150万吨。此外，2024年，头部企业或将进一步布局资源综合利用基地，参与区域回收预处理配送中心建设等，提升其产业链竞争力。根据安泰科估计，随着越来越多的铝制品达到使用寿命，我国将迎来废铝回收快速增长期，预计2023年超过1000万吨，2030年超过1700万吨，为再生铝的发展提供了坚实的基础（杨富强和熊慧，2020）。

表2-4　电解铝与再生铝对比

差别	电解铝	再生铝
原料来源	铝土矿	废旧铝料
生产工艺	化学分解、提炼、电解	预处理、熔炼、精炼
能源消耗	很高（约耗电13500kWh）	低（仅为电解铝的3%—5%）

[①]　资料来源：每日财报，把握"双碳"战略下的再生铝，2021/9/14［2023/11/30］，https://baijiahao.baidu.com/s?id=1711699489333884780&wfr=spider&for=pc

续表

差别	电解铝	再生铝
碳排放	高（使用火电生产一吨电解铝所排放的二氧化碳约为11.2吨）	低（生产一吨再生铝所排放的二氧化碳约为0.23吨）
对环境影响	大	较小
生产产品	原铝	铝合金、液态铝
国家产业政策	4500万吨产能天花板限制	支持
产业经济模式	传统资源消耗型	循环经济、资源再生型

资料来源：中国再生资源研究所、兴业碳金融研究院

四、建筑

1.建筑绿色转型现状

从清单法的角度分析建筑碳排放主要来自建材生产、房屋建造、运行使用、拆除处置四个部分。本章节将重点围绕建筑建造和建筑建成后运行进行分析。

1.1　绿色建筑

节能建筑、新建绿色建筑占比显著提升。2022年住建部和国家发改委发布了《城乡建设领域碳达峰实施方案》（建标〔2022〕53号），将全面提高绿色低碳建筑水平作为建筑领域实现"双碳"目标的重要手段，并明确要求到2025年城镇新建建筑全面执行绿色建筑标准，到2030年，不同区域新建建筑本体至少75%达到节能要求。目前，全国各地正积极开展星级绿色建筑推广计划，采取"强制＋自愿"推广模式，推动有条件地区政府投资公益性建筑、大型公共建筑等新建建筑全部建成星级绿

色建筑，并鼓励建设高星级绿色建筑。[①]在政策激励上，供给端激励包括财政资金奖励、绿色债券补助、绿色保险补助、容积率奖励[②]、银行绿色信贷、优先评奖等；需求侧激励包括公积金贷款额度上浮、按揭贷款利率优惠、契税优惠等。截至2022年底，全国累计建成节能建筑面积超过303亿平方米，节能建筑占城镇民用建筑面积比例超过64%；北方地区完成既有居住建筑节能改造面积超过18亿平方米，惠及超过2400万户居民；全国累计建成绿色建筑面积超过100亿平方米，2022年当年城镇新建绿色建筑占新建建筑的比例达到90%左右[③]，达到普及率100%的目标有望近年完成。

超低能耗建筑是建筑领域中长期高质量发展的主要形式。超低能耗建筑通过采用远高于普通节能建筑的建筑围护结构（外墙、楼板、隔墙、窗等）、先进建筑节能技术和可再生能源等以实现建筑的超低能耗、超高舒适性。2022年发布的《"十四五"建筑节能与绿色建筑发展规划》（建标〔2022〕24号）在提高新建建筑节能水平方面，重点推广超低能耗建筑推广工程，到2025年，建设超低能耗、近零能耗建筑示范项目0.5亿平方米以上。截至2022年底，我国在建及建成超低能耗建筑面积已超

---

① 注：根据我国《绿色建筑评价标准》（GBT 50378–2019），绿色建筑评级分为基本级、一星级、二星级和三星级，星级越高要求越高。

② 注：容积率是指地块中地上建筑总面积与净用地面积的比率。容积率奖励是指土地开发管理部门在开发商提供一定的公共空间或公益性设施的前提下，奖励开发商一定的建筑面积。容积率奖励政策实质上可以看作是政府对开发商提供公共服务的一种补偿，有效调动了开发商进行公益建设的积极性。

③ 资料来源：全国累计建成绿色建筑面积超百亿平方米，人民日报〔N〕. 2023/6/26〔2023/11/24〕，http://paper.people.com.cn/rmrb/html/2023–06/26/nw.D110000renmrb_20230626_3–10.htm

3000万平方米，形成年节能能力达30万吨标煤。[①] 目前，超低能耗建筑增量成本约为每平方米800—1000元，除成本较高外，还面临着市场认知度有待提升、关键核心材料自给率不足、标准体系有待健全和完善等。未来短期内，建立健全超低能耗建筑的标准体系、构建鼓励政策、培育相关产业将是超低能耗建筑领域的重点；中长期伴随对居住品质要求和产业成熟度的提升，以及建筑领域"碳中和"进程的深入，超低能耗建筑将成为趋势。

1.2　绿色建造

建筑施工过程碳排放预计将保持小幅度下降。《2023中国建筑与城市基础设施碳排放研究报告》显示，2021年我国建筑施工阶段碳排放约为1.1亿吨[②]，结合2021年全国157.55亿平方米建筑业房屋建筑施工面积估算，当年我国单位建筑施工面积碳排放水平为$6.98kgCO_2/m^2$，受益于建造工艺和施工用能的优化，较2005年的$14kgCO_2/m^2$有了大幅下降。

国家统计局数据显示2023年我国全国建筑业房屋建筑施工面积为151.3亿平方米，同比下降3%。受房地产发展放缓的影响，我国建筑业房屋建筑施工面积呈现出小幅下降趋势，以2021年我国单位施工面积碳排放水平$6.98kgCO_2/m^2$，2023年151.3亿平方米施工面积估算，当年我国建筑施工领域碳排放预计保持在1—1.1亿吨左右，受新建建筑面积的影响以及以装配式建筑为代表的节能低碳型建造工艺的普及，该排放量未来预计将保持每年小幅度的下降。

[①]　资料来源：超低能耗成房建重要发展方向，北京日报［EB/OL］. 2023/11/06［2023/11/24］，http://house.china.com.cn/2139948.htm

[②]　资料来源：《2023中国建筑与城市基础设施碳排放研究报告》发布，建筑节能网［EB/OL］. 2024/01/24［2024/04/01］，http://www.jzlj.org.cn/Item/Show.asp?m=1&d=9737

图2-22 全国建筑业房屋建筑施工面积和变化情况

资料来源：国家统计局，兴业碳金融研究院

　　装配式建筑占比进一步提升。装配式建筑是降低建造过程碳排放的重要方式，是我国建筑行业低碳转型的重要路径。自2022年以来，我国先后发布的《"十四五"建筑业发展规划》（建市〔2022〕11号）《关于进一步释放消费潜力促进消费持续恢复的意见》（国办发〔2022〕9号）《关于推进以县城为重要载体的城镇化建设的意见》（中办发〔2022〕37号）《城乡建设领域碳达峰实施方案》（建标〔2022〕53号）等都明确要求大力发展装配式建筑。按照规划要求，到2025年，我国装配式建筑占新建建筑的比例将达到30%以上。住建部公开信息显示，2021年我国新开工装配式建筑面积达7.4亿平方米，较2020年增长18%，占新建建筑面积比例为24.5%。2022年上半年，全国新开工装配式建筑占新建建筑面积的比例超过25%，下半年受疫情反弹与建筑业投资放缓的影响，全年新开工装配式建筑与2021年持平。截至2022年底，全国有48个国家级装配式建筑示范城市，328个国家级装配式建筑产业基地，908个省级产业基地。装配式建筑构建生产企业2493家，其中装配式混凝土预制构件企业 1261 家，装配式钢结构件企业 1122 家，装配式木结构件企业 110 家。装配式建筑专业技术从业人员约 300 万人，装配式建筑其他上下游相关企业约 1.35 万家[①]，装配式建筑产业成为建筑产业重要的分支。进入"十四五"发展的下半阶段，尽管建筑业投资预计将进入低速区间，但随着经济的高质量发展，装配式建筑占比预计将保持稳步增长，实现 30% 的目标难度较小。

1.3　建筑运行

建筑运行过程中碳排放保持增长态势，成为未来"双碳"重点关注领域。2021 年我国建筑运行的总商品能耗为 11.1 亿吨标煤，约占当年全国总能耗的 21%，保持增长态势。核算建筑建成后运行的碳排放量，2021 年总排放量约为 22 亿吨，较 2010 年增加近 6 亿吨，其中城乡炊事、燃气燃煤供暖等直接排放为 5.1 亿吨，电力相关间接排放为 12.4 亿吨，热力相关间接排放为 4.3 亿吨（清华大学建筑节能研究中心，2023）。

表 2-5　2021 年我国不同建筑类型运行能耗情况

用能分类	建筑面积（亿 m²）	用电量（亿 kWh）	燃料用量（亿 tce）	商品能耗（亿 tce）	CO_2 排放量（亿 t）	一次能源强度（kgce/m²）	CO_2 排放强度（kgCO_2/m²）
北方城镇供暖	162	770	1.89	2.12	4.9	13.1	29.7
城镇住宅（除北方地区供暖）	305	6051	0.96	2.78	5	9.1	16.4

[①]　资料来源：中国建筑行业装配式建筑发展研究报告（2022），北京中建协认证中心有限公司［R］. 2023/6/04［2023/11/24］，https://www.vzkoo.com/document/202306049283092e9ce3f44d94e6282a.html

用能分类	建筑面积（亿m²）	用电量（亿kWh）	燃料用量（亿tce）	商品能耗（亿tce）	CO_2排放量（亿t）	一次能源强度（kgce/m²）	CO_2排放强度（kgCO_2/m²）
公共建筑（除北方地区供暖）	147	11717	0.33	3.86	7.2	26.3	48.9
农村住宅	226	3754	1.19	2.32	4.9	10.3	21.7
合计	677	22292	4.37	11.1	22	16.4	32.5

注：表中合计总面积为城镇住宅、公共建筑、农村住宅的加总，北方城镇供暖面积包括在城镇住宅和公共建筑中；商品能耗量为用电量折标后与燃料用料的加总；2021年电力等价值为302gce/kWh。

资料来源：《中国建筑节能年度发展研究报告2023》，兴业碳金融研究院

近年来随着我国经济社会的日益发展，人均住宅面积的逐步扩大，居住条件的进一步改善，我国建筑能耗和碳排放情况也发生了一定的改变，具体表现为以下四点。

一是建筑能耗总量呈逐年上升的态势。根据《中国人口普查年鉴2020》数据，2010—2020年十年间我国家庭户人均居住面积由31.06平方米增至41.76平方米。建筑面积的增加带动了建筑能源需求的增长，建筑一次能源消耗总量由2010年的不到7亿吨标煤增至2021年的11.1亿吨标煤。

二是建筑碳排放强度呈现下降趋势。得益于北方清洁供暖减少了煤炭的使用，以及电网碳排放因子的下降，建筑用能的碳排放显著降低，有效对冲了居民用能场景日益丰富和人均居住面积上升带来的能耗上涨产生的碳排放增量效应，建筑单位面积碳排放水平呈现逐年下降的趋势。

三是建筑电气化转型加速。我国建筑领域直接碳排放于2014年达到峰值后持续下降。建筑领域直接排放的主要来源在于北方地区供暖用热需求、城乡炊事对于燃气的需求、燃气热水器制备热水需求等。未来深入推进清洁供热，以及家用炊事和热水电气化改造将成为建筑电气化改

造的重点。

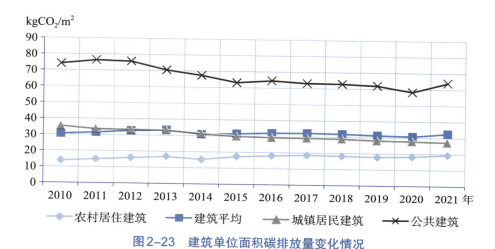

kgCO₂/m²

图2-23　建筑单位面积碳排放量变化情况

资料来源：《2022中国建筑能耗与碳排放研究报告》，兴业碳金融研究院

　　四是公共建筑节能降碳改造潜力大。2021年我国公共建筑占我国建筑面积的21.7%，能耗总量占比却高达32.7%，单位面积碳排放水平显著高于其他建筑类型，是建筑节能降碳领域的重点。典型公共建筑包括大型商场、医院、学校、政府办公楼，以及机场、高铁站等交通场站等。公共建筑在能源使用方面通常具有用能时间长、用能设备多、用能场景丰富、用能管理集中化等特点，成为建筑领域综合能源改造优先级对象。

　　截至2022年末，我国城镇化率达到65.22%[①]，距离我国到2035年实现75%至80%[②]的目标还有较大发展空间，叠加居民生活条件的改善，我国建筑面积预计还将保持增长，尤其是城镇住宅和公共建筑领域。因此，建筑

[①]　资料来源：中华人民共和国2022年国民经济和社会发展统计公报，国家统计局［EB/OL］．2023/2/28［2023/11/24］，https://www.stats.gov.cn/sj/zxfb/202302/t20230228_1919011.html?eqid=a33d23500000415c00000003642fe3df

[②]　资料来源：社科院报告预计中国城镇化率峰值将出现在75%至80%，中国新闻网［EB/OL］．2021/12/28［2023/11/22］，https://www.chinanews.com.cn/cj/2021/12-30/9641017.shtml

能耗预计在未来几年内还将保持低速增长，但受电力碳排放因子的下降以及建筑电气化转型的推进，建筑领域碳排放有望在短期内与能耗走势形成背离。

2.建筑绿色转型展望

基于建筑领域的碳排放现状，建筑领域实现"双碳"目标将重点聚焦于建筑的绿色高质量建造和绿色高质量运行两个维度。

2.1 建筑绿色高质建设

绿色建材需求增大，建材绿色转型加速。我国正积极引导新建建筑、改扩建建筑、既有建筑按照绿色建筑标准进行设计、施工、运行及改造，并鼓励绿色建材的研发和应用。在我国新版《绿色建筑评价标准》（GBT 50378–2019）中，绿色建材的使用是重要的得分项。2022年10月，我国出台了《关于扩大政府采购支持绿色建材促进建筑品质提升政策实施范围的通知》（财库〔2022〕35号），将运用政府采购政策积极推广应用绿色建筑和建材，要求在项目可行性研究报告中编写绿色建筑和绿色建材专篇，在投资预算中充分考虑绿色建筑和绿色建材相关的增量成本。绿色建材需求的进一步扩张将加速推进建材领域的绿色转型。

绿色建材产品标准、认证、标识工作将进一步完善，碳元素将成为重要体现。绿色建材产品认定标准以及对应的认证和标识体系是推广绿色建材的重要前提。2019年市场监管总局、住房和城乡建设部、工信部三部委联合制定了《绿色建材产品认证实施方案》（市监认证〔2019〕61号），各品种绿色建材的认定工作正在逐步推广应用。2023年11月，国家发展改革委等部门发布了《关于加快建立产品碳足迹管理体系的意见》（发改环资〔2023〕1529号），要求逐步出台重点产品的碳足迹核算规则和标准。建材作为我国主要的碳排放领域之一，预计未来绿色建材的认定将会充分结合产品碳足迹的相关要求。从中长期看，随着我国绿色建材的普及，绿色建材产品的标准会渐进式收严，促进建材领域绿色技术的不断创新和发展。

装配式建筑与超低能耗建筑融合发展。装配式建筑和超低能耗建筑在生产制造和装配建设等方面存在大量交叉，行业正在探索"装配式＋超低能耗"的建设模式。现阶段，制约装配式建筑和超低能耗建筑发展的主要瓶颈是成本问题，装配式建筑综合成本增幅约为10%—20%，超低能耗建筑增量成本约为每平方米800—1000元，但建筑构建及材料具有明显的规模效应。美国大量应用装配式建筑，控制钢混以及木质结构建筑的成本增量不超过1%[①]。未来，装配式建筑占比的提升，以及超低能耗建筑面积的扩大将是行业趋势，装配式建筑和超低能耗建筑成本有望进一步下降，且受运输成本的限制，将呈现区域省市协同的产业集群效应。围绕区域龙头建筑企业打造的装配式建筑产业集群值得关注。

2.2　建筑绿色高质量运行

绿色建筑运行管理制度预计将进一步完善。我国建筑行业中普遍存在"重设计，轻运行"的现象造成绿色建筑在运行环节发生"绿变"。目前我国针对不同建筑类型绿色建筑运行过程中的评价考核制度还有待完善，优化绿色建筑运行管理制度预计将成为我国建筑领域绿色转型的重点工作。物业单位是绿色建筑运行管理的主要抓手，重点围绕绿色建筑设施、设备运行效率等进行监测和管理，可重点关注以建筑能源管理平台为代表的现代数字化管理技术。

建筑用能技术高效化、电气化。由于我国建筑用能分散，用能设备多样，能效标识制度和电气化转型成为重要手段。自2004年我国颁布《能效标识管理办法》（2016年修订）起，已先后发布16批次实行能源效率标识

[①]　资料来源：兴业研究绿色金融报告：《建筑低碳发展中的绿色溢价》，2022年10月10日

的产品目录①，通过居民购物补贴、政府采购倾斜等措施，激发高效用能设备的市场需求。随着我国产品碳足迹工作的开展，未来，高能效、高碳效、低碳足迹的建筑用能设备将获得更大的市场发展空间。建筑用能电气化方面，住建部要求到2025年，建筑能耗中电力消费比例超过55%，到2030年超过65%，并推动开展新建公共建筑全面电气化，到2030年电气化比例达到20%。因此，可优先支持高能效、低碳足迹建筑用能设备生产企业的发展，重点关注电采暖、热泵、电炉灶、电热水器对于传统化石能源使用设备的替代。

建筑作为"能源产消者"，平衡电力供需能力加强。随着建筑电气化以及建筑光伏规模化发展，建筑在电力能源系统"产销者"的角色定位进一步清晰。在电力需求侧，建筑是可中断、可调节的理想柔性电力负荷，可通过柔性用电增加电力需求侧响应能力。在电力供给侧，建筑结合储能、电动汽车V2G②、分布式光伏等方式将形成城市中等效的"灵活调节电源"。目前，多地向参与电力削峰移峰的电力需求侧发放补贴，未来基于建筑能效管理系统参与区域电网智能调节的应用值得关注。

五、交通

交通运输是国民经济中基础性、先导性、战略性产业和重要的服务性行业。现阶段，在我国终端能源消费结构中，交通用能占比约为17%；在

---

① 注：第16批次目前为征求意见稿。

② 注：V2G是Vehicle-to-grid，描述了电动汽车和电网及建筑之间的关系，汽车在充电时从电网或建筑取电，不需要充电时可以向电网或建筑送电。

碳排放结构中，交通占比约为10.4%[①]，交通领域的绿色低碳发展是助力我国实现碳达峰、碳中和的重要支撑。

1. 交通绿色转型现状

党的十八大以来，我国交通发展取得历史性成就、发生历史性变革，交通运输领域进入基础设施发展、服务水平提高和转型发展的高质量发展阶段。2019年9月，我国发布《交通强国建设纲要》明确构建安全、便捷、高效、绿色、经济的现代化综合交通体系，"绿色"进一步成为我国建设现代化交通强国的要求和底色。《中共中央　国务院关于完整准确全面贯彻新发展理念做好碳达峰碳中和工作的意见》（中发〔2021〕36号）明确要求加快推进低碳交通运输体系建设，主要路径包括优化交通运输结构、推广节能低碳型交通工具、积极引导低碳出行。2021年10月24日国务院印发《2030年前碳达峰行动方案》（国发〔2021〕23号），交通运输绿色低碳行动成为"碳达峰十大行动"之一，重点将从推动运输工具装备低碳转型、构建绿色高效交通运输体系、加快绿色交通基础设施建设三方面积极有序推进。

1.1 运输工具装备低碳转型

交通运输工具装备是交通运输领域能源消耗的主要载体和主要碳排放来源，其中公路运输碳排放量占比超八成，是领域低碳转型的重点。以2019年数据为例，公路运输（含社会车辆、营运车辆）排放量占交通领域碳排放总量的86.76%。水路运输排放占比为6.47%，民航运输排放占比为6.09%，铁路运输碳排放占比为0.68%（李晓易，谭晓雨等）。

---

① 资料来源：交通与能源融合发展进入快车道，中国能源报［N］. 2023/08/07［2023/10/26］，http://paper.people.com.cn/zgnyb/html/2023–08–07/content_26011130.htm

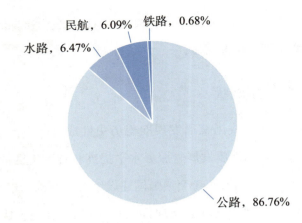

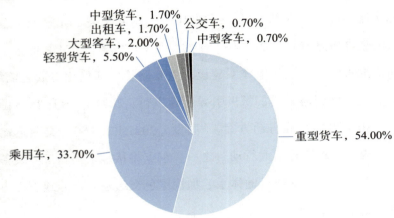

图2-24   2019年我国交通运输领域CO_2排放情况

资料来源：《交通运输领域碳达峰、碳中和路径研究》，兴业碳金融研究院

1.1.1   公路车辆绿色转型

2008年我国首次推出新能源汽车产业发展规划，我国新能源汽车产业走向崛起之路。近年来，各部门先后推出70余项支持政策，各地也出台配套政策，在政策的引领和支持下，市场活力被迅速激发，市场优势带动产业链自主、自强发展，形成了产业优势，通过提供更具性价比的产品反哺市场。截至2023年末，我国汽车保有量达3.36亿辆，其中新能源汽车保有量达2041万辆，占汽车总量比重达6.07%。2023年全年新注册登记新能源

汽车743万辆，同比增长38.76%，新能源汽车新注册登记量占汽车新注册登记量的30.25%，呈高速增长态势。[①]充换电设施上，截至2023年底，我国充电基础设施数量达到859.6万台，同比增加65%。其中公共充电桩新增92.9万台，同比增加42.7%；随车配建私人充电桩新增245.8万台，同比上升26.6%；高速公路沿线具备充电服务能力的服务区约6000个，充电停车位约3万个。在公共充电桩中，快充桩数量占比已提升至44%。换电基础设施也加快建设，2023年，我国新增换电站1594座，累计建成换电站3567座[②]，以充换电站为代表的绿色基础设施快速发展。

相较于乘用车，占公路运输领域排放量最大的货运方面，目前新能源重卡市场渗透率仍较低，中重型商用车电气化、清洁化转型决定了交通领域碳达峰的时间节点和达峰后的碳排下降速度。2023年我国商用车销售量为403.1万辆，新能源商用车渗透率首次突破11%，2024年预计商用车销量将达到420万辆[③]，新能源商用车渗透率有望进一步提升。由于电池能量密度相对于化石燃料及氢能而言较低，且重卡载重量大、能耗高，充电模式下电动重卡由于充电时间长，因此对于重卡，尤其是长途运输的重型货车，实现由市场化驱动的绿色转型仍任重道远。

1.1.2　航运业绿色转型

国际航运减排规则不断趋严。2018年航运业温室气体排放量总量约

---

① 资料来源：全国机动车保有量达4.35亿辆　驾驶人达5.23亿人　新能源汽车保有量超过2000万辆，中国政府官网［EB/OL］. 2024/01/11［2024/04/01］, https://www.gov.cn/lianbo/bumen/202401/content_6925362.htm

② 资料来源：截至2023年底　我国累计建成充电基础设施859.6万台，新华社［EB/OL］. 2024/03/18［2024/04/01］, http://www1.xinhuanet.com/politics/20240318/d99fcd0d61994c18aaae55a16e996531/c.html

③ 资料来源：中汽协：2023商用车销量重回400万辆　2024预计再创新高，第一商用车网EB/OL］. 2024/01/11［2024/04/01］, https://www.cvworld.cn/news/OneDatas/240111/217318.html

为10.76亿吨，约占全球人为温室气体排放量的2.89%，预计到2050年还将保持增长[①]，航运业减排备受关注。2023年国际海事组织（IMO）海洋环境保护委员会（MEPC）第80届会议修订并通过了《2023年国际海事组织减少船舶温室气体排放战略》，提出了应对有害气体排放的目标和减排措施。欧盟也相继发布了"欧盟海运可持续燃料条例""海上运输监测、报告和核查（MRV）法规"修订稿和"欧盟碳市场指令"修订稿，以及《波塞冬原则》《关于绿色航运走廊的克莱德班克宣言》等国际倡议也将加速航运业减排步伐。船舶运输工具的能效提升、可持续燃料应用、船舶营运优化，以及协同发展岸电、加氢站等基础设施成为水路运输迈向碳中和的重要举措。

从整体上看，全球范围内船舶的EEDI/EEXI（船舶能效设计指数/现有船舶能效指数）能效合规率低。Vesselvalue（船舶估值公司）2022年2月发布的《船舶能效白皮书》对船舶EEDI和EEXI值进行的估算得出：全球现役船队（散货船、油轮和集装箱货船）中，只有21.7%的船舶符合EEDI/EEXI规定，其中散货船的合规率最低，其次是集装箱船，合规率最高的是油轮。对于我国来说，航运能效管理处于起步阶段。截至2023年初，我国拥有12.59万艘水上运输船舶，其中1000余艘5000总吨以上国际航行船舶，2023年1月1日起开始全部执行IMO国际航运碳强度规则。分析过去三年的航运数据显示，我国集装箱船和杂货船评级水平较高，但12万余艘国内航行船舶的能效管理仍处在起步阶段，尚未形成系统的管理制度。[②]

---

① 资料来源：Fourth Greenhouse Gas Study 2020，IMO官网［EB/OL］. 2021［2023/08/01］，https://www.imo.org/en/OurWork/Environment/Pages/Fourth–IMO–Greenhouse–Gas–Study–2020.aspx

② 资料来源：中新社：中国籍国际航行船舶开始执行能耗数据和碳强度管理新规，上海海事局［EB/OL］. 2023/01/03［2023/11/27］，https://www.sh.msa.gov.cn/mtbd/90144.jhtml

1.1.3　航空业绿色转型

据政府间气候变化专门委员会（IPCC）报告，2019 年航空领域产生的温室气体排放占全球整体排放的 1.8%（约 10.6 亿吨二氧化碳当量）。我国是全球第二大航空市场，且仍处于高速增长阶段，航空领域碳排放约束将日益严峻。提高航空工具运输能效、促进清洁航空燃料的研发和使用，以及减少机场辅助设施能耗和碳排放是我国推动航空低碳转型的主要方式。

1.1.4　铁路机车绿色转型

铁路机车电气化改造是铁路运输绿色低碳转型的关键。截至 2023 年底，我国铁路营业里程已达 15.9 万公里，其中高铁 4.5 万公里，电气化率达73.8%。全国拥有铁路机车 2.24 万台，其中内燃机车 0.78 万台，占 34.7%；电力机车 1.46 万台，占 65.3%。全国铁路客车拥有量为 7.84 万辆，其中动车组 4427 标准组、35416 辆。全国铁路货车拥有量为 100.5 万辆[①]。优化牵引动力结构，提高电气化铁路承担运输量比重，以及加强再生制动、节能驾驶、装备轻量化、铁路用能设施高效化等技术攻关是我国铁路绿色低碳转型的重点。

1.2　构建绿色高效交通运输体系

持续优化调整运输结构。公路运输碳排放占交通运输碳排放比重超85%，货车排放占公路运输碳排放超 60%，表明我国交通运输结构严重依赖公路货运，交通运输结构亟待优化。铁路运输的能耗强度是公路的 1/7，污染物排放强度是公路的 1/13，水运运输的能耗强度比铁路更低。大力发展多式联运，推动大宗物资运输"公转铁""公转水""散改集"是我国优化交通运输结构，提高运输效率的主要举措。

---

① 资料来源：中国国家铁路集团有限公司 2023 年统计公报，国铁集团［EB/OL］.2024/03/01［2024/04/01］，http://www.china-railway.com.cn/xwzx/zhxw/202403/t20240315_134819.html

《中国应对气候变化的政策与行动2023年度报告》显示，截至2022年底，全国铁路货运量比2017年增加12.96亿吨，在全社会货运量中占比由2017年的7.8%增至9.8%；水路货运量增加18.75亿吨，在全社会货运量中占比由2017年的14.1%增加至16.9%。2022年，我国沿海主要港口的铁矿石、煤炭通过铁路、水运、封闭式皮带廊道、新能源汽车等方式的疏运比例分别达到70.0%和92.3%，完成集装箱铁水联运量875万标箱，同比增长16%。铁路、水路货运占比持续提升，大宗货物绿色集疏运输比例不断增长。

持续打造智慧化交通体系。智慧化交通体系建设是新型基础设施建设的重要领域和数字经济的重要组成部分。近年来，我国始终致力于推动交通运输数字化、网络化、智能化水平提升。具体表现为：一是物流更高效，"互联网+"物流服务新模式加快推广，在线集配货、定制物流服务、货物动态跟踪效能不断增强。2023年，全国网络货运企业已整合社会零散运力798.9万辆，全年承运1.3亿单，同比增长40.9%。①此外，智慧港口和数字航道建设全面启动。二是监管更精准。2022年，全国重点营运车辆联网联控系统建成，基于北斗系统实现了73万"两客一危"车辆、620万货运车辆联网联控，有效对交通运行状态进行实时监测和突发事件的联动指挥。三是出行更安全、更便捷。部省互联的交通运输运行监测与应急指挥系统建成，实现对交通运行状态的有效监测和突发事件的联动指挥。电子客票系统、智能诱导、智慧调度、交通一卡通互联互通等便民出行措施全面推行。②

---

① 资料来源：2023年网络货运行业运行基本情况发布，交通运输部［EB/OL］. 2024/02/05［2024/04/01］https://mp.weixin.qq.com/s?__biz=MzI3MDQwMDQ5NQ==&mid=2247594896&idx=1&sn=288ea57be5f62cfbfbacacd72f391eaf&scene=0

② 资料来源：大力发展智慧交通加快建设交通强国为当好中国式现代化的开路先锋注入新动能，交通运输部［EB/OL］. 2023/09/15［2023/11/30］https://www.mot.gov.cn/jiaotongyaowen/202309/t20230915_3917703.html

1.3　低碳交通基础设施建设

为确保交通基础设施建设符合生态保护和绿色发展要求，2022年我国发布《绿色交通标准体系（2022年）》（交办科技〔2022〕36号），全面对接推进交通运输行业绿色发展的目标任务，将在今后一段时间内为指引交通基础设施绿色化建设和营运提供标准的基础支撑作用。标准体系共包括基础通用标准、节能降碳标准、污染防治标准、生态环境保护修复标准、资源节约集约利用标准五部分，共242项交通国家标准和行业标准，其中基础通用标准11项，节能降碳标准101项，污染防治标准78项，生态环境保护修复标准35项，资源节约集约利用标准17项。

以公路为例，在标准的规范下，一方面公路、铁路建设将加大以钢结构桥梁、BIM技术为代表的新工艺、新技术的应用，降低建设过程中的能源和原材料消耗；另一方面交通废弃资源、工业固废，以及建筑废弃物将在公路建设领域的循环化、资源化利用。近年来，我国组织开展3批共33个绿色公路典型示范工程，总里程近3700公里。

2. 交通绿色转型展望

2.1　绿色交通工具

尽管我国新能源汽车销量逐年快速增长，但销售占比依然远低于传统燃油车。随着汽车保有量的增长，交通领域的碳排放量预计还将保持增长势头。因此，针对汽车领域清洁化转型的激励约束机制还将进一步完善。

车辆碳排放标准将出台。汽车作为交通运输领域最主要的碳排放来源并未纳入碳排放交易市场，缺乏有效的机制对汽车碳排放量进行约束。预计我国将把车辆碳排放指标纳入机动车污染物排放标准管理体系中，一方面制修订适应碳达峰碳中和要求的营运车辆能耗限值准入标准，健全营运车辆能效标识，促进传统燃油车型进一步提高能效标准；另一方面将通过为交通碳排放定价，扩大新能源车和传统燃油车辆的使用成本，促进车辆的电气化替代。

商用车引入乘用车积分制度。相较于乘用车，占公路运输领域排放量最大的货运方面，目前新能源重卡市场渗透率仍较低，中重型商用车电气化、清洁化转型决定了交通领域碳达峰的时间节点和达峰后的碳排下降速度。纯电动、氢燃料电池、甲醇燃料等新型清洁燃料商用车技术成熟度不高依然是困扰商用车清洁化发展的瓶颈，预计商用车领域将参照乘用车积分制度的经验，配套财税倾斜政策，通过市场带动供给侧技术的研发。

废旧电池回收体系将进一步完善。现阶段，在我国新能源产业政策的鼓励下，各产业链市场主体逐步发展壮大，但相较而言，废旧电池回收再利用体系是我国电池产业中较为薄弱的环节。2022年，《关于加快推动工业资源综合利用的实施方案》（工信部联节〔2022〕9号）、《工业领域碳达峰实施方案》（工信部联节〔2022〕88号）等相关政策文件先后出台，均提出完善废旧动力电池回收利用体系。一方面我国电池关键领域原材料严重依赖进口，需要确保关键原材的供应安全；另一方面动力电池寿命普遍5—8年，随着2015年全球电动汽车市场兴起，从2023年开始退役动力电池量也将随之增长，需要健全废旧电池回收、储运到再利用的体制机制并培育形成健康产业链，实现废旧电池资源化、无害化、循环化利用。

2.2 可持续燃料

可持续燃料产业由探索期向市场启动期过渡。受成本因素的制约，以绿甲醇、绿氢、绿氨以及生物质燃料为代表的可持续燃料产业始终处于市场探索期。2023年各国加速航运、航空领域碳减排的步伐，作为最务实和最有效的解决方案，可持续航运和航空燃料产业预计将进入新的发展阶段。尤其是欧盟利用碳市场为航运和航空业碳排放进行碳定价，以及颁布"Refuel EU Aviation（可持续航油）"立法等措施能有效地促进可持续燃料的商业模式构建形成。我国可再生资源丰富，成本较低，具备生产绿氢、绿氨等可持续燃料的比较优势。

LNG、甲醇、氢能、氨燃料动力系统值得关注。全球范围内，我国无论在港口货物吞吐量、运输船队规模，还是造船国际市场份额方面，均占据领先地位。发展低碳燃料动力系统对我国船舶制造业和航运业至关重要。短期内内河、沿海和远洋运输中，LNG技术也已较为成熟，LNG动力系统成为过渡阶段较优选择。作为中长期技术储备，我国与世界主要船用动力设备厂商均加大了船用甲醇、氨燃料、氢燃料动力系统的研发试验工作，预计未来将形成较为成熟的产业链。汽车方面，长途重卡是可持续燃料未来的主要使用场景，氢燃料电池动力系统、天然气和甲醇动力系统是目前较为清晰的技术路线，但短期内市场依然需要依赖政策补贴进行技术积累，中长期内一旦为车辆碳排放进行定价，并设置排放要求，将有利于商业模式的形成。

2.3　绿色基础设施建设

交通基础设施建设成为大宗固废最佳应用场景。2020年我国修订了《固体废物污染环境防治法》，2021年我国发布了《关于"十四五"大宗固体废弃物综合利用的指导意见》（发改环资〔2021〕381号），我国对于固体废弃物管理日趋严格，交通基础设施建设领域成为固体废弃物规模化处理的最佳场景。《绿色交通"十四五"发展规划》（交规划发〔2021〕104号）将推进交通资源循环利用作为主要任务之一。到2035年，我国要基本建成交通强国，预计短中期内交通基础设施投资将依然保持高增速，能消纳大量的大宗固废，对固废处理行业产业链形成利好。

清洁能源领域基础设施建设将保持高增长。以充换电站、加氢站、LNG加注站、绿氨绿甲醇加注站为代表的绿色交通基础设施建设是我国顺利建成绿色交通运输体系的关键保障措施。以充电桩为例，2023年，我国桩车增量比约为1∶2.4，按照工信部有关新能源汽车的产业规划，到2030年实现车桩比1∶1的建设目标，以及我国对于新能源汽车充换电基础建设适度超前的布局理念，根据我国新能源汽车保有量到2030年达到6420万辆预测，未来6年我国充电桩新增建设量将超5500万座。①

交能融合发展具备较大发展潜力。在路网沿线、高速公路服务区、停车场内等开展"光伏+交通"的交能融合发展模式预计将快速发展。仅以当前全国约18万公里的在运收费公路为例进行估算，可开发的光伏潜力就达到1亿千瓦左右。据估计，我国交通运输用地占国土面积的1%，若将这些用地面积的20%布设光伏，预计装机规模能达到9.5亿千瓦左右，年发电量占2022年我国全社会用电量的12%②。

数字化新型交通基础设施赋能绿色转型。基于我国智慧交通体系建设成果，接下来我国交通领域数字化发展重点聚焦于两点。一是交通工具方面，我国将重点加大自动驾驶、智能航运、智能建造等智慧交通创新前沿布局典型试点示范；二是基础设施方面，将推动智慧公路、智慧航道、智慧港口、智慧枢纽等交通运输领域新型基础设施建设，并打通铁路、公路、水路、民航、邮政各领域信息互联互通，打造综合交通运输"数据大脑"，通过数字化手段提升运输效能，降低交通能源浪费。

---

① 资料来源：新基建开启充电桩建设新时代，国务院国资委［EB/OL］.2020/07/07［2023/10/26］，http://www.sasac.gov.cn/n2588025/n2588119/c15046298/content.html

② 资料来源：交通与能源融合发展进入快车道，中国能源报［N］，2023/08/07［2023/10/26］，http://paper.people.com.cn/zgnyb/html/2023–08/07/content_26011130.htm

第三章

金融市场篇

一、绿色信贷市场

1. 国际市场

签署联合国负责任银行原则的银行机构快速增加。截至2023年末，签署联合国负责任银行原则的银行已达到342家，占全球银行业资产的54%。2020年以来，我国内地签署负责任银行原则的银行机构新增了22家，加上首批签署的3家，目前我国签署负责任银行原则的银行机构达到25家。

全球加入联合国净零银行联盟的银行机构已达到142家，中国香港已有一家银行加入。2021年4月，由联合国气候行动和融资特使马克·卡尼和COP26主席国与UNFCCC"净零竞赛"运动（Race to Zero Campaign）联合发起成立格拉斯哥净零金融联盟，该联盟目前汇集了净零资产管理者倡议、净零银行业联盟、净零资产所有者联盟、净零保险联盟、净零金融服务提供商联盟、净零投资顾问倡议、巴黎一致投资倡议等。这些联盟内的签署机构主要承诺：与《巴黎协定》设定的目标原则保持一致，包括将全球变暖限制在1.5摄氏度以内；并使用基于科学的指导方针，承诺到本世纪中叶实现投资、贷款、承保和金融服务活动等净零碳排放，并设定中期目标（如2030年的中期目标），以及每年报告进展。截至2023年12月末，来自44个国家的142家银行加入了净零银行联盟，这些银行总资产达到74万亿元，占全球银行业的41%[1]。中国香港已有一家银行率先加入，此外，中国内地尚未有银行加入。

---

[1] 资料来源：Net–Zero Banking Alliance，UNEP FI ［EB/OL］.［2024/3/20］，https://www.unepfi.org/net–zero–banking/members/

该联盟将重点支持成员机构履行承诺，并共同探讨碳核算、抵消和目标设定等。加入机构主要承诺：2050年前实现运营、贷款和投资组合的温室气体净零排放。

表3-1　国际组织成员情况

国际组织	全球机构成员数量	中国内地成员机构
负责任银行原则	342家	25家： 中国工商银行、兴业银行、华夏银行、九江银行、中国农业银行、安吉农商行、南京银行、四川天府银行、江苏银行、青岛农商银行、中国邮储银行、重庆三峡银行、紫金农商银行、恒丰银行、中国银行、吉林银行、中国民生银行、苏州银行、广东佛冈农商银行、北京银行、微众银行、上海农商银行、中国建设银行、大方农商银行、秦农银行
净零银行联盟	142家	东亚银行（中国香港）

注：截至2023年末。
资料来源：兴业碳金融研究院整理。

2.中国市场

绿色信贷规模保持高速增长。根据中国人民银行发布的2023年四季度金融机构贷款投向统计报告，截至2023年末，本外币绿色贷款余额30.08万亿元，同比增长36.5%，比上年末低2个百分点，高于各项贷款增速26.4个百分点，比年初增加8.48万亿元。其中，投向具有直接和间接碳减排效益项目的贷款分别为10.43和9.81万亿元，合计占绿色贷款的67.3%。

分用途看，基础设施绿色升级产业、清洁能源产业和节能环保产业贷款余额分别为13.09万亿元、7.87万亿元和4.21万亿元，同比分别增长33.2%、38.5%和36.5%。分行业看，电力、热力、燃气及水生产和供应业绿色贷款余额7.32万亿元，同比增长30.3%，比年初增加1.82万亿元；交通运输、仓储和邮政业绿色贷款余额5.31万亿元，同比增长15.9%，比年初增加7767亿元[①]。

万亿元 / %

图3-1　绿色信贷余额与增速

资料来源：Wind，人民银行，兴业碳金融研究院

　　主要银行引领中国绿色信贷发展。我们根据各家银行自行披露的数据对各类银行绿色信贷余额规模进行了统计，截至2022年末，政策性银行、国有商业银行和全国性股份制银行绿色信贷余额合计占据了我国银行绿色信贷总余额的92%左右[②]。

　　国有大行绿色信贷余额占比高，增速也领先。在各类银行中，国有商业银行绿色信贷余额占比最高，超过了我国绿色信贷总额的一半，达到56.9%，其次为政策性银行和股份制银行，占比分别为22.0%和12.7%。国有商业银行和股份制商业银行绿色信贷余额增速较高，对比2021年末各家

---

① 资料来源：2023年金融机构贷款投向统计报告，中国人民银行官网，2024/1/26，http://www.pbc.gov.cn/goutongjiaoliu/113456/113469/5221508/index.html（查于2024/2/1）

② 注：其他中小银行数据由人民银行公布的绿色信贷总余额减去各主要银行自行披露的绿色信贷余额得到，主要银行中部分银行披露的绿色信贷余额为银保监会口径，部分为人民银行口径，本文在进行统计的过程中忽略了口径不一致的影响，特此说明。

银行披露的绿色信贷余额，2022年末国有商业银行和股份制商业银行绿色信贷余额同比增速分别达到了44.5%和44.3%。具体来看，截至2022年末，政策性银行中，国家开发银行绿色信贷余额最高，农业发展银行绿色信贷余额占贷款总额比例最高；国有商业银行中，工商银行绿色信贷余额最高，达到3.98万亿元[①]，占各项贷款总额比例同样也最高，达到17%；全国性股份制商业银行绿色信贷发展分化，2022年末绿色信贷余额超过2000亿元的仅有5家，其中，兴业银行绿色贷款余额及占比均最高，余额达到6370.72亿元[②]，占各项贷款总额比例达到12.8%，其次为浦发银行、招商银行、中信银行和华夏银行。

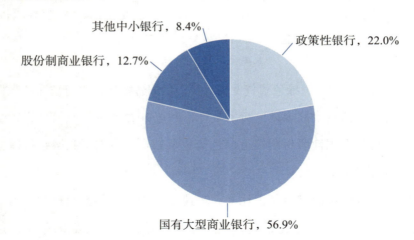

图3-2　各类银行2022年末绿色贷款余额与占比

资料来源：各家银行年报、社会责任报告等公开渠道披露数据，兴业碳金融研究院整理

---

① 注：原银保监会口径

② 注：人民银行口径

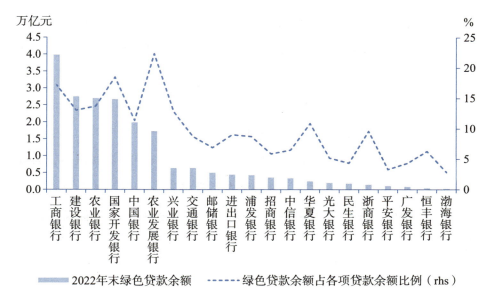

图3-3　21家主要银行绿色贷款余额与占比

资料来源：各家银行年报、社会责任报告等公开渠道披露数据，兴业碳金融研究院整理

二、可持续债券市场

1. 国际可持续债券市场

全球可持续债券累计发行规模达到4.2万亿美元。根据气候债券倡议组织（CBI）发布的数据[①]，截至2023年上半年，全球符合CBI定义的可持续债券累计发行规模达到4.2万亿美元。其中，2023年上半年全球可持续

① 资料来源：CBI，Sustainable Debt Market Summary H1 2023，Climate bond Initiative ［EB/OL］. 2023/8/11 ［2023/11/21］https://www.climatebonds.net/resources/reports/h1-market-report-2023

债券新发行4480亿美元，较2022年同期减少了15%。2022年以来，全球可持续债券年度发行有所放缓，2022年全年发行规模8635亿美元，同比减少了23%。

从不同主题来看，绿色债券仍是全球可持续债券市场中规模最大的品种。截至2023年上半年，全球绿色债券累计发行规模约2.5万亿美元，占到可持续债券市场的58%；其次为社会债券和可持续发展债券，累计发行规模均超过7000亿美元；可持续发展挂钩债券和转型债券累计发行规模相对较小。2023年上半年，全球新发行绿色债券2788亿美元，较2022年同期小幅下降了4%，在上半年可持续债券新发行总规模中占比62%。

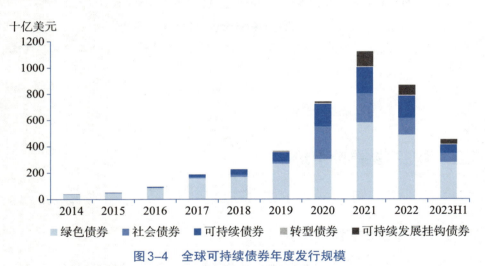

图3-4　全球可持续债券年度发行规模

资料来源：CBI，兴业碳金融研究院

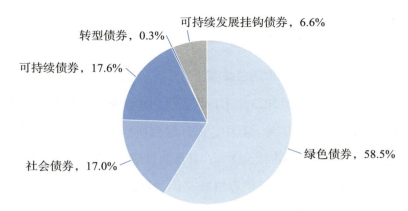

图3-5　截至2023上半年全球各类可持续债券累计发行规模占比

资料来源：CBI，兴业碳金融研究院

从不同地区来看，中国已成为全球第二大绿色债券发行国。根据CBI数据，截至2023年上半年，中国累计发行的符合CBI定义的绿色债券规模约3300亿美元，仅次于美国排在全球第二位。其中，2022年，中国绿色债券年度发行规模达到854亿美元，排在全球首位，占到2022年全球绿色债券发行总规模的18%。2023年上半年，中国绿色债券新发行规模374亿美元，略低于德国（392亿美元），排在第二位。

图3-6　不同国家和地区绿色债券年度发行规模

资料来源：CBI，兴业碳金融研究院

2. 中国可持续债券市场

2.1 中国可持续债券市场总体情况

据不完全统计，截至2023年末，我国境内市场累计发行的各类可持续债券规模合计约6.86万亿元。其中，贴标绿色债券（包括碳中和债券、蓝色债券等）累计发行规模占比50.8%；其次为疫情防控债券，累计发行规模1.55万亿元，占到全部可持续债券的22.6%；社会事业债和区域发展债（包括乡村振兴债、扶贫专项债和革命老区振兴债）分别占到全部可持续债券的12.8%和9.9%；最后是转型类债券、纾困专项债和可持续发展主题债券，分别占全部可持续债券的2.3%、1.4%和0.2%。

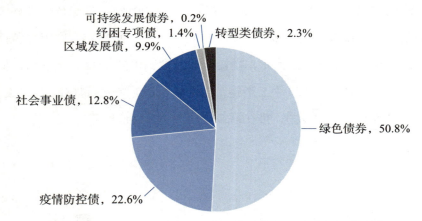

图3-7　截至2023年末中国各类可持续债券累计发行规模占比

注：部分主题之间有重合，鉴于重合规模较小，这里忽略不计

资料来源：Wind，兴业碳金融研究院

2.2 绿色债券市场

根据Wind数据统计，截至2023年末，中国境内市场贴标绿色债券累计发行规模3.49万亿元，存量规模1.99万亿元。其中，累计发行规模最大的为绿色金融债、绿色资产支持证券和绿色债务融资工具，累计发行规模分

别为1.39万亿元、6988.52亿元和6840.72亿元，合计占绿色债券累计发行总额的比例达到79.4%。同时，它们也是存量规模最大的三类绿色债券，截至2023年末绿色金融债券、绿色债务融资工具和绿色资产支持证券存量规模分别为8388.62亿元、4315.45亿元和2812.39亿元，合计占绿色债券总存量规模的78%。

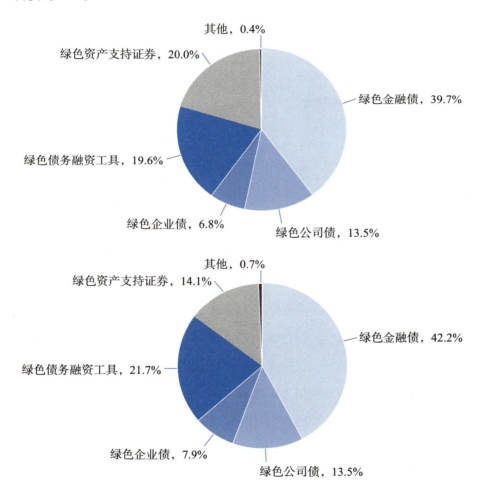

图3-8　中国境内绿色债券累计发行规模结构（上）和绿色债券存量结构（下）

注：统计时间截至2023年末

资料来源：Wind，兴业碳金融研究院

2023年，绿色债券新发行规模同比小幅下降。2021年以来，我国绿色债券年度发行规模持续增长，但2023年以来有所放缓。2023年全年贴标绿色债券发行规模8468.87亿元，同比小幅下降了3%。

图3-9　中国境内贴标绿色债券年度发行规模与增速

资料来源：Wind，兴业碳金融研究院

从不同类型来看，2023年绿色金融债券和绿色资产支持证券表现亮眼。2023年，仅有绿色金融债券和绿色资产支持证券年度发行规模保持了正增长，二者2023年全年发行规模分别为4058亿元和2393.39亿元，同比增长了19.7%和12.1%。其中，绿色金融债券发行规模在2023年绿色债券发行总规模中占比达到了47.9%，排在首位，绿色资产支持证券发行规模占比为28.3%，而在2016年该比例仅为3.3%。

绿色债券具有一定的发行成本优势。我们统计了2023年全年境内发行的绿色债券的发行利率，在可找到可比债券[①]的329只绿色债券中，约62%的绿色债券的发行利率低于可比债券的平均发行利率，且平均低65个bp。

---

① 注：可比债券为同类型、同期限、同债项评级、同主体评级，且在同一天、或前后三天、或前后一周、或前后两周内发行的债券。

较低的绿色债券发行利率，对发行人发行绿色债券形成一定优势，但却不利于回报要求较高的投资人。

2.3　绿色债券创新品种

碳中和债券累计发行规模超6600亿元。碳中和债券募集资金专项用于具有碳减排效益的绿色项目。自2021年2月首批碳中和债券发行以来，截至2023年末，中国境内累计发行的碳中和债券规模达到6688.19亿元。其中，2023年全年碳中和债券发行规模1690.41亿元，占到绿色债券全年发行总额的五分之一。从债券类型来看，截至2023年末发行的碳中和债券中，资产支持证券和债务融资工具发行规模最大，分别达到3409.40亿元和1928.29亿元，占碳中和债发行总额的比例分别达到了51.0%和28.8%。

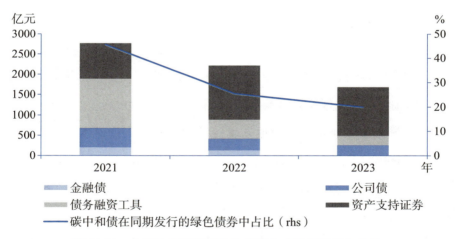

图3-10　中国境内贴标碳中和债券年度发行规模与占比

资料来源：Wind，兴业碳金融研究院

蓝色债券发行规模仍然较小。募集资金主要用于支持海洋保护和海洋资源可持续利用相关项目。截至2023年末，我国境内市场累计发行了27只蓝色债券，规模合计172.63亿元。其中，2023年新发行5只蓝色债券，规模合计22.16亿元，较2022年有较大幅度减少，2022年全年共发行了15只蓝色债券，规模合计111.47亿元。

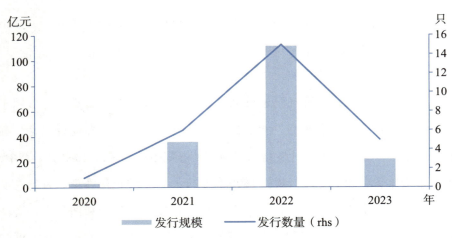

图3-11　中国境内蓝色债券年度发行情况

资料来源：Wind，兴业碳金融研究院

2.4　其他社会与可持续发展类债券

除了绿色债券外，近年来中国境内市场还发行一系列带有社会和可持续发展主题性质的债券，包括社会事业债、区域发展债（包括扶贫专项债、乡村振兴债和革命老区振兴债）、纾困专项债、可持续发展债券等。

社会事业债主要是由中国地方政府发行的专项支持卫生健康、教育、养老、文化旅游及其他社会事业的专项债券。截至2023年末，社会事业债券累计发行了8772.37亿元。区域发展债包括扶贫专项债、乡村振兴债和革命老区振兴债。其中，扶贫专项债是在2016年中国人民银行等七部门联合发布了《关于金融助推脱贫攻坚的实施意见》后各部门陆续推出的专项支持扶贫工作的债券，而随着2020年我国实现全面脱贫，并开始全面推进乡村振兴战略，扶贫专项债也逐步退出历史舞台，作为衔接，2021年起，交易商协会和交易所相继推出乡村振兴债券，募集资金用于支持巩固脱贫攻坚成果、推动脱贫地区发展和乡村全面振兴。革命老区振兴债则主要是指重点支持《国务院关于新时代支持革命老区振兴发展的意见》中明确的振兴领域债券。截至2023年末，区域发展债累计发行规模合计6815.99亿元。

纾困专项债主要是指支持面临流动性困难的上市公司及其股东融资，或者纾解民营企业和中小企业的融资和流动性困难的债券，截至2023年末，纾困专项债累计发行规模961.73亿元。其他可持续发展主题债券累计发行规模108.11亿元。

图3-12　中国各类社会和可持续发展债券年度发行规模

资料来源：Wind，兴业碳金融研究院

3. 趋势展望

3.1　绿色与可持续债券市场进一步走向规范发展

中国在过去几年持续推动绿色债券标准与管理规范的国内统一、国际接轨，2023年以来，中国继续在绿色债券的发行指引、信息披露、信用评级、第三方评估认证等方面完善政策标准，中国绿色债券市场进一步走向规范发展。

3.1.1　发行指引持续完善

2023年，深交所和上交所持续完善绿色公司债券发行指引。2022年7月绿色债券标准委员会（以下简称"绿标委"）发布《中国绿色债券原则》后，深交所和上交所先后参照该原则对绿色公司债券发行指引进行了相应修订，包括将募集资金用于绿色项目的比例下限由70%提升为100%，新增项目评估与遴选流程披露要求等。2023年10月，沪深交易所再次修订绿色债券发行指引，进一步明确了绿色建筑项目相关求和募集资金置换规定，同时鼓励探索以环境权益为绿色债券提供增信担保。

3.1.2 透明度将持续提升

2023年以来，全球可持续信息披露制度都迎来了重要进展，ISSB、欧盟相继发布可持续信息披露标准，中国三大交易所也在2024年初发布了上市公司可持续发展报告指引。随着可持续信息披露制度的不断完善推进，相关信息披露基础将不断夯实，这也将推动可持续债券信息披露质量的提升。

在各类可持续债券中，绿色债券信息披露制度相对完善，在2023年也进一步推出了存续期信息披露指南。2023年11月，绿标委发布《绿色债券存续期信息披露指南（中英文版）》，供市场主体参考使用的绿色债券存续期信息披露方法，旨在进一步提高绿色债券募集资金使用透明度，提高绿色债券环境信息披露质量，确保募集资金100%用于绿色项目，推动中国绿色债券市场高质量发展。2024年1月，交易商协会发布关于绿色债务融资工具适用《绿色债券存续期信息披露指南》的通知[①]，明确存续及新发绿色债务融资工具应按照该指南进行相应披露。

3.1.3 第三方机构行为持续规范

一是绿色债券的第三方评估认证。2022年以来，绿标委持续推动绿色债券评估认证机构的规范发展，2022年9月正式公布了18家绿色债券评估认证机构市场化评议注册名单，要求相关机构应当每年至少开展一次绿色

---

① 交易商协会，关于绿色债务融资工具适用《绿色债券存续期信息披露指南》的通知，2024年2月，https://www.nafmii.org.cn/ggtz/tz/202402/t20240201_316989.html

债券评估认证业务自查。2023年3月，绿标委发布了《绿色债券评估认证业务自查报告参考文本》，规范年度自查工作。根据绿标委公布的相关市场情况[①]，2022年中国近90%绿色债券通过评估认证，评估认证机构制度建设不断加强，职业水平继续提升。

二是绿色债券信用评级。2023年7月25日，中国人民银行正式印发《绿色债券信用评级指引》（JR/T 0280–2023）金融行业标准，作为绿色金融标准体系框架的重要组成部分，该标准把环境、社会和治理（ESG）等因素对企业偿债能力、偿债意愿的影响融入信用评级过程，对绿色债券信用评级尽职调查、信息披露、利益冲突等做出明确的界定，为信用评级机构开展绿色债券信用评级业务提供有力支撑。[②]

3.2　央企绿色债券发行动能提升

2023年12月，中国证监会、国资委联合发布《关于支持中央企业发行绿色债券的通知》，提出一系列激励措施，支持中央企业发行绿色债券，尤其是中长期绿色债券，以加强对绿色低碳领域的精准支持，促进经济社会全面转型。其中，激励措施包括对中央企业发行绿色债券提供融资便利、便利债券回购融资支持机制、优化中介机构监管评价考核等。

3.3　持续探索标准互认机制，国际合作将不断深化

2021年，中欧《可持续金融共同分类目录报告——减缓气候变化》的发布有效促进了中欧绿色债券标准互认，随后中国绿金委组织相关机构成立了专家组，按照《共同分类目录》对在境内银行间债券市场公开发行的部分绿色债券进行贴标，2023年已先后发布两批共220只符合中欧《共同分类目录》的中国绿色债券清单，中国外汇交易中心也将在其网站发布该债

---

① 绿标委，《2022年度绿色债券评估认证市场运行及相关情况的通报》，2023年7月

② 资料来源：《绿色债券信用评级指引》金融行业标准正式发布，工标网［EB/OL］.
2023/9/13［2023/11/30］http://www.csres.com/info/59753.html

券清单，并负责更新和维护该清单，供投资者参考。[1][2]2024年国家发展改革委等部门发布《绿色低碳转型产业指导目录（2024年版）》时指出要进一步加强国际国内交流，"推动绿色标准国际合作，逐步建立《目录》与相关国际绿色标准之间的互认机制"。因此，未来中国仍将继续探索标准互认机制，而随着绿色债券标准与管理规范逐步实现国际接轨，绿色与可持续债券将成为中国债券市场对外开放的重要桥梁。

三、ESG投资市场

1. ESG投资产品概述

考虑到ESG发展阶段和实践差异等因素，中外具体ESG投资产品的定义及框架有所不同。中国目前对ESG投资产品的标准并没有清晰界定，产品名称或投资目标中含有ESG、可持续发展、低碳、环保、治理等关键词，或涉及使用环境、社会或公司治理因素筛选成分股的资管产品都可算在内。GSIA则明确定义ESG投资产品为在投资组合选择中考虑ESG因素、并明确指出其所使用的ESG策略的资管产品。

全球多个发达市场的监管机构正持续深入细化ESG资管产品分类体系

---

① 资料来源：绿金委发布首批193只符合中欧《共同分类目录》的中国存量绿色债券清单，绿金委官网［EB/OL］. 2023/7/14［2023/9/20］，http://www.greenfinance.org.cn/displaynews.php?id=4124

② 资料来源：绿金委发布第二批27只符合中欧《共同分类目录》的中国存量绿色债券清单，绿金委官网［EB/OL］. 2023/9/5［2023/9/20］，http://www.greenfinance.org.cn/displaynews.php?id=4148

及披露准则，进一步打击漂绿行为。为保证带有ESG标签的基金产品能匹配投资者的ESG投资目标，同时有效约束ESG基金的投资行为，多个区域的监管机构对基金公司和基金产品提出要求，要求基金公司自主披露其ESG投研体系，并提供材料证明其基金产品是如何应用ESG策略的。在这一趋势下，我们认为内地市场的ESG资管产品规范化有望提速。

对于快速成长的内地ESG投资市场来说，公募基金和银行理财子公司已成为当前内地市场中ESG投资的主要践行者。未来，为适配不同资金方的投资管理要求，一级市场股权投资、固定收益类资产等也将纳入ESG投资范围，投资方式也将更加多样化。为展示中国ESG投资产品的发展现状，我们选取了目前最具代表性的ESG资管产品，在后文中进行了分类阐述。

2. ESG基金

当前对ESG基金尚未形成统一定义，市场中的多数ESG基金对其主题的体现主要在底层资产的选取和配置上。本书关注的ESG基金（宽口径，按Wind分类标准）主要包括纯ESG主题基金、ESG策略基金、环境主题基金、社会主题基金、治理主题基金等；其中前2类为狭义的ESG基金，后三类为泛ESG基金。在市场发展早期，ESG基金经常被简单理解为"新能源主题基金""环保主题基金"或"碳中和主题基金"等与环保、绿色、低碳相关的基金。因此，不少ESG基金看上去更像是这些板块的行业基金，行业集中度和个股集中度都较高，这也就导致净值容易出现剧烈波动，走过山车行情的现象，自然也就失去了ESG基金规避风险、追求长期价值的初衷。

2.1　ESG基金产品规模及数量

截至2023年底，宽口径维度统计，国内ESG概念基金发行规模达4462.82

亿元。随着ESG概念在内地市场逐渐成熟，2021年之后国内ESG基金发行进入高速发展阶段。2021—2023年共计发行584只ESG基金产品，存续504只。

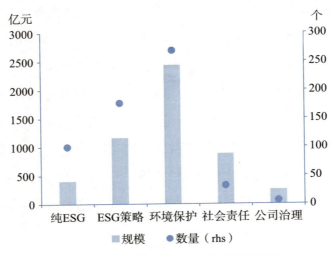

图3-13-A　ESG基金产品累计规模和数量

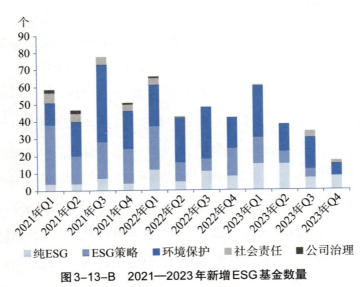

图3-13-B　2021—2023年新增ESG基金数量

图3-13　ESG基金产品累计规模统计（2021—2023年）

资料来源：Wind，兴业碳金融研究院

从时间维度上看，近两年ESG概念基金成立数量较多，其中2023Q1新成立的ESG概念基金数量为33只，发行份额为99亿份；Q2新成立的ESG概念基金数量为21只，发行份额为67亿份；Q3新成立的概念基金数量为16只，发行份额38亿份；Q4新成立的概念基金数量为33只，发行份额133亿份。全年发行峰值为10月，共发行4只基金，总体份额达到80亿份。与2021年及2022年同期相比，本年发行产品数量和份额均有所下滑。

尽管估算的投资规模会根据相关定义的不同而发生较大变化，总体而言，中国ESG基金整体规模较国外发达市场相比仍然较小，但近年增长迅猛，意味着市场对ESG理念的接纳和认可度有很大提升。从基金份额方面看，在经历2021年的发售高峰期后，中国内地各类ESG主题基金发行份额在2022年和2023年略有下降。

2.2 ESG基金产品主题及策略

从基金主题来看，纯ESG投资保持明显增长趋势，其投资规模自2021年的69.1亿元增长到2022年的116亿元。2023全年纯ESG类新发产品27只，新发总规模119.6亿元，尤其是在2023年3月纯ESG类新发基金产品高达13只。与纯ESG基金相比，ESG策略类基金在过去三年波动较大，其热度在近两年不断褪去，并在2023年显现出绝对疲态。环境保护类基金依旧是ESG投资的热门策略，但新发产品的数量和规模在2023年均有所回落。其中，在所有环境保护的细分主题中，新能源主题和碳中和主题热度居高不下，根据Morningstar的数据，截至2023年6月底，新能源汽车总共包含了64只相关基金产品，占中国主题投资基金资产的41%。一直以来，社会责任与公司治理类基金整体基本盘都较小，然而在整体ESG投资市场遭遇了较大规模缩水的情况下，社会责任和公司治理类基金的缩减幅度并不显著，因此，2023年其表现相对稳定，虽然从绝对数值上看，这些基金的规模依旧较小，但它们的市场份额实际上有所提升。

在基金投资策略的选择上，被动型产品正逐渐赢得投资者的青睐。虽然它们当前在市场上的占比相对较低，但其增长势头明显，展现出不容忽视的上升趋势，与国际市场的发展趋势相吻合。然而，截至目前，无论是在数量还是规模上，主动型基金均超过被动型基金，同时其收益稳定性也优于后者。[①] 主动型基金将持续占据优势地位。

从基金投资标的来划分，权益产品仍然是ESG投资的主导，但固收产品关注程度持续上升。目前，全球ESG ETF中接近八成为权益产品，但根据指数行业协会（IIA）2023年对全球资管公司年度ESG调查结果显示，接受调查的资管公司中有78%在固收投资组合中整合了ESG因素[②]，仅比权益投资的比例低2个百分点。相较于固收产品，ESG权益投资体系较为完善，未来很大可能将会延续权益型ESG基金主导的发展趋势。

根据Wind的类别分类，ESG基金产品中，混合型基金的数量和规模都一骑绝尘，然而随着ESG基金产品2023年的整体缩水，混合型基金产品也是受到了最大冲击。在所有细分类别中，偏股混合型基金与被动指数型基金在累计数量上占有显著的优势，分别占到了总数的42.50%和20.75%。值得注意的是，在2023年新发行的ESG主题基金中，虽然偏股混合型基金的数量有所减少，但它们仍然占据多数，其占比达到了38%。这一情况表明，尽管市场上出现了多样化的ESG投资产品，但偏股混合型基金由于其潜在的增长性和灵活性，仍旧是投资者青睐的选择。

---

① 资料来源：中金ESG基金研究（4）：ESG主题投资图谱：气候变化、生物多样性与影响力投资，中金公司，2023/10/07［2023/11/17］

② 资料来源：Index Industry Association 2023 ESG survey，Index Industry Association，2023/06/27［2023/11/17］，https://www.indexindustry.org/?s=2023+esg+survey

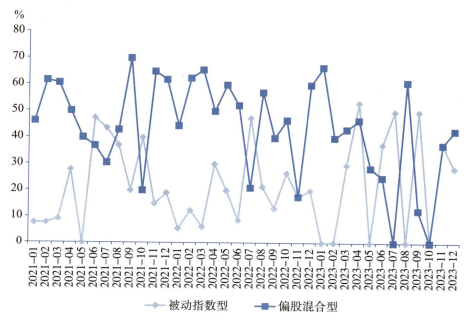

图3-14　近三年新发ESG产品数量类型前两名

资料来源：Wind，兴业碳金融研究院

　　近四年，中国ESG基金投资策略明显倾向于工业、信息技术、材料等行业，这些领域的投资比例合计约占70%—80%，显示了投资者对高科技行业的深度关注。从非财务角度看，高科技产业在ESG表现上表现突出；从财务角度看，则反映了这些行业具有良好的财务回报和较大的成长潜力及投资价值。尤其是工业领域的投资占比持续攀升，反映出疫情之后"重工业、强基础"的投资理念。这一策略也展示了基金根据市场和政策环境的变化，灵活调整资产配置，以适应不断演进的社会与环境需求。例如，随着疫情影响的减退，医疗保健行业的投资比重有所回落。经济放缓及房地产市场的冷却也导致金融和房地产行业的投资比例下降。展望未来，随着中国对可持续发展目标的持续推进，ESG基金预期将加强在促进产业升级和承担社会责任方面的作用。

2.3　ESG基金产品收益率

　　以策略类型划分，公司治理主题基金无论是绝对回报还是超额回报都领先于其他策略类型，环保主题基金无论是绝对收益还是超额收益情况在泛ESG主题基金（环保、社会责任、公司治理主题基金）类别中都较低。

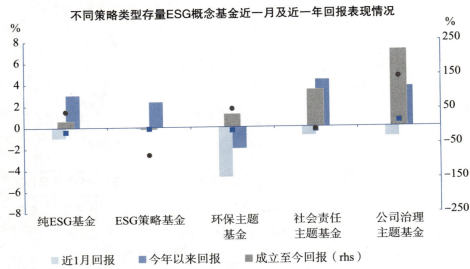

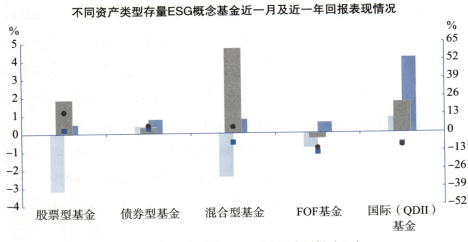

图3-15　不同策略与资产类型ESG基金收益率分布

资料来源：Wind，兴业碳金融研究院

传统上，投研机构也更重视公司治理G因子的研究，相关因子有效性和估值传导机制的研究在三类因子（E/S/G）中都是最多的。就环保因子而言，因为"双碳"政策和新能源赛道投资热潮的影响，过往三年ESG基金重仓以新能源概念股为主导（另一大重仓赛道为白酒）；但进入2023年之后，特别是截取近一月和近一年时间跨度，行业轮动的背景下，可以清晰看出环保主题ESG基金在所有基金类别中的收益对比中都表现较差。

以资产类型来划分，偏股基金的历史超额收益最高，但最近回撤也最高。债券型基金总体表现非常稳健，无论是历史周期还是近一个月表现。

3. ESG固收产品

近年来，国际可持续债券市场近年来发展迅速。绿色、社会、可持续和与可持续相关的债券（统称GSS+债券）在市场上的累计发行量达到4.9万亿美元。2023年的总发行量突破了1万亿美元，与2022年较低的发行量相比出现了逆转。绿色债券的发行继续主导GSSS市场，占总发行量的64%。

随着2015年12月，中国人民银行、国家发展改革委相继发布《绿色债券支持项目目录》和《绿色债券发行指引》，此后绿色债券市场规模不断扩大。特别是2022年7月绿色债券标准委员会正式发布《中国绿色债券原则》，包括绿色金融债、绿色公司债等多个绿色债券品种均可使用该原则，极大推动了中国不同种类绿色债券在市场实践的标准趋同。

中国可持续债券市场在总体规模上展现了积极的增长态势。截至2023年末，中国境内贴标绿色债券累计发行规模3.47万亿元，存续规模近2万亿元。可持续债券市场在中国的迅速发展正在引领ESG固收产品的扩张，更为整个固定收益市场注入了可持续性的理念，催化了ESG固收产品的创新与推广，为投资者提供了额外的渠道来参与可持续发展的资金支持。ESG固收产品的快速发展预示着可持续债务工具的深化和多样化，这不仅体现在市场规模的扩张，更在于投资结构的优化和质量的提升。

3.1 ESG固收产品规模与数量

受各方面因素的影响，ESG投资在固收领域的应用都要慢很多，但近三年呈现加快发展趋势。尤其是纯ESG固收产品，从2021年的未有新发行到2022年的新发行量达到55.8646亿元，再到2023年的新发行量进一

近三年ESG固收基金新发规模和数量

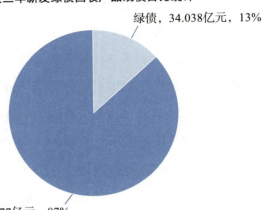

近三年新发绿债固收产品规模占比统计

绿债，34.038亿元，13%

其他固收，221.77亿元，87%

图3-16　国内近三年新发ESG固收产品及绿债固收规模及数量统计

资料来源：Wind，兴业碳金融研究院

步增长至140.78亿元，这一连续增长表明市场对于该类产品的需求正在迅速扩大。与此同时，ESG策略基金的新发行量虽然在2021年达到了一个高峰，但在之后两年有所下降。在细分领域中，环境保护类固收产品在2021年占据了主导地位，但在2023年新发行量大幅下降。尽管如此，环境保护依旧是固收市场中最受关注的细分领域之一。这些数据表明，中国ESG固收产品市场正在逐渐成熟，逐步朝着多元化发展，市场参与者对于不同维度的ESG产品表现出不同的需求和反应。随着市场对ESG投资重要性的进一步认识，以及对于负责任投资行为的持续追求，预计中国ESG固收产品将继续保持增长势头，并为实现社会和环境可持续发展目标发挥更大的作用。

我国ESG固定收益投资目前主要集中于可持续主题投资策略和筛选策略，同时对标准化的ESG投资工具，尤其是绿色债券的依赖程度较高。2023年上半年绿色债券的发行量占据了可持续债券市场的98%，这不仅突显了绿色金融领域的市场活跃度，也反映了国家政策在此方面的引导作用。中国人民银行、中国证监会、国家发展和改革委员会以及绿色债券标准委员会等监管机构的政策支持，无疑为绿色债券的蓬勃发展提供了强劲的发展动力。绿债固收作为ESG固收产品的一个重要类别，在推动可持续发展方面发挥着核心作用。投资者和绿色基金产品的数量显著增加，表明市场对这类产品的关注正逐渐转化为实际的投资行为。虽然被直接定义为绿债的固收基金整体规模尚小，但市场对于包含绿债投资的固收产品的需求强烈，大部分ESG固收产品投资标的实际上都包括了绿色债券。这种高度集中的市场现象揭示了中国固收市场在绿色金融方面的扩张潜力和成长空间。随着市场对于ESG投资重要性的认识不断提高，以及对财务和社会环境双重收益的追求，预计绿色债券将在未来继续吸引更多资金流入，加速市场的多元化发展。

3.2 ESG固收产品收益率

在经济高质量发展的大环境中，ESG固收产品的收益率虽有所波动，但总体保持相对稳定，尤其是与ESG基金整体收益率相比，其表现依然坚挺，多数保持在正值区间。这种现象表明，在面对宏观经济挑战时，ESG固收产品可能由于其本质上的风险分散特性和对可持续投资原则的坚持，为投资者提供了一定程度的保护机制。

整体而言，主题投资在ESG固收的应用表现优于ESG整合及负面筛选。纯ESG固收基金自成立以来展现了稳健的财务表现，其2023年度平均超额回报率为1.26%，反映出其显著的增长动力及持续性的实现超越市场基准的正收益。此一表现不仅彰显了纯ESG固收基金在市场中的优异竞争力，也体现了其在资产管理上的卓越策略。相对而言，ESG策略固收基金在2023年度的表现则不尽如人意，年度平均超额回报率为–2.46%。因此，长期来看，该策略面临一定的挑战，其成立至今以及近一年的净值超越基准收益率均为负值，暗示着ESG策略在固收领域的应用尚需进一步优化与深化。

在环境保护主题的固收基金方面，其投资回报特别引人注目，2023年度的平均超额回报率为1.44%，这一积极表现可能源自投资者对于环境可持续性的深度认可，以及绿色债券市场的持续繁荣。此类基金通常涵盖多个行业的环境保护相关债务工具，其构成的多元化有助于缓解对单一风险源的敞口，进而提高了整体投资组合的风险调整回报率，因此环境保护主题的ESG固收基金表现明显优于整体环境保护主题的ESG基金。此外，社会责任主题固收基金亦显示出积极的收益增长，2023年度的平均超额回报率为1.46%。与环境保护类固收基金相仿，社会责任固收基金的稳健表现进一步验证了主题化ESG固收产品在确保回报的同时，也可能为投资者提供了符合其价值观的投资选择。

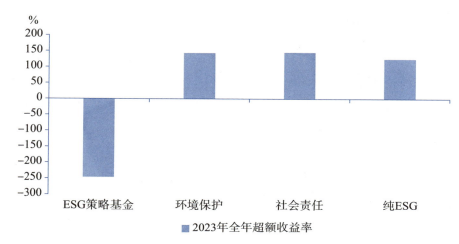

图3-17 不同类型ESG固收基金2023年超额收益率分布

资料来源：Wind，兴业碳金融研究院

ESG固收产品为投资者提供了与传统固收产品不同的价值取向，强调长期稳定收益与可持续发展目标的结合。随着投资者和监管机构对于ESG的认知和要求日益提升，ESG固收产品有望在中国乃至全球金融市场中扮演更加重要的角色，进一步推动多元化可持续投资的普及和实践。

4. ESG理财

ESG主题理财产品市场迅速发展。近三年来，国内ESG主题理财产品发行活跃，且在数量呈上升趋势。截止到2023年底，在发售与存续的理财产品中，ESG理财产品共计219只，其中固定收益类178只，混合类共40只，权益类只有1只，共有26家机构（含外资机构）参与ESG理财产品的发行。2023年发行的ESG主题银行理财产品中，ESG主题理财产品以固定收益类为主，发行集中在2023年第2季度和第4季度。当前国内存续的ESG主题理财产品也以固定收益类为主，风险等级集中在中低风险，这体现出理财子追求稳健收益的投资理念与ESG固定收益端投资十分契合。目前国内ESG主题理财产品的集中度较高，2020年以来发行ESG主题理财产品数量前三的理财子为：农银理财、华夏理财和兴银理财。三家公司深耕ESG领域多年，已经形成较为丰富的ESG主题理财产品体系，拥有一定的先发优势。

从ESG主题理财产品的收益情况来看，以固定收益类、偏债混合类的理财产品取得较好收益率，权益类理财产品受市场环境影响大，目前收益率并不理想。整体来看，ESG主题理财产品以偏向于投资固定收益产品，发行数

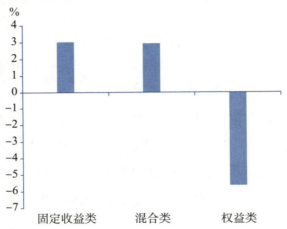

不同投资性质ESG主题理财产品发行至今平均收益率

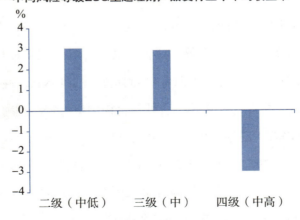

不同风险等级ESG主题理财产品发行至今平均收益率

图3-18　ESG主题银行理财产品收益分布

资料来源：中国理财网，兴业碳金融研究院

量在近几年不断上升，但相关产品仍集中在较早布局ESG领域的理财公司，可以预见未来后续公司的跟进将继续推动ESG主题理财产品数量的上升。

总体来看，ESG主题银行理财产品有以下典型特征。

一是投资门槛低。目前各市场对于ESG理财产品门槛的设置普遍较低，多只产品已实现一元起购买。在国内投资者尚未对ESG投资理念有清晰认知的情况下，低投资门槛有助于吸引更多的投资者购买，进而加深对该类产品的了解。

二是产品种类集中。截至2023年底，219只存续ESG主题银行理财产品中，固收类产品为主，共计178只，占比约82%；权益类产品仅1只，占比低于1%。虽然相较银行理财市场整体存续规模而言，ESG理财产品的种类已更为多元；但与公募基金相比，产品种类丰富度及分散度仍待提升，尤其权益类产品占比亟待突破。

当前中国ESG理财产品仍有较大发展空间，根据中国负责任投资论坛统计，目前大部分理财产品重点投资于绿色项目或乡村振兴、民生三农产业，绿色债券、绿色资产支持证券等带有绿色标签的产品是ESG理财产品投资的主要方向。当前理财产品仍旧有大量ESG因素可以挖掘，后续理财公司需进一步增强自身投研能力，将系统性的ESG方法论应用在理财产品当中，促进ESG理财产品市场向着多元化、高质量方向发展。

5. ESG投资展望

5.1　ESG投资产品正值发展转型关键期

在经济增长放缓的背景下，ESG投资市场正处于关键的转折点。展望2024年，该市场预计将经历一次决定性的重塑过程，引领其朝向更加规范化和成熟化的发展道路，这对于ESG投资的长远和有序增长至关重要。这一变革的推动力来自监管机构对ESG披露和标准化要求的日益严格化，以及市场参与者对于质量和韧性的更高追求。

回顾2021年和2022年，ESG基金产品经历了井喷式的增长，标志着ESG投资市场的扩张和普及阶段。然而，这一增长期也伴随着挑战，市场涌现了众多质量不一的ESG基金产品，部分产品甚至面临"漂绿"问题。由于缺乏统一的评估标准和监管框架，投资者在评估和选择ESG基金时遭遇困境。2023年随着经济下行压力增大，ESG投资市场呈现出高涨后的回落趋势，整体增长速度放缓。该趋势预计将在2024年持续。然而，随着针对ESG信息披露的监管政策在中国逐步落实，ESG数据标准化将极大程度促进相关数据的数量、质量和透明度的提高。投资者可以更有效地评估公司在ESG方面的表现，并识别和量化ESG方面的风险。

金融机构将在2024年新的市场环境中推动创新型投资产品和策略的开发。基于市场对ESG投资深入理解的提升和投资者需求的细化，这些产品将更加精准地针对特定ESG表现进行筛选和投资，展现出产品主题、类别和策略的多元化。在ESG投资实践聚焦于股票、债券等传统投资产经的基础上，将逐步运用到私募股权、大宗商品、衍生品、养老保险等另类资产投资中。这种变化能够较好地符合市场对高质量ESG投资的追求，并考虑到金融机构对市场动态和投资者需求的敏感反应。

产品类型方面，预计ESG投资在2024年将在权益资产端表现出更高的成熟度。这一趋势的形成源于对ESG因素在投资决策中重要性的深化理解和应用，以及市场对高效、负责任投资的不断追求。与此同时，面对潜在的风险因素，固定收益加成（固收+）产品类型预计会成为避险类资产的亮点。这类产品因其稳定回报和较低风险的特性，可能吸引大量稳健型和低风险偏好的投资者。

在产品策略方面，由于对金融市场波动的较高敏感性，纯ESG产品可能会经历较大的冲击，为了应对这些挑战，预计这些产品将经历一系列策略调整，进一步加强其风险管理机制。尽管ESG策略产品在2023年的新发规模有所下降，但由于其较为优秀的抗跌性，预计在2024年会更受投资者青睐，策略会更加注重那些在市场波动中能展现出韧性的ESG因素，以增强在动荡市场环境中的表现和稳定性。主题投资中，进一步考虑到中国新能源汽车行业的迅速发展和绿色债券市场的扩张，环境保护类产品将继续在主题投资领域占据主导地位。这一趋势不仅与全球对气候变化和可持续发展的关注相契合，也是对绿色经济转型的积极回应。同时，由于市场对财务和非财务风险的重视，以及对长期稳定投资回报的需求，公司治理类产品也将因其稳定的投资回报和有效的风险识别能力而获得适当的关注和发展。

因此，综合来看，2024年的中国ESG投资市场将面临有序"转型"，呈现出更成熟和多元化的趋势，金融机构将持续推进产品创新，市场将对不同ESG产品类别表现出更明确的需求。这一过程有效地清理了市场中的次优选择，确保只有在复杂经济环境中表现出明显韧性和高效能的基金才能够生存。同时，经济下行期间，投资者更加偏好那些能提供稳定回报并展现出强大韧性的投资渠道，进一步激活了市场的自我调节功能。这些趋势共同促进ESG投资市场的健康和有序发展。

5.2　ESG投资多样化：金融机构和第三方扮演重要角色

随着ESG投资理念的不断深入，2024年，市场生态圈中各金融机构在推动ESG领域发展方面将发挥各自独特的角色。ESG应用场景逐渐从股票投资拓展到债券投资、私募股权投资等领域，这一趋势还将继续。

公募基金将继续作为普及ESG投资的主力，通过推出更多ESG主题基金和在传统投资产品中整合ESG因素，来增强投资者的参与和认知。私募基金的发展则可能专注于为投资者提供更深入、专业的ESG投资解决方案，未来仍然以纯ESG策略和环境保护主题为主。基于《银行业保险业绿色金融指引》，银行预计将成为绿色贷款和可持续发展项目融资的关键提供者，同时在其信贷决策和资管业务中更多考虑企业的ESG绩效。保险公司有望通过开发与ESG相关的保险产品和将ESG因素融入其投资和风险管理策略中来支持可持续发展项目和企业。2022年11月，全国社保基金宣布其ESG投资组合正在向国内公募基金公司进行招标。这次招标吸引了20多家顶尖公募基金参与，这一重大举措预示着中国ESG投资市场发展可能进入一个全新的加速期。随着这一投资组合的落地，将对国内ESG投资市场产生重要的示范效应，引领和加速市场发展。

随着ESG投资在中国的日益普及，第三方机构如评级机构、数据商和指数公司在2024年将扮演更加关键的角色。评级机构可能会更加关注中国本土市场的特点和相关政策要求，特别是在新兴市场和特定行业领域，以提供更加精准和差异化的评级服务。数据商和指数公司则可能加大对ESG相关数据和指数产品的投入，以满足市场对高质量、可靠ESG数据的需求。随着政府和监管机构对ESG标准和披露要求的加强，这些机构的服务将变得更为重要，帮助投资者更好地理解和应用ESG原则。对于评级机构来说，建议他们在进行ESG评级时区分"双重重要性"，即不仅评估公司的财务重要性，同时考虑影响重要性，以提供更全面的评价，帮助投资者更好做出投资决策。此外，数据商和指数公司应致力于提高数据的透明度和一致性，确保其产品和服务能够满足不同投资者的需求，并支持市场对ESG投资的整合和应用。总体而言，第三方机构需要不断创新和改进，以适应日趋严格的监管政策、快速发展的市场环境和日益增长的ESG投资需求。

四、碳市场与碳金融

1. 国际碳市场进展

国际碳行动伙伴组织（ICAP）2023年发布的《全球碳市场进展2023报

告》（Emission Trading Worldwide Status Report 2023）显示，全球共有28个碳市场在运行。这其中欧盟碳市场（EU ETS）仍然是全球最大的碳市场。根据路孚特的报告，欧盟碳市场占2023年全球碳市场总价值的87%左右[①]。

1.1 欧盟碳市场运行情况

2023年，欧盟碳市场碳价整体呈现先上升后下降的趋势，但是在2023年，碳价也在不同阶段出现了不同程度的波动。具体来说，欧盟碳价在2023年初期仍然延续了2022年以来的上涨趋势。2023年2月21日，ICE欧盟碳排放期货主力合约收盘价格100.12欧元/吨，盘中最高101.25欧元/吨。欧盟碳价在2023年前三季度依然维持在高位，但随后在第四季度逐步震荡下降。根据Wind统计，欧盟碳价在2023年12月15日来到全年最低点，为66.35欧元/吨；最终2023年末欧盟碳价为77.55欧元/吨，同比下降4.34%。

图3-19 欧盟碳配额（EUA）期货成交价与成交量（截至2023年12月31日）

资料来源：Wind，ICE，兴业碳金融研究院

在2023年，欧盟碳价呈现出不断震动上升和震动下降的表现，而影响

---

① 资料来源：LSEG年度碳市场报告：2023年全球碳市场交易额继续增长 碳价走势分化，生态中国网，2024/02/21［2023/03/18］，https://www.eco.gov.cn/news_info/68499.html

欧盟碳价变化的主要有以下四个方面的原因。

第一，欧盟应对气候变化政策对碳价的影响。

欧盟积极推行"Fit for 55"一揽子减排计划，为实现其气候雄心，因此在多个减排计划中做出大幅修改。例如，修改了欧盟碳市场的减排目标，将原先设定的2030年温室气体减排量比1990年水平至少减少55%的目标修改为到2030年比2005年水平减少62%的目标，这就意味着欧盟碳市场配额未来逐步收紧。此外，欧盟在2023年通过碳边境调节机制（CBAM）。该机制与欧盟碳市场新一轮改革所包含的提升配额拍卖比例配套，CBAM的实施将使得欧盟碳价获得更大的上涨空间。这也极大地提振了市场信心，进而引发欧盟碳价一定的上升。

第二，欧盟碳市场运行机制对碳价的影响。

欧盟碳市场进入第四阶段（2021—2030年），因此在配额总量供应上不断收紧，即在2021年15.75亿吨的基数上，初步计划每年按2.2%的速度线性递减。[①]此外，欧盟碳市场第四阶段配额全部通过拍卖的形式发放。配额是否正常足量拍卖将影响配额供给，进而引发碳价波动。如2023年12月每日配额拍卖的暂停削减了配额供给，导致了碳价上涨。同时，欧盟碳市场也在一定程度上受履约期影响，在临近履约期时，市场交投活跃。

第三，欧盟市场能源供给对碳价的影响。

欧盟碳市场碳价与欧盟能源市场价格呈现正相关性，因此欧盟能源市场价格变动，特别是天然气价格的变动将极大地影响碳价变动。这其中影响欧盟市场天然气价格的原因类型众多，包括市场供应、天气变化、能源需求，以及一些突发事件等。例如，当欧洲气温温和时，全社会能源需求得以降低，导致天然气价格降低，推动碳价下降。而对于突发事件，例如，

---

① 说明：后修改为2024年至2027年4.3%和2028年至2030年4.4%。

2023年6月期间俄罗斯国内发生"瓦格纳叛乱事件"，导致投资者担忧欧洲天然气市场会出现供应短缺，因此欧洲天然气价格走高，欧盟碳价也随气价小幅上涨。而随后的澳大利亚天然气行业的劳资谈判、巴以冲突等事件，也都在一定程度上影响了天然气价格，进而导致了碳价的波动。

第四，金融市场变动对碳价的影响。

由于欧盟碳市场的成熟运行，欧盟碳市场碳配额期货作为资产配置的选项呈现出明显的金融属性。举例来说，2023年3月美国硅谷银行破产清算的突发风险事件引发市场对各项金融资产的重新定价，该事件波及欧盟碳市场，引起投资者恐慌，进而选择抛售避险，导致碳价在激进抛售下暴跌。

下一步，欧盟碳市场将进一步扩大范围，将占欧盟二氧化碳排放总量3%—4%的海运部门分阶段纳入。之后，欧盟碳市场将覆盖所有从欧盟港口出发和抵达的大型船舶的排放，主要为5000总吨以上用于商业目的的客运和货物运输的各类型船舶。为确保平稳过渡，清缴义务将逐步实施，从2025年清缴2024年度排放量40%的欧盟碳配额，逐步提高到2027年清缴2026年度排放量100%的欧盟碳配额。此举将加快海运业减排与脱碳。

1.2　国际自愿减排市场

1.2.1　越来越多地区重视自愿减排交易

随着全球应对气候变化工作的推进，国际自愿减排市场在2023年也迎来快速发展。多个国家和地区重视碳信用在实现减排工作中的作用，纷纷开展碳信用交易。举例来说，新加坡碳交易所Climate Impact X（CIX）在6月启动首批碳信用额现货交易；马来西亚证券交易所于9月启动碳信用交易；10月，东京证券交易所宣布"碳信用市场"正式开始运营，阿联酋阿布扎比成立新的碳市场交易和清算所AirCarbon Exchange（ACX），沙特阿拉伯宣布启动国内温室气体信用和抵消计划，南非证券交易所与Xpansiv合作启动了碳信用和可再生能源证书市场。以上种种显示出碳信用未来巨大的需求空间和交易价值，为碳信用的发展和价值变现带来利好。

1.2.2 市场偏爱有协同效益的碳信用

根据 Ecosystem Marketplace 最新报告 *State of the Voluntary Carbon Market Report 2023*[①]（以下简称为 EM 报告），碳信用交易价格在 2021—2023 年呈现不同的变化。特别是，如果减排项目除了减排效果外还能提供其他一些环境与社会效益，将使得碳信用在交易时获得一定溢价。EM 报告显示，很多国际核证自愿减排机制（VOS）的购买者更愿意选择一些满足气候、社区、生物多样性（CCB）、SD VISta、Social Carbon 等要求和标准的减排项目进行购买。若减排项目符合上述其中一种额外效益，其碳信用交易价格在 2021 年将获得 69% 的溢价，而到了 2022 年将获得 92% 的溢价。

表 3–2　是否包含协同效益的不同自愿减排量交易价格

单位：美元/tCO₂e

类别	2021年	2022年	2023年（截至11月21日）
全部自愿减排交易	4.41	8.13	7.59
无协同效益	3.37	5.94	6.07
有协同效益	5.02	10.60	10.08
全部VCS交易	4.64	9.14	9.06
无协同效益	2.99	5.52	5.63
有协同效益	5.05	10.62	10.08

注：由于2023年数据仅代表部分已收集数据，因此仅供参考
资料来源：EM报告，兴业碳金融研究院

事实上，我国在即将重启的 CCER 市场中也对自愿减排项目提出了除产生减排效益以外的要求。例如，《温室气体自愿减排交易管理办法（试行）》

---

① 资料来源：State of the Voluntary Carbon Market Report 2023，Ecosystem Marketplace［EB/OL］. 2023/11/29［2023/11/29］，https://www.ecosystemmarketplace.com/publications/state-of-the-voluntary-carbon-market-report-2023/

（生态环境部令　第31号）第十三条，对申请的自愿减排项目的要求符合可持续发展的要求，不可对可持续发展各方面产生不利的影响。又如，《温室气体自愿减排项目设计与实施指南》对林业和其他碳汇类项目要求，"关注对生物多样性和自然生态系统的影响，以及项目边界以外的影响，并且分析对可持续发展的促进作用"。

总的来看，未来全球碳信用发展将不只考虑减排效果，也将更多关注其在环境、生态、社会等可持续发展方面带来的促进作用。

2. 我国碳市场发展

2.1　全国碳市场

2.1.1　全国碳市场运行情况

2023年全国碳市场迎来第二个履约周期。2023年7月17日，生态环境部发布《关于全国碳排放权交易市场2021、2022年度碳排放配额清缴相关工作的通知》（环办气候函〔2023〕237号），通知要求纳入全国碳市场的重点排放单位要在2023年12月31日前完成2021年度和2022年度两年的碳配额清缴履约工作。在第二履约期，全国碳市场共纳入重点排放单位2257家。

全国碳市场第二履约周期呈现量价齐升的趋势。根据上海环境能源交易所公布信息[①]，截至2023年12月29日，全国碳市场碳排放配额累计成交量4.42亿吨，累计成交额249.19亿元，每日综合价格收盘价在41.46—81.67元/吨之间。其中，2023年碳排放配额年度成交量2.12亿吨，年度成交额为144.44亿元，分别同比增长317%和413%；每日综合价格收盘价在50.52—81.67元/吨。

---

① 资料来源：2023全国碳市场运行情况一览，上海环境能源交易所，2023/12/29〔2024/04/10〕，https://www.cneeex.com/c/2023-12-29/494963.shtml

2023年12月29日收盘价79.42元/吨，较2022年最后一个交易日（2022年12月30日）上涨44.40%。2023年全国碳市场成交均价68.15元/吨，较2022年市场成交均价上涨23.24%。2023年10月20日，全国碳市场配额交易价格来到历史高位，达到85元/吨。随着配额分配、核查、履约等政策文件相继出台，市场交易意愿逐步增强，8—12月市场成交量大幅攀升。2023年全国碳市场的交易主要集中在下半年，一至四季度成交量分别占全年总成交量的2%、2%、25%、71%。10月成交量9305.13万吨为全年度峰值，占2023年度全年成交量的43.89%。原因是95%的重点控排企业需要在2023年11月15日前完成履约，致使交易较为集中。

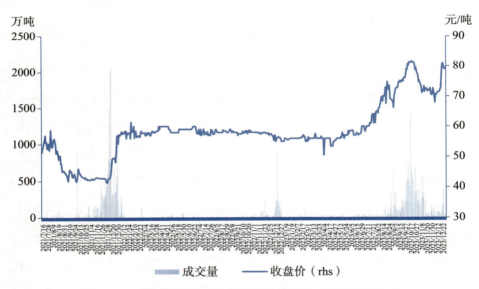

图3-20 全国碳市场碳排放配额（CEA）收盘价与成交量

资料来源：Wind，上海环境能源交易所，兴业碳金融研究院

全国碳市场碳配额交易价格在2023年下半年持续走高由多重因素导致。从需求侧看，全国碳市场第二履约期配额清缴工作正式启动，而当前我国碳市场仍然以履约驱动为主，因此纳入的重点排放单位购买配额需求大幅提升，又由于重点排放单位可交易履约期时长有限，导致交易集中。从供

给侧看，首先是配额供应收紧。根据《2021、2022年度全国碳排放权交易配额总量设定与分配实施方案（发电行业）》，第二履约期发电企业配额分配基准值下调，导致第二履约期的配额总量相比第一履约减少了约5亿吨。[①]其次是CCER供应有限，在第二履约期开始前，市场上CCER存量仅一千余万吨[②]，远远小于重点排放单位可使用抵消清缴履约数量。最后是出于对未来配额发放进一步收紧的考虑，许多重点排放单位为满足未来履约需要而选择惜售，进一步导致市场上配额供应数量不足。

对此，主管部门也提出了多重措施，保障重点排放单位完成第二履约期的配额清缴工作，在一定程度上缓解了企业的短期履约压力、抑制短期内碳价过度上涨，如放宽履约期和提出配额预支和个性化纾困方案等。在放宽履约期方面，《关于全国碳排放权交易市场2021、2022年度碳排放配额清缴相关工作的通知》（环办气候函〔2023〕237号）提出，"对履约截止日期后仍未足额清缴配额的重点排放单位，可继续向省级生态环境主管部门提出履约申请，经省级生态环境主管部门确认后，由注登机构协助重点排放单位继续完成配额清缴"；在提出配额预支和个性化纾困方案方面，允许部分缺口较大企业预支2023年度预分配配额完成履约，以及对承担重大民生保障任务且无法完成履约的重点排放单位，可申请制定相应的纾困方案。此外，2023年8月24日，上海环境能源交易所发布《关于上线"碳排放配额21""碳排放配额22"的通知》（沪环境交〔2023〕28号），规定全国碳排放权交易系统自8月28日起将对碳配额标注被发放的年份，即交易系统中有"碳排放配额19—20""碳排放配额21"和"碳排放配额22"。该通知

---

① 资料来源：新版碳配额分配方案发布：配额减少了5亿吨，中国能源网［EB/OL］. 2023/03/17［2024/04/10］，https://www.china5e.com/news/news–1148922–1.html

② 资料来源：北京绿交所：争取尽早启动全国CCER交易！上市公司加速布局，东方财富网［EB/OL］. 2023/03/10［2024/04/10］，https://finance.eastmoney.com/a/202303102657911985.html

的发布或将使部分企业猜测未来不同年份的配额会拥有不同的有效期，也在一定程度上抑制了企业的惜售行为，增加了市场供应。

未来建议全国碳市场进一步建立和完善灵活调控机制。碳价的短期异常波动，过高或过低，均不利于经济可持续地迈向碳中和和碳市场的健康发展。完善的市场灵活调控机制是防范碳配额价格异常波动风险、防止市场失灵的有效手段，目前全球大部分碳市场均设置了市场灵活调控机制，主要包括市场稳定储备、成本控制储备、设置价格上下限、拍卖保留价、配额的储存与借贷机制等，如欧盟碳市场在2019年1月启动了市场稳定储备机制（MSR），即在市场过度下跌的时候回购配额，在价格过高时从储备中调出一定数量的配额投放到市场，以此来稳定价格。我国在2023年提出了配额预支机制，允许部分配额缺口较大的企业预支下一年度部分预分配配额完成履约，但是，这些预支企业在第三履约周期可能面临更大的履约压力。因此，建议我国可以进一步借鉴欧盟的市场稳定储备机制，通过投放或回购等方式，动态调整市场流通配额总量，保证市场价格平稳，防范配额价格过度上涨给控排企业带来过高的成本压力，或配额价格过度下跌造成的市场失灵。

2.1.2 全国碳市场扩容在即

2023年10月18日，生态环境部发布《关于做好2023—2025年部分重点行业企业温室气体排放报告与核查工作的通知》（环办气候函〔2023〕332号）。通知公布了水泥、电解铝和钢铁三个行业最新的碳排放核算与报告的技术文件，内容进行了大幅更新，更为丰富细致，具备更好的操作性。

随着该通知的发布，全国碳市场扩容优先考虑的行业逐渐明晰。之所以优先选择水泥、电解铝和钢铁三个行业，主要基于以下考虑：（1）水泥、电解铝和钢铁行业生产工艺较为统一，且数据统计基础较好，具备优先纳入的基础条件；（2）水泥、电解铝和钢铁业行业存在碳排放量大、产能过剩的特点，可优先纳入进行行业管控；（3）水泥和电解铝行业曾在2017年出台过配额分配方案（征求意见稿），具备一定的工作基础；（4）欧盟碳边境调节机制首批纳入6个行业包括水泥、铝和钢铁，因此需要尽快将这三个行业纳入我国碳市场，赋予相关行业配额，以降低可能需要缴纳的碳关税。

未来，生态环境部将根据"成熟一个，纳入一个"的原则，逐步纳入更多行业，扩大市场覆盖的排放量规模，预期到2030年完成全部八大行业（发电、石化、化工、建材、钢铁、有色、造纸、民航）纳入。

2.2　地方碳市场

2.2.1　试点碳市场运行情况

2023年，重庆碳市场和广东碳市场扩大了纳入控排主体的范围。对于前者，《重庆市生态环境局关于调整重庆碳市场纳入标准的公告》（渝环〔2023〕55号）规定，将纳入控排企业标准由原定的2008—2012年任一年度碳排放量达到2万吨二氧化碳当量调整为年度温室气体排放量达到1.3万吨二氧化碳当量（综合能源消费量约5000吨标准煤）及以上；对于后者，将陶瓷、纺织、数据中心等行业企业纳入了碳市场。

在地方碳市场交易表现方面，根据Wind数据统计，2023年8个地方碳市场碳配额累计成交量合计5350.9596万吨，累计成交额合计21.9178亿元，分别同比上涨25.76%和下降了0.67%。

从年度成交量看，2023年福建碳市场成交量最大，成交量达到2619.8899万吨；成交量第二多的是广东碳市场，为971.8713万吨；随后是天津和湖北碳市场，成交量分别为575.1980万吨和535.9623万吨；北京和重庆碳市场成交量有限，特别是重庆碳市场，2023年度成交量仅18.841万吨。

从年度成交额看，2023年度成交额最大的为广东碳市场，成交额为7.2809亿元；其次为福建碳市场，成交额为6.092亿元；深圳碳市场和湖北碳市场成交额均超过2亿元；上海、北京和天津碳市场成交额均超过1亿元。
特别是北京碳市场，得益于较高的成交均价，在成交量不超过100万吨的情况下，取得了较高的成交额成绩。

从年度成交均价看，北京碳市场成交均价最高，为114.22元/吨，全年有8个月的碳价超过100元/吨；其次是广东碳市场，成交均价为74.92元/吨；尽管福建碳市场成交量最多，但是成交均价最低，为23.25元/吨。

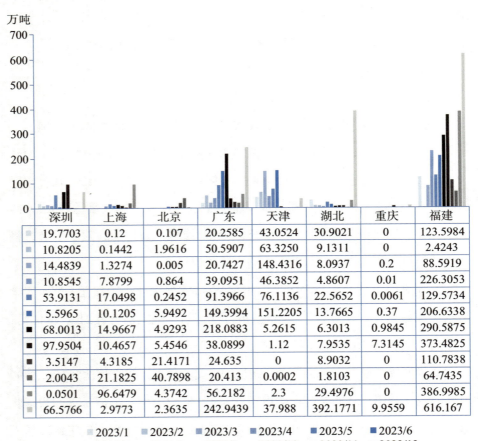

万吨

	深圳	上海	北京	广东	天津	湖北	重庆	福建
	19.7703	0.12	0.107	20.2585	43.0524	30.9021	0	123.5984
	10.8205	0.1442	1.9616	50.5907	63.3250	9.1311	0	2.4243
	14.4839	1.3274	0.005	20.7427	148.4316	8.0937	0.2	88.5919
	10.8545	7.8799	0.864	39.0951	46.3852	4.8607	0.01	226.3053
	53.9131	17.0498	0.2452	91.3966	76.1136	22.5652	0.0061	129.5734
	5.5965	10.1205	5.9492	149.3994	151.2205	13.7665	0.37	206.6338
	68.0013	14.9667	4.9293	218.0883	5.2615	6.3013	0.9845	290.5875
	97.9504	10.4657	5.4546	38.0899	1.12	7.9535	7.3145	373.4825
	3.5147	4.3185	21.4171	24.635	0	8.9032	0	110.7838
	2.0043	21.1825	40.7898	20.413	0.0002	1.8103	0	64.7435
	0.0501	96.6479	4.3742	56.2182	2.3	29.4976	0	386.9985
	66.5766	2.9773	2.3635	242.9439	37.988	392.1771	9.9559	616.167

■ 2023/1　■ 2023/2　■ 2023/3　■ 2023/4　■ 2023/5　■ 2023/6
■ 2023/7　■ 2023/8　■ 2023/9　■ 2023/10　■ 2023/11　■ 2023/12

图3-21　中国各地方碳市场碳配额月度成交量

资料来源：Wind，兴业碳金融研究院

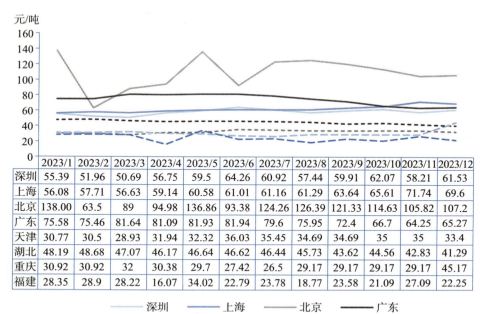

元/吨	2023/1	2023/2	2023/3	2023/4	2023/5	2023/6	2023/7	2023/8	2023/9	2023/10	2023/11	2023/12
深圳	55.39	51.96	50.69	56.75	59.5	64.26	60.92	57.44	59.91	62.07	58.21	61.53
上海	56.08	57.71	56.63	59.14	60.58	61.01	61.16	61.29	63.64	65.61	71.74	69.6
北京	138.00	63.5	89	94.98	136.86	93.38	124.26	126.39	121.33	114.63	105.82	107.2
广东	75.58	75.46	81.64	81.09	81.93	81.94	79.6	75.95	72.4	66.7	64.25	65.27
天津	30.77	30.5	28.93	31.94	32.32	36.03	35.45	34.69	34.69	35	35	33.4
湖北	48.19	48.68	47.07	46.17	46.64	46.62	46.44	45.73	43.62	44.56	42.83	41.29
重庆	30.92	30.92	32	30.38	29.7	27.42	26.5	29.17	29.17	29.17	29.17	45.17
福建	28.35	28.9	28.22	16.07	34.02	22.79	23.78	18.77	23.58	21.09	27.09	22.25

—— 深圳　　—— 上海　　—— 北京　　—— 广东
---- 天津　　•••• 湖北　　---- 重庆　　---- 福建

图3-22　中国各地方碳市场碳配额月度成交价格

注：若当月无成交，则取上月成交均价

资料来源：Wind，兴业碳金融研究院

　　总体来看，尽管地方碳市场也受到履约驱动的影响，但各地方碳市场在全年可以维持一定的交易活跃度。一方面由于地方碳市场参与交易对象类型众多；另一方面受益于交易制度的更新，降低了交易对象参与交易的成本。例如，2023年4月12日，福建省发展和改革委员会发布《关于核定碳排放权交易和用能权交易服务收费的函》（闽发改价格函〔2023〕118号），对采用协议转让、单向竞价和定价转让等方式交易的手续费由成交额的4%下调至1.5%。又例如，2023年5月5日，湖北碳排放权交易中心发布《湖北碳排放权交易中心有限公司关于调整投资机构会员手续费减免政策的公告》，对已取得投资机构会员资格，并按时足额缴纳年费的会员，会员资格有效期内通过协商议价方式参与湖北碳市场交易所产生的交易手续费给予

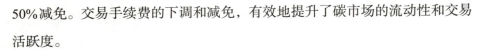

50%减免。交易手续费的下调和减免，有效地提升了碳市场的流动性和交易活跃度。

2.3 我国碳市场：一个多层次的体系构想

"双碳"目标提出后，国家明确提出由能耗"双控"向碳排放总量和碳排放强度"双控"转变。"十二五"（2011—2015年）时期，我国提出了"碳排放强度目标"。因此，在过去的"十二五"和"十三五"期间，我国主要以"碳排放强度"考核为主。随着习近平主席在第七十五届联合国大会一般性辩论上对世界做出重要宣示，"中国将提高国家自主贡献力度，采取更加有力的政策和措施，二氧化碳排放力争于2030年前达到峰值，努力争取2060年前实现碳中和"[1]。这意味，我国未来将更加重视对碳排放总量的控制。

表3-3 国内有关碳排放总量控制文件与会议

相关文件与会议	内　容
《中华人民共和国国民经济和社会发展第十四个五年规划和2035年远景目标纲要》	落实2030年应对气候变化国家自主贡献目标，制定2030年前碳排放达峰行动方案
中共中央、国务院《关于完整准确全面贯彻新发展理念做好碳达峰碳中和工作的意见》	统筹建立二氧化碳排放总量控制制度
2021年中央经济工作会议[2]	要正确认识和把握碳达峰碳中和，创造条件尽早实现能耗"双控"向碳排放总量和强度"双控"转变，加快形成减污降碳的激励约束机制

---

① 资料来源：习近平在第七十五届联合国大会一般性辩论上发表重要讲话，中华人民共和国中央人民政府［EB/OL］. 2020/09/22［2023/04/21］，http://www.gov.cn/xinwen/2020-09/22/content_5546168.htm

② 资料来源：中央经济工作会议举行　习近平李克强作重要讲话，中华人民共和国中央人民政府［EB/OL］. 2021/12/10［2023/04/21］，http://www.gov.cn/xinwen/2021-12/10/content_5659796.htm

续表

相关文件与会议	内　容
2022年政府工作报告①	坚决遏制高耗能、高排放、低水平项目盲目发展。提升生态系统碳汇能力。推动能耗"双控"向碳排放总量和强度"双控"转变，完善减污降碳激励约束政策，发展绿色金融，加快形成绿色低碳生产生活方式

资料来源：兴业碳金融研究院

2.3.1　多层次碳市场：欧盟的经验

2.3.1.1　欧盟的多层次碳市场

欧盟是应对气候变化的先行者，在应对气候变化方面出台了《欧洲气候变化计划》《欧洲气候变化计划Ⅱ》《欧洲绿色协议》等碳减排政策体系。在2019年的《欧洲绿色新政》中，欧盟委员会提出到2050年欧洲要在全球范围内率先实现气候中和的目标，并在2021年6月的《欧洲气候法》中进一步提升了2030年和2050年气候目标法律约束性。

针对欧盟的减排目标，欧盟根据不同国别、不同行业、不同排放源等情况，分别对目标分解落实，主要采取了三种手段来帮助实现。

一是欧盟碳排放交易体系（ETS）。针对电力、能源密集型工业（钢铁、水泥、玻璃、石化等行业）、国际航空等排放较大的行业，建立欧盟碳排放权交易市场，设置碳排放总量，通过市场化手段减少碳排放。截至2020年底，欧盟碳市场覆盖的电力和工业设施排放量相比2005年下降了43%。

---

① 资料来源：政府工作报告——2022年3月5日在第十三届全国人民代表大会第五次会议上，中华人民共和国中央人民政府［EB/OL］. 2022/03/12［2023/04/21］, http://www.gov.cn/premier/2022-03/12/content_5678750.htm

表3-4　欧盟碳市场政策规划

项目	第一阶段 （2005—2007年）	第二阶段 （2008—2012年）	第三阶段 （2013—2020年）	第四阶段 （2021—2030年）
配额总量	20.58亿吨/年	18.59亿吨/年	在2013年20.84亿吨的基数上，每年按1.74%的速度现行递减	在2021年15.75亿吨的基数上，每年按2.2%的速度线性递减
配额分配方式	成员国提出各自碳排放量总量控制目标		欧盟根据市场情况统一制定碳配额分配方案	

资料来源：兴业碳金融研究院根据公开资料整理

二是《碳减排分担条例》（ESD）。尽管欧盟碳市场覆盖了欧盟40%的碳排放量，但是覆盖的行业和数量仍然不足。因此，ESD将碳市场以外的行业，如建筑、废物管理、农业、小型工业和运输等排放较分散的行业加以管理。各国可根据自身情况，如考虑减排目标、技术能力、经济水平等因素，设置适合自身的减排政策，以最终实现《碳减排分担条例》中为各国设置的减排责任。

三是《土地利用、土地利用变化和林业条例》（LULUCF）。2018年通过的《LULUCF条例》，对林业和土地部门提出了成员国2030年温室气体净吸收目标。

2.3.1.2　对我国的借鉴意义

基于上述介绍，欧盟的减排目标分解模式采用的是区域和行业分解相结合且不重复的方式，为重点行业的碳排放总量设定目标，并将其他剩余排放量分解到区域，这样做的优势在于区域、部门、行业各主体责任清晰，便于指标设置和管理。

我国在开展碳排放总量控制时也可以参考实施。根据全国碳市场相关披露信息，第一履约期内共纳入发电行业重点排放单位2162家，年度覆盖二氧化碳排放量约45亿吨，在全国碳排放总量中的占比超过40%。若后续将石化、钢铁、化工、建材、有色金属等八大行业进一步纳入，则未来全国碳市场将是一个包含控排企业8000余家，覆盖全国碳排放超过70%的大市场。按照"中央管大事、地方管小事"的原则，中央政府主要负责管理纳入全国碳市场的大企业，管住70%以上的碳排放，提高管理效率和效果；各级地方政府负责剩余不到的30%的碳排放，充分发挥各地自主性，多样化推进减排工作。

下文将依据行业＋区域的目标任务分解方式完成对国内碳排放总量控制的拆分，并据此设想构建国内多层次碳市场。

2.3.2　国内多层次碳市场构想

2.3.2.1　碳排放指标分类

通过前文所述行业＋区域的分解方式，我们可以将全国的碳排放总量分解为以下几种碳排放指标类型。

一是控排行业碳排放指标，即纳入全国碳市场行业企业所获得的碳排放指标。[①]目前全国碳市场仅纳入发电行业，因此该部分碳排放指标总量即为整个发电行业所获得的配额总量。未来随着更多控排行业的纳入，该部分碳排放指标总量将进一步扩大。需要特别注意的是，目前我国发电行业的配额是按照基准线法进行分配的，并没有设定总量上限，随着发电量的增多，碳排放指标总量也会上升，这意味着在我国碳排放达峰之后，这一方法可能需要进一步调整。具体可参考欧盟的办法，通过设置阶段性的排放总量目标，不断收紧配额发放，更大力地推进发电行业减碳。后续纳入行业也应考虑碳排放指标总量的限制。

二是特殊行业碳排放指标，即交通行业[②]的碳排放限额。考虑到交通行

---

① 说明：此处全国碳市场控排企业的碳排放指标即为企业获得的配额。

② 说明：目前主要以交通行业的情况比较突出，如航空业，未来不排除会将其他行业纳入该类范畴。

业的特殊性，由于其跨区域运行的特点，碳排放量很难归于某一地区具体管理，故单独进行碳排放指标设置和考核。此外，考虑到未来潜在的国际航空碳抵消及减排机制（CORSIA）和国际海运减排要求，使得航空业和海运业面临国际碳交易的特殊环境，这也是将其单独分类的原因之一。

三是地区碳排放指标，即各省、自治区、直辖市所能获得的碳排放限额量。国家按照一定标准给各地区分配的碳排放指标，各地区的碳排放指标不包括纳入全国碳市场控排行业和特殊行业的碳排放指标，只包含辖区内其他行业生产与居民生活产生的碳排放指标。未来随着全国碳市场纳入行业和企业的变化，各地碳排放指标总量也会随之波动。而地区碳排放指标又可以进一步细分为重点行业碳排放指标、非重点行业碳排放指标、居民生活指标和预留指标。具体如下。

> 重点行业碳排放指标，即地方非纳入全国碳市场的高排放企业所获得的碳排放限额。除了全国碳市场提及的八大行业，部分行业也存在能耗高、排放大的特点，如陶瓷、纺织、建筑、数据中心等，也是各地碳排放管控的主要对象。因此有必要对这些行业单独设置碳排放指标，为后续的地方碳市场奠定基础。

> 非重点行业碳排放指标，即非纳入全国碳市场、非地方重点行业企业所获得的碳排放限额。这类行业受限于经营规模和当地经营环境等因素影响，普遍存在排放量不大、排放分散、数据分散等特点，因此单独进行指标设置，为后续个性化的管理方式奠定基础。

> 居民生活指标，对于居民生活产生的碳排放所进行排放限额。

> 地区预留指标，该指标含义参考国家预留碳排放指标。

四是国家预留碳排放指标，考虑到我国仍处于发展阶段，同时近年来气候变化无常，随时可能出现极端气候。因此，为了确保我国能够平稳有序实现3060目标，有必要预留一部分碳排放指标作为应急保障。其使用的场景包括：①在出现极端气候时，如极寒酷热的情况时，部分企业为保障人民生活和生产安全而导致的额外大量能源消耗产生的碳排放，可以释放一定的预留指标，以缓解相关保障企业的减排压力；②国家开展重大项目建设运行时，可以使用一定预留指标，确保国家整体碳排放水平不会增加过多；③部分控排企业或地区出于发展考虑，其新增项目或生产活动导致碳排放量增大时，可以考虑购入使用一定的预留指标。预留指标设置的意义就在于，确保国家碳排放总量目标可以如期实现。

2.3.3　碳减排指标分类说明

基于碳排放总量控制，在保障碳排放总量的前提下，允许各市场参与主体通过减排降碳的行为，获取一定的碳减排指标（减排量），以获得一定额外的碳排放空间，可用于抵消超额排放，或通过出售获取额外收益。碳减排指标有三种获取方式：产能退出产生的碳减排指标、减排项目开发产生的碳减排指标和碳普惠机制下产生的碳减排指标。

2.3.3.1　产能退出产生的碳减排指标

参考《山东省人民政府办公厅关于印发山东省"两高"建设项目碳排放指标收储调剂管理办法（试行）的通知》（鲁政办字〔2022〕172号）[①]，碳减排指标的获取可包括产能转移、企业关停转产、淘汰落后产能、压减过剩产能、可再生能源替代等途径减少的碳排放量。

➢ 产能转移碳减排指标，产能搬离原行政区到另一行政区所产生的碳减排指标。碳减排指标由双方政府确定碳减排指标分配比例。

➢ 企业关停碳减排指标，企业关闭不再生产产生的碳减排指标。碳减排指标归属负责其碳排放指标发放的主管部门。

[①] 资料来源：山东省人民政府办公厅关于印发山东省"两高"建设项目碳排放指标收储调剂管理办法（试行）的通知，山东省人民政府［EB/OL］. 2023/01/03［2023/04/21］，http://www.shandong.gov.cn/art/2023/1/3/art_267492_42741.html

> 淘汰落后产能碳减排指标，企业淘汰落后生产工艺、生产设备等产生的碳减排指标。碳减排指标归属企业。

> 压减过剩产能碳减排指标，当地政府根据发展规划或相关工作要求，压减过剩产能获得的碳减排指标。碳减排指标按照一定比例分属企业和负责其碳排放指标发放的主管部门。

2.3.3.2 减排项目开发产生的碳减排指标

减排项目开发是目前最重要的碳减排指标获取手段。减排项目开发产生的碳指标可简单理解为减排项目依据国家或者地方减排方法学，按照一定工作流程，经过第三方核证后签发的减排量。最常见的就是国家CCER，也包括根据地方方法学开发的减排量，如福建的FFCER。

按照减排项目开发模式分类，可分为单一区域减排项目碳减排指标和跨区域减排项目碳减排指标。

①单一区域减排项目碳减排指标，减排项目产生的碳减排指标由项目业主和项目所在地辖区主管部门进行分享，不涉及多个地区主管部门。

②跨区域减排项目碳减排指标，碳减排项目由两地或多地政府合作开展，减排项目产生的碳减排指标可对相关参与方政府进行分享。

受能源资源禀赋影响，我国存在较明显的能源生产和能源消费分离的情况，可概括为"东部消费，西部生产"。东部地区经济较发达，能源消费高，减排潜力有限，减排成本较高；而西部地区可再生能源电力资源较丰富，且能源消费相比东部较少，有大量能源被输送到东部地区。长期以来，形成了"西电东送、西气东输"的能源流向格局。未来该趋势还会进一步加强，如到2025年，"西电东送"能力达到3.6亿千瓦以上。[①]

---

① 资料来源：国家能源局：推动区域能源协调发展，力争2025"西电东送"超3.6亿千瓦，光明网［EB/OL］. 2022/03/23［2023/04/21］，https://tech.gmw.cn/ny/2022–03–23/content_35607099.htm

由于西部地区具备较丰富的可再生能源资源、林业碳汇资源等，因此，加大对西部地区的减排资金投入和技术输入可以获得较大的边际效益。但在我国目前碳市场运行机制下，尚无跨区域的减排项目合作机制与合作动力，因此无法有效调动减排资金和技术向西部地区聚集。但是，未来在我国碳排放总量和地区碳排放总量控制要求下，以较低的成本投资于西部的减排项目获取碳减排指标可能会成为一种优先选择。类似于清洁发展机制（CDM）和联合履行机制（JI），双方政府开展项目级合作，由其中一方主要提供资金和技术支持，减排项目所实现的经核证的减排量可全部或按照一定比例归属于资金和技术的提供方。这种跨区域的减排项目开发与合作一方面可以为东部地区提供可观的碳减排指标，另一方面为西部带来大量资金和技术，支持了西部的发展。

2.3.3.3　碳普惠机制下产生的碳减排指标

尽管碳普惠机制下产生的碳减排指标也要遵从一定的减排方法学进行开发，但是该机制下减排项目规模很小，产生的碳减排指标具有分散、量小的特点。碳减排指标产生也可以分为两种，一种是基于小型项目产生的碳减排指标，另一种是由居民的低碳行为产生的碳减排指标。

> 基于小型项目产生的碳减排指标，根据碳普惠方法开发的小型减排项目产生的碳减排指标。碳减排指标归项目开发方所有。

> 居民的低碳行为产生的碳减排指标，根据碳普惠方法，基于居民个人低碳行为所获得的减排量。碳减排指标归个人所有。

2.3.4　碳减排指标互认

针对减排项目开发产生的碳减排指标，按照碳减排指标开发标准分类，可进一步细分为国家碳减排指标、地方碳减排指标和独立碳减排指标。

> 国家碳减排指标，按照国家主管部门发布的减排方法学开发所获得的碳减排指标，即CCER。该类碳减排指标遵从国家统一减排标准，

因此签发后可以在国内各碳市场主体间流通。

➢ 地方碳减排指标，按照地区主管部门发布的减排方法学开发所获得的碳减排指标，如福建FFCER。该类指标的开发具有较强的地方特色，所采用的减排方法学不一定会被其他地区政府所认可，因此在流通性上不如前者。

➢ 独立碳减排指标，按照目前国际上主流的独立减排方法学开发所获得的碳减排指标，如国际核证减排标准（VCS）、黄金标准（GS）等。该类型碳减排指标类似地方碳减排指标，需要得到国家或地区的认可，才能在认可区域具有较好的流通性。

尤其对于后两者来说，其所用标准能否得到更多碳市场参与方或主管部门的认可变得尤为重要，这既影响到碳减排指标的流通性和价值实现，也会影响跨区域减排项目的开展。在各减排方法学不相同的情况下，可参考CORSIA的方式开展减排机制之间互认的工作。在CORSIA机制下，ICAO理事会设立技术咨询机构（TAB）制定认定标准，满足CORSIA的排放单位合格标准（EUC）的可以用于航空业的碳排放抵消。

表3-5　EUC八项符合性准则

序号	内　　容
1	碳减排项目具备额外性
2	碳抵消信用基于真实可信的基准线计算得到
3	碳抵消信用须经过量化、监控、报告和验证
4	碳抵消信用拥有清晰透明的监管链
5	碳抵消信用的减少、避免或封存须是永久性的
6	碳减排机制应具备评估和减少碳泄漏的措施
7	碳抵消信用用于减排义务只能被计算一次（避免双重计算）
8	碳减排项目不应对环境社会产生损害

资料来源：兴业碳金融研究院根据公开资料整理

表 3-6　EUC 十一项设计要素

序号	内容	含　义
1	清晰的方法学、规程及其开发过程	减排机制应有良好的资格认定和定量计算的标准方法和工作流程，以及下一步发展完善和拓展的规划
2	排放范围的考虑	有关减排项目的定义、类型和与之对应的开发标准
3	抵消碳信用的签发和退出流程	减排机制应有以下明确的流程：（1）签发；（2）注销和取消；（3）折损；（4）使用期限以及是否可续期
4	识别和跟踪	减排机制应具备以下流程：（1）碳信用跟踪；（2）每个碳信用具备独立编号；（3）可靠的注册登记系统；（4）碳信用对应明确的持有人。减排机制还应规定：（1）明确是否与其他系统有连接；（2）是否符合其他国际数据交换以及何种方式交换
5	排放单位的法律性质和转让	减排机制应明确碳信用的所属权
6	方案监管	减排机制应有明确的审定与核证标准与流程，以及对执行审定与核证的第三方的认定标准与流程
7	项目控制	减排机制应有明确的主管单位以及管理办法
8	透明度和公众参与条款	减排机制应制定对应不同对象的信息披露方法，以及征求意见管理办法，披露所有量化方法
9	安全保障系统	减排机制应有环境和社会风险的应对办法和保障措施
10	可持续发展标准	减排机制应公布其所依据的可持续发展标准，例如，其如何有助于实现一个国家所声明的可持续发展优先事项，以及监测、报告和核查的任何规定
11	避免双重计算、签发及申领	减排机制应提供相关信息以说明它在国家和国际碳市场中是如何避免重复计算、签发和申领的

资料来源：兴业碳金融研究院根据公开资料整理

在基本框架基础上，通过设置更多细则，确定最终每种减排机制所能纳入的减排项目类型、项目时间、使用期限等具体指标。最终，通过一系列设定的评判标准，对于符合相关标准考核的减排机制和方法学所产生的碳减排指标，都可以进行互认。

根据国际民用航空组织（ICAO）2023 年 3 月的文件，目前共纳入 9 种减排机制。每种减排机制纳入的项目类型和减排量签发时间的要求均有所不同。

表3-7　CORSIA认可的减排机制

认可减排机制	减排量名称
美国碳注册登记（American Carbon Registry，ACR）	ACR Emission Reduction Tonnes (ERTs)
REDD+交易架构（Architecture for REDD+ Transaction，ART）	ART credits
中国核证自愿减排量（China GHG Voluntary Emission Reduction Program，CCER）	China Certified Emission Reductions (CCERs)
清洁发展机制（Clean Development Mechanism，CDM）	Certified Emissions Reductions (CERs)
美国气候行动储备方案（Climate Action Reserve，CAR）	Climate Reserve Tonnes (CRTs)
森林碳伙伴基金（Forest Carbon Partnership Facility，FCPF）	Emission Reduction (ERs)
全球碳理事会项目（Global Carbon Council，GCC）	Approved Carbon Credits (ACCs)
黄金标准（The Gold Standard，GS）	The Gold Standard verified emissions reductions (VERs)
国际核证减排标准（Verified Carbon Standard，VCS）	Verified Carbon Units (VCUs)

资料来源：兴业碳金融研究院根据公开资料整理

2.3.4　我国的多层次碳市场

基于上述各种碳排放指标和碳减排指标，对应不同应用场景和范围，我们可以分别建立不同层级的碳市场和管控机制，如全国碳市场、地方碳市场、碳普惠市场和非市场机制。考虑到碳市场参与方类型众多，因此下文描述中以主要受控排对象为主。

2.3.4.1　交易物为碳排放指标的交易市场

➢ 全国碳市场：全国碳市场纳入管控对象为全国重点行业企业，主要交易物为控排行业碳排放指标，交易方式按照全国碳市场交易规则开展，交易对手方以同属全国碳市场控排企业为主。此外，允许国家主管部门以无偿或有偿（拍卖等）方式向市场提供一定数量的碳排放指标，用以稳定市场价格，调节减排预期等。适时考虑纳入特殊行业碳排放指标。

➢ 地方碳市场：地方碳市场以纳入地方重点管控行业企业为主，交易物为地方重点控排行业的碳排放指标，交易方式按照各地碳市场交易规则开展，交易对手方以同属地方碳市场控排企业为主。同样，允许地方主管部门以无偿或有偿（拍卖等）方式向市场提供一定数量的碳排放指标。在机制和市场成熟时，考虑实现地方间碳市场的连接，可允许不同碳市场的主管部门间进行地方碳排放指标的交易（类似《京都议定书》下国际排放贸易机制 IET）。在条件成熟时，也允许隶属不同地方碳市场进行企业间地方碳排放指标交易。

表 3-8　碳排放指标交易市场元素

指标类型	细分类型	指标持有者	交易方式	交易对手	对应碳市场
控排行业碳排放指标	/	纳入全国碳市场企业	全国碳市场规定的交易方式	1.纳入碳市场交易对象 2.国家主管部门（拍卖）	全国碳市场
地区碳排放指标	重点行业碳排放指标	地方重点管控企业	存在地方碳市场的，按照地方碳市场规定的交易方式	1.纳入地方碳市场交易对象 2.辖区主管部门 3.其他地方碳市场交易对象（视情况）	地方碳市场
			地方无碳市场，但是有碳交易所的，可选择按照碳市场机制开展，或按照非重点行业形式开展	1.根据开展机制确定 2.辖区主管部门	地方碳市场（视情况）

续表

指标类型	细分类型	指标持有者	交易方式	交易对手	对应碳市场
			地方无碳市场且无碳交易所的，现阶段按照非重点行业形式开展	1.辖区主管部门	暂无碳市场机制
	非重点行业碳排放指标	地方非重点管控企业	暂不进行企业间交易；可依申请或竞购获得地区预留指标	1.辖区主管部门	暂无碳市场机制
	居民生活指标	地区主管部门、个人、供应商等	可依申请或竞购获得地区预留指标	1.辖区主管部门	暂无碳市场机制
	地区预留指标	地区主管部门	1.地区间碳交易 2.通过无偿或有偿方式从国家预留指标中获取	1.其他地区主管部门 2.国家主管部门	地方碳市场（地区间）
特殊行业碳排放指标	/	对应行业企业或机构	适时考虑加入全国碳市场；可依申请或竞购获得国家预留指标	1.国家主管部门 2.全国碳市场交易对象（视情况）	全国碳市场（视情况）
预留指标	/	国家主管部门	/	/	1.全国碳市场 2.地方碳市场

资料来源：兴业碳金融研究院

2.3.4.2 交易物为碳减排指标的交易市场

➢ 全国碳市场：全国碳市场可以进行国家碳减排指标交易，即CCER交易，适时考虑纳入更多类型碳减排指标；出于降低全国碳市场纳入控排企业的履约压力，允许控排企业使用一定比例的国家碳减排指标进行履约清缴抵消。

➢ 地方碳市场：地方碳市场可以使用国家碳减排指标和地方碳减排指标进行交易，适时纳入独立碳减排指标；允许纳入地方碳市场的控排企业使用一定比例的国家碳减排指标或地方碳减排指标进行履约清缴抵消。另外，允许地方主管部门间进行碳减排指标的交易，在进行地方碳减排指标交易时需要以碳减排指标互认为前提。

➤ 碳普惠市场：基于碳普惠机制下产生的碳减排指标可以在属地进行交易，暂不允许进行跨区域交易和使用。

表3-9　碳减排指标交易市场元素

指标类型	范围	细分类型	指标持有者	分配比例	使用方式	对应碳市场
产能退出指标	/	产能转移碳减排指标	地方主管部门	按双方约定方式分配	由主管部门确认	1.地方碳市场（地区间）
		企业关停碳减排指标	归属负责其碳排放指标发放的主管部门	/	由主管部门确认	
		淘汰落后产能碳减排指标	归属企业	/	企业自用	
		压减过剩产能碳减排指标	企业和负责其碳排放指标发放的主管部门	按照一定比例	1.企业自用 2.由主管部门确认	
减排项目产生指标	国家碳减排指标（CCER）	1.单一区域减排项目碳减排指标 2.跨区域减排项目碳减排指标	1.地方主管部门 2.减排项目开发方	减排项目开发参与方按约定比例分配	1.交易 2.抵消使用	各碳市场均可，非市场机制亦可
	地方碳减排指标				1.交易 2.抵消使用	1.地方碳市场 2.地方碳市场（地区间）
	独立碳减排指标				1.交易 2.抵消使用	1.全国碳市场、地方碳市场（视情况） 2.非市场机制

续表

指标类型	范围	细分类型	指标持有者	分配比例	使用方式	对应碳市场
基于碳普惠机制下产生的碳减排指标	/	基于小型项目产生的碳减排指标	减排项目开发方	/	1.交易 2.抵消使用	1.地方碳市场 2.非市场机制
		居民的低碳行为产生的碳减排指标	居民个人	/	1.交易 2.抵消使用 3.兑换权益	1.地方碳市场（视情况） 2.非市场机制（视情况）

资料来源：兴业碳金融研究院

2.3.4.3 非市场机制

针对非重点行业碳排放指标、特殊行业碳排放指标等，暂不考虑推进市场交易机制，以考核方式为主。在碳排放指标不足时，允许相关企业从主管部门以无偿或者有偿方式获取碳排放指标，或在市场上购入碳减排指标以完成碳排放总量控制要求。

3.碳核算标准体系逐步建立

3.1 碳排放核算标准体系建设工作逐步推进

3.1.1 加快加强碳排放核算体系建设

碳排放核算标准体系是我国碳市场健康稳定运行的基础，也是我国由能耗"双控"向碳排放"双控"的基础，是确保我国如期实现碳达峰碳中和的重要工作。在2023年，国家进一步出台相关政策文件，如《质量强国建设纲要》、《国家标准委等十一部门关于印发〈碳达峰碳中和标准体系建设指南〉的通知》（国标委联〔2023〕19号）、《市场监管总局办公厅关于加强计量数据管理和应用的指导意见》（市监计量发〔2023〕52号），要求加快加强碳排放核算体系建设。

地方层面，各地也积极制定了建立健全碳达峰碳中和标准计量体系实施方案等相关政策文件，推进碳达峰碳中和标准计量体系建设。其中，广东省发布了《广东省市场监督管理局关于印发广东省碳达峰碳中和标准体系规划与路线图（2023—2030年）的通知》（粤市监标准〔2023〕352号），编制了广东省碳达峰碳中和标准体系框架，将标准体系划分为基础与管理、碳减排与协同降碳、碳清除、市场化机制四个标准子体系，并提出了碳达峰碳中和标准制修订建议和标准化路线图，为广东碳达峰碳中和标准体系建设提供了规划指引与工作路径。

3.1.2　明确绿电碳排放核算方法

在用能企业开展碳排放核算工作中，其中重要一项是企业使用绿电对应的碳排放核算。但目前全国碳市场和地方试点碳市场在绿电对应的碳排放核算方面有不同的处理方式。

3.1.2.1　全国碳市场绿电碳排放核算方法

根据《关于做好2023—2025年部分重点行业企业温室气体排放报告与核查工作的通知》（环办气候函〔2023〕332号），全国碳市场要求各重点行业纳入企业在核算企业层级净购入电量或设施层级消耗电量对应的排放量时，只有直供重点行业企业使用且未并入市政电网、企业自发自用（包括并网不上网和余电上网的情况）的非化石能源电量，对应的排放量按0计算，而通过市场化交易购入使用非化石能源电力，对应的排放量暂按全国电网平均碳排放因子进行计算。

3.1.2.2　地方试点碳市场绿电碳排放核算（应用）方法

北京、上海、天津出台了相关政策，明确重点排放单位通过市场化手段购入的绿电，其碳排放核算为0。而湖北则是在配额分配方案中提出了绿电的使用方法，即对配额存在缺口的企业可以使用一定比例的绿电减排量抵消其年度碳排放量。

表3-10 多地绿电碳排放核算与使用要求

地区	文件	重要内容
北京	《北京市生态环境局关于做好2023年本市碳排放单位管理和碳排放权交易试点工作的通知》（京环发〔2023〕5号）	重点碳排放单位通过市场化手段购买使用的绿电碳排放量核算为零
上海	《上海市生态环境局关于调整本市碳交易企业外购电力中绿色电力碳排放核算方法的通知》（沪环气候〔2023〕89号）	通过北京电力交易中心绿色电力交易平台以省间交易方式购买并实际执行、结算的电量。外购绿电排放因子调整为0 t CO_2/万 kWh
天津	《市生态环境局关于做好天津市2022年度碳排放报告核查与履约等工作的通知》（津环气候〔2023〕25号）	各重点排放单位在核算净购入使用电量时，可申请扣除购入电网中绿色电力电量
湖北	《省生态环境厅关于印发〈湖北省2022年度碳排放权配额分配方案〉的通知》（鄂环函〔2023〕201号）	纳入企业可以使用由湖北电力交易中心、湖北碳排放权交易中心共同认证的绿色电力交易凭证对应减排量抵销实际碳排放。对于配额存在缺口的企业可进行绿电减排量抵销，抵销比例不超过该企业单位年度碳排放初始配额的10%，且抵销量不超出企业配额缺口量。绿电对应减排量用于履约抵销时仅限使用一次，减排量不可拆分使用，也不可结转到其他年度使用

资料来源：兴业碳金融研究院

从上面可以看出，现阶段全国碳市场和地方试点碳市场对于绿电的碳排放核算采用了不同的方法。全国碳市场考虑到可能存在绿电的"双重计算"问题，即绿电既降低了电网的平均碳排放因子，同时再计算一次又将进一步降低企业的碳排放，因此要求只有非并网的直供电和企业自发自用的非化石能源电量对应的排放按0计算。而地方试点碳市场为了鼓励企业多用绿电，促进绿电交易，降低企业碳排放水平，因此允许绿电对应的碳排放核算为0，或使用一定比例的绿电减排量来抵消排放量。

未来，在保障同属一个碳市场的重点排放单位公平的情况下，两种绿电的碳排放核算方法仍会并存一段时间。但是，随着我国碳排放核算标准体系的逐步完善，以及我国碳排放相关数据监测水平的进一步提高，我国各级碳市场未来在核算绿电对应的碳排放量标准上将逐步走向统一标准、协调一致。

3.2 产品碳足迹体系开始建立

完善的产品碳足迹管理体系是实现"双碳"目标的重要手段。通常，对于产品碳足迹的核算可以分为两类，即"从摇篮到坟墓"和"从摇篮到大门"。"从摇篮到坟墓"指的就是产品的全生命周期，而"从摇篮到大门"则指的是产品从最初的原材料获取到之后的成品出厂，不包括后续的产品使用和处理阶段。2023 年 11 月 22 日，国家发展改革委、工业和信息化部、市场监管总局、住房城乡建设部、交通运输部等五部门联合发布《关于加快建立产品碳足迹管理体系的意见》（发改环资〔2023〕1529号）（以下简称《产品碳足迹意见》）。该文件的发布预示着我国产品碳足迹领域相关的标准、方法学、数据库建设、场景应用、国际合作等工作将在未来迅速开展，进一步促进我国绿色低碳转型。

3.2.1 加快产品碳足迹核算标准和背景数据库建设

目前，国际主流计算产品碳足迹采用三大标准，包括国际标准化组织（ISO）制定的系列标准（包括 ISO 14040、ISO 14044 和 ISO 14067）、英国标准协会制定的《PAS 2050 产品和服务生命周期温室气体评估规范》，以及由世界资源研究所、世界可持续发展工商理事会和中国标准化研究院合作推出的《产品寿命周期核算与报告标准》。我国部分省市、行业或团体制定了相关的核算标准或技术规范，但是尚未建立国家统一的碳足迹核算标准，《产品碳足迹意见》明确提出到 2025 年，国家层面出台 50 个左右重点产品碳足迹核算规则和标准；到 2030 年，国家层面出台 200 个左右重点产品碳足迹核算规则和标准。下一步，建议我国在制定产品碳足迹核算标准的时候既要充分考虑国际产品碳足迹核算标准，针对一些通用的、应用良好的、且符合我国实际情况的产品碳足迹核算标准要充分消化吸收，转化为我国标准，直接为我所用；同时也要积极创新，通过各市场主体制定团标，建设有我国特色的产品碳足迹核算标准。

《产品碳足迹意见》另一项重点工作是加强碳足迹背景数据库建设。特别是近期部分欧美企业基于其商业数据库，形成了"数据霸权"，致使我国企业在国际竞争中面临很多不公和挑战。对此，我国需要加快碳足迹背景数据库建设。目前在国内，不同的机构也参与开发了不同的碳足迹数据库，如中国生命周期基础数据库（CLCD）、中科院生态环境研究中心开发的中国LCA数据库（CAS RCEES），北京工业大学开发的清单数据库，同济大学开发的中国汽车替代燃料生命周期数据库，宝钢开发的企业产品LCA数据库等。以《中国产品全生命周期温室气体排放系数集（2022）》为例，该数据库基于公开文献的收集、整理、分析、评估和再计算，包含了能源产品、工业产品、生活产品、交通服务、废弃物处理和碳汇，共计1081种产品碳足迹数据。

由于不同机构采用的核算方法、参数、数据来源等各不相同，导致同种产品在不同数据库中数据差异较大。这就需要加强不同数据库之间的衔接，为了避免后续应用的麻烦，需要各行业、各企业互相开展同行评议、交叉验证，以尽量避免同种产品不同的碳足迹数据情况出现。同时需要鼓励更多市场主体参与碳足迹背景数据库建设工作，提升中国产品碳足迹数据质量。

3.2.2 产品碳足迹广阔的应用场景

随着产品碳足迹管理体系的建立和完善，围绕产品碳足迹的应用场景将得到极大丰富，未来可以围绕产品碳足迹在以下方面展开相关业务。

一是开展节能降碳工作。产品碳足迹可以帮助企业全面了解产品在生产过程中各个环节产生的碳排放情况，通过对标积极发现并挖掘重点减排方向，探索高效的产品碳减排路径。

二是供应链绿色低碳转型。通过供应链核心企业建立产品碳足迹管理制度，带动供应链上下游企业积极开展绿色低碳转型工作，从而推动整个产业向绿色低碳方向发展。

三是开展绿色低碳消费。产品碳足迹向消费者传达了产品碳排放信息，设置产品碳标签，以此引导消费者绿色低碳消费。反过来又可以鼓励企业朝着低碳生产方向发展，推出更多的绿色低碳产品。

四是开展产品碳足迹考核。依据科学合理的产品碳足迹核算结果，相关政府部门可以指定以产品碳足迹为指标的考核制度，从产品的能耗指标考核向碳排放指标考核转变，落实能耗"双控"向碳排放"双控"的转变。

五是开展绿色金融产品创新。依据产品碳足迹相关数据，各类金融机构可以创新推出产品碳足迹挂钩的绿色金融产品。

六是丰富碳普惠应用场景。依托准确有效的产品碳足迹，可以进一步丰富碳普惠应用场景，有利于碳市场的发展，提升大众参与低碳生活的热情。

4. CCER重启，自愿减排市场迎来重大发展机遇

在经过多年努力筹备后，暂停多年的全国温室气体自愿减排交易机制（CCER）正式重启。

4.1　多项文件出台为CCER保驾护航

2023年10—12月，生态环境部、市场监管总局以及相关单位密集发布多项重要文件，包括顶层制度的《温室气体自愿减排交易管理办法（试行）》（生态环境部令　第31号），以及首批4个减排方法学、减排项目设计与实施指南、CCER注册登记、交易和结算规则，以及《温室气体自愿减排

项目审定与减排量核查实施规则》。多项文件的出台，明确了CCER各参与方的权责与限制，规范了各项工作的流程和要求，加强了市场监督管理和处罚，为我国CCER的稳定有序发展奠定了良好的制度基础。

表3–11　CCER重要制度文件

文件名称	主要内容
《温室气体自愿减排交易管理办法（试行）》（生态环境部令　第31号）	办法包含总则、项目审定与登记、减排量核查与登记、减排量交易、审定与核查机构管理、监督管理、罚则、附则共8章51条，明确了CCER申请流程、项目申请与核证要求、减排量交易方式、相关参与方及其工作职责等内容
《关于印发〈温室气体自愿减排项目方法学　造林碳汇（CCER-14-001-V01）〉等4项方法学的通知》（环办气候函〔2023〕343号）	通知共发布了4项方法学，包括《温室气体自愿减排项目方法学　造林碳汇（CCER-14-001-V01）》《温室气体自愿减排项目方法学　并网光热发电（CCER-01-001-V01）》《温室气体自愿减排项目方法学　并网海上风力发电（CCER-01-002-V01）》《温室气体自愿减排项目方法学　红树林营造（CCER-14-002-V01）》
《关于发布〈温室气体自愿减排注册登记规则（试行）〉的公告》（气候中心字〔2023〕11号）	规则包含总则、账户管理、登记、信息管理、监督管理和附则共6章22条，明确全国温室气体自愿减排注册登记机构工作职责、开立注册登记账户主体要求、配合司法机关和国家监察机关监督管理等内容
《关于发布〈温室气体自愿减排项目设计与实施指南〉的公告》（气候中心字〔2023〕12号）	指南规定了温室气体自愿减排项目设计与实施的术语和定义、基本原则和要求、设计与实施流程及相关要求，规范了温室气体自愿减排项目设计与实施，明确了项目设计与实施流程、项目设计与实施要求等，并提供了温室气体自愿减排项目设计文件模板等
《关于发布〈温室气体自愿减排交易和结算规则（试行）〉的公告》（绿交文〔2023〕76号）	规则包括总则、交易、结算、信息管理、风险管理、交易行为监督、争议处理、附则共8章56条，明确了具体的交易方式、交易要求、结算步骤、风险管理等内容
《温室气体自愿减排项目审定与减排量核查实施规则》（2023年第55号）	规定了审定与核查机构在开展全国温室气体自愿减排项目审定与减排量核查工作的依据、基本程序和通用要求，规范未来第三方机构工作开展

资料来源：兴业碳金融研究院

需要特别说明的是，本次已公布的4个减排方法学相较于之前公布的方法学，在内容上有较多更新，其突出特点表现在描述更加清晰、明确、详细，特别是增加了"项目审定与核查要点"这一章节。该部分包含了项目适用条件、项目边界、项目监测计划、参数、项目减排量核算等内容的审定与核查要点，为审定与核查机构开展相关工作指明了重点，有助于审定与核查机构提升核查工作效率和质量，统一审定与核查机构工作规范，避免不同审定与核查机构对技术文件理解不统一、尺度掌握不统一等问题。

4.2　多家机构踊跃参与CCER交易

2024年1月22日，CCER完成重启后的第一个交易日市场总成交量37.53万吨，总成交额2383.52万元，平均每吨价格约63.5元。当日，包括中国石化、中国海油、国家电投、国家能源集团、中国中化、中国建材、北京国资公司、京能集团、金隅集团、中航信托、中金公司、国泰君安证券、中信证券、华泰证券、河南环能中心、岳阳林纸、北京和碳、摩科瑞、复厚碳投等多家机构参与了首日交易[①]。交易参与主体类型众多，包括能源企业、金融机构、碳资产公司等。

未来，随着CCER市场进一步发展完善，将有更多机构以及个人参与交易中。

4.3　CCER市场短期规模预测

现阶段CCER已公布了4个减排方法学，比较重要且具有较大开发规模的是造林碳汇、并网光热发电和并网海上风力发电三个减排项目类型。

4.3.1　造林碳汇

本次最新发布的《温室气体自愿减排项目方法学　造林碳汇（CCER-14-

---

① 资料来源：CCER市场启动首日成交均价63.5元/吨二氧化碳当量，东方财富网，2024/01/24
　　［2023/3/19］，https://finance.eastmoney.com/a/202401242971466656.html

001–V01）》，整合了造林碳汇和竹子造林碳汇项目方法学，同时将灌木林纳入，并且允许符合相关条件的防护林、特种用途林、用材林等造林项目申请开发为CCER。单从森林类型来看，具备一定经济收入的用材林，以及之前未考虑的灌木林，都具备了开发成为CCER的资格，潜在适用开发林地项目增多，但最终开发情况还需要结合林业项目实际情况确定。根据相关预测，当前符合要求的造林碳汇项目预计年减排量约为2400万tCO$_2$e，2025年约为2600万tCO$_2$e[①]。按照CCER交易价格50元/吨估算，则2025年造林碳汇年交易总额约13亿元。

4.3.2　并网光热发电

在本次公布的方法学中率先将并网光热发电项目纳入，原因是因为光热发电兼具绿色发电、储能和调峰电源等多重功能，是新能源安全可靠替代传统化石能源的有效手段。也由于并网光热发电项目目前存在一次投资过大、发电成本相对较高的问题，需要将并网光热项目开发为自愿减排项目，改善项目收益，促进光热技术的应用。

以青海省某50MW光热发电项目为例，年发电小时数2500小时，年上网电量约125000MWh，年减排量约8万吨[②]。CCER按50元/吨估算，每年可为光热项目增加收益约400万元。假设"十四五"期间我国新增光热发电机组300万千瓦[③]，则未来相关项目的年减排量约480万吨，可增加收益约2.4亿元。因此未来光热发电项目开发为CCER有着较大的发展空间。

---

①　资料来源：造林碳汇方法学10个关键问题解读，北极星碳管家网［EB/OL］，2023/11/09［2023/3/19］，https://news.bjx.com.cn/html/20231109/1342354.shtml

②　CCER助力光热发电产业规模化发展——专家解读并网光热发电温室气体自愿减排项目方法学，北极星碳管家网［EB/OL］.2023/11/13［2023/3/19］，https://news.bjx.com.cn/html/20231113/1342932.shtml

③　说明：《国家能源局综合司关于推动光热发电规模化发展有关事项的通知》（国能综通新能〔2023〕28号）提出，力争"十四五"期间，全国光热发电每年新增开工规模达到300万千瓦左右。

4.3.3 并网海上风力发电

本次发布的另一个能源领域的减排方法学将并网海上风力发电项目纳入，也是因为其具有显著的温室气体减排效果和低碳示范效应，对推动实现碳达峰碳中和目标具有积极作用。类似于并网光热发电项目，并网海上风力发电项目也需要通过自愿减排机制的激励，改善项目经济指标，促进相关技术发展。

截至2022年底，我国海上风电累计装机已超3000万千瓦。[①] 假设现有装机中有1/10的机组满足方法学的适用条件，按照年发电小时数3000小时估算，则相关项目可实现年减排量约476万吨。CCER按50元/吨估算，每年可增加收益约2.38亿元。《"十四五"可再生能源发展规划》（发改能源〔2021〕1445号）提出，"积极推动近海海上风电规模化发展"。因此，未来并网海上风力发电开发为CCER项目具有较大的发展潜力和空间。

4.3.4 后续减排方法学出台展望

根据表3–12可知，共有16个温室气体自愿减排领域，因此未来还有更多领域的减排方法学等待出台。短期来看，可以期待碳汇类减排方法学，如森林经营碳汇方法学；甲烷减排类方法学，如"矿口逸散甲烷的回收利用""规模化养殖牲畜粪便能源化处理"等。从长期来看，《国家能源局关于组织开展生物柴油推广应用试点示范的通知》（国能发科技〔2023〕80号）提出，"积极推进建立生物柴油碳减排方法学，推动将生物柴油纳入国家核证自愿减排量（CCER）机制"。因此未来有望出台生物柴油碳减排方法学。

---

① 资料来源：我国海上风电累计装机连续两年位居全球首位，中华人民共和国中央人民政府 ［EB/OL］. 2023/08/10［2023/3/19］, https://www.gov.cn/yaowen/liebiao/202308/content_6897588.htm

表3-12　　温室气体自愿减排项目所属行业领域

序号	行业	包含活动（示例）
1	能源工业（可再生/不可再生能源）	利用可再生能源生产电力、热力或燃气，或在能源生产活动中采取能效提升、低碳电力、燃料/原料转换等减排技术和措施
2	能源分配	在电力、热力、燃气等能源输配活动中采取可再生能源利用、能效提升、燃料/原料转换等减排技术和措施
3	能源需求	在能源需求侧采取可再生能源利用、能效提升、燃料/原料转换等需求侧响应技术和管理措施避免或减少温室气体排放
4	制造业	在制造业生产过程中（化学工业、金属生产除外）采取可再生能源利用、能效提升、燃料/原料转换、销毁温室气体、替代强效温室气体、避免温室气体排放等减排技术和措施
5	化工行业	在化学工业生产过程中采取可再生能源利用、能效提升、燃料/原料转换、销毁温室气体、替代强效温室气体、避免温室气体排放等减排技术和措施
6	建筑业	在建筑业生产过程中采取可再生能源利用、能效提升、燃料/原料转换、销毁温室气体、替代强效温室气体、避免温室气体排放等减排技术和措施
7	交通运输业	在交通运输活动中采取可再生能源利用、能效提升、燃料/原料转换、替代强效温室气体等减排技术和措施
8	采矿/矿物生产	在采矿和矿物生产过程中采取可再生能源利用、能效提升、燃料/原料转换、销毁温室气体等减排技术和措施（不包括避免、减少、销毁或回收利用煤炭、石油、天然气等燃料生产与输送过程中逸散的甲烷等温室气体）
9	金属生产	在金属生产活动中采取可再生能源利用、能效提升、燃料/原料转换、避免温室气体等减排技术和措施
10	燃料（固体、石油和天然气）的逸散性排放	避免、减少、销毁或回收利用燃料（煤炭、石油、天然气等）生产与输送过程中逸散的甲烷等温室气体
11	卤烃、六氟化硫的生产与使用过程中的逸散性排放	避免、减少、销毁或回收利用卤烃、六氟化硫生产与使用过程中产生的温室气体

续表

序号	行业	包含活动（示例）
12	溶剂使用	避免、减少、销毁或回收利用化石燃料、HFCs、PFCs等作为溶剂使用过程中产生的温室气体
13	废物处理处置	避免、减少、销毁或回收利用固体废弃物、工业废水、生活废水处理处置过程中产生的甲烷、氧化亚氮等温室气体
14	林业和其他碳汇类型	通过造林再造林，改善森林经营管理，避免森林转化，保护恢复草地、湿地、红树林等技术措施增加林业或其他生态系统的碳储量
15	农业	通过可持续农业、改进牲畜养殖或动物粪便管理方式等技术措施，避免、减少、销毁或回收利用动物养殖、水稻生产、农田氮肥施用、农业残留物焚烧等过程中的甲烷或氧化亚氮排放
16	碳捕集、利用和/或封存	二氧化碳的捕集、利用和/或封存

资料来源：《温室气体自愿减排项目设计与实施指南》

五、地方绿色金融发展

1.我国绿色金融改革试验区发展综述

发展绿色金融，是推动经济社会可持续发展、助力"双碳"目标实现的重要方式。为了更好发挥各地绿色经济的主观能动性，2017年，国务院决定在浙江省衢州市、湖州市，江西省赣江新区，广东省广州市花都区，贵州省贵安新区，新疆维吾尔自治区昌吉州、哈密市、克拉玛依市五省八地建设绿色金融改革创新试验区。2019年11月、2022年8月又分别将甘肃省兰州市和重庆市纳入绿色金融改革创新试验区。试点地区在制定绿色金融标准、完善金融机构环境信息披露、强化政策激励约束、创新绿色金融

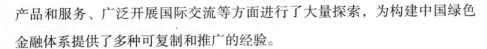

产品和服务、广泛开展国际交流等方面进行了大量探索，为构建中国绿色金融体系提供了多种可复制和推广的经验。

1.1　突出规范引领，推进绿色金融标准体系建设

绿色金融标准体系是促进绿色金融规范、有序发展的重要工具。试验区先行先试绿色金融国家标准和行业标准，已结合地方实际发布超过40项绿色金融地方性标准。从试点对外公开的地方绿色标准来看，多数基于绿色资产评价评估体系，围绕绿色企业及项目设立规范，从而使得绿色项目和绿色企业更容易识别，大幅缩短了绿色项目和绿色金融支持的匹配时间，其中浙江湖州市标准数量居前。此外部分地区也出台了具备地方特色的标准，如衢州开化县属国家重点生态功能区，立足现有基础发布了《银行机构生物多样性风险管理标准》，该标准也是目前国内首个出台的绿色金融支持生物多样性保护地方标准。重庆依托两江新区年产近百万台的成熟汽车产业体系，探索发展汽车绿色供应链金融，并出台了《重庆市绿色金融服务绿色汽车供应链指南（试行）》，这些地方性标准的配套也是对绿色金融国家标准和行业标准的有益补充。

表3-13　试验区绿色金融标准统计

省份	标准名称
浙江	湖州市《湖州市绿色企业认定评价方法》
	湖州市《湖州市绿色项目认定评价方法》
	湖州市《区域绿色金融发展指数评价规范》
	湖州市《绿色融资项目评价规范》
	湖州市《绿色融资企业评价规范》
	湖州市《绿色建筑项目贷款管理规范》
	湖州市《绿色小额贷款公司建设与评价规范》
	湖州市《绿色农业贷款实施规范》
	湖州市《绿色普惠贷款实施要求》

省份	标准名称
	湖州市《绿色银行评价规范》
	湖州市《银行业金融机构企业融资主体ESG评价与信贷流程管理应用指南》
	湖州市南浔镇《美丽乡村建设绿色贷款实施规范》
	衢州市《绿色企业评价规范》
	衢州市《绿色项目评价规范》
	衢州市《银行机构生物多样性风险管理标准》
广东	广州市《广州市黄埔区、广州开发区绿色项目认定管理办法（试行）》
	广州市《广州市黄埔区、开发区绿色企业认定管理办法》
	广州市花都区《广东省广州市绿色金融改革创新试验区绿色企业认定管理办法（试行）》
	广州市花都区《广东省广州市绿色金融改革创新试验区绿色项目认定管理办法（试行）》
江西	赣江新区《赣江新区绿色企业认定评价办法》
	赣江新区《赣江新区绿色项目认定评价办法》
	赣江新区《赣江新区企业环境信息披露指引》
	赣江新区《绿色金融标准体系》
新疆	昌吉州《昌吉州绿色企业认定办法（试行）》
	昌吉州《昌吉州绿色项目认定办法（试行）》
	昌吉州《昌吉州绿色金融发展专项资金使用管理办法（试行）》
贵州	《贵州省绿色金融项目标准及评估办法（试行）》
	《贵州省绿色金融重点支持产业指导性标准（试行）》
	《贵州省绿色金融支持的重大绿色项目评估办法（试行）》
甘肃	兰州新区《兰州新区绿色项目认证及评级办法（试行）》
	兰州新区《兰州新区绿色企业认证及评级办法（试行）》
重庆	《重庆市林业碳汇预期收益权抵（质）押贷款业务指南（试行）》
	《重庆市排污权抵（质）押融资业务指南（试行）》
	《重庆市绿色金融服务绿色汽车供应链指南（试行）》

资料来源：兴业碳金融研究院基于公开数据整理（不完全统计）

1.2　金融机构监管和信息披露日益强化

环境信息披露在绿色金融体系建设中发挥着至关重要的作用，是有效降低绿色金融供需双方环境信息不对称、降低"洗绿"等风险的重要机制。自试验区确立日起，各地区依照分层次、分步骤的原则开展银行业金融机构环境信息披露，目前试验区内已有200余家金融机构试编制环境信息披露报告，主要内容包括环境风险的识别、评估、管理、控制流程等。[①]各地环境信息披露基本情况略有不同，如贵州省118家金融机构均对环境信息进行披露，浙江省湖州市36家银行陆续发布环境信息披露报告，江西所有法人金融机构均发布了环境信息披露报告，广东组织粤港澳大湾区内8市13家法人银行机构进行金融机构环境信息披露集中公开展示。从披露主体看，区域内的大型国有、股份制银行在绿色金融实践中表现相对较好，部分地方银行机构也积极响应，并逐步探索环境信息量化指标测算，如部分融资的碳排放核算。此外试点内四家金融机构（江西银行、九江银行、中航信托、湖州银行）还主动参与了中英金融机构环境信息披露试点。而地区大多保险、基金、信托类金融机构仍在探索合适的披露形式。

表3-14　试验区部分地方金融机构环境信息量化指标测算实践

序号	金融机构	做　　　法
1	湖州银行	将环境，社会和治理（ESG）评级引入企业类信贷客户违约率测算模型，将评级结果深度运用到信贷全生命周期管理中
2	衢州柯城农商银行	采用第三方披露的方式，结合衢州碳账户建设的特点，利用碳账户数据，重点披露银行相关产品，流程，制度创新情况和有贷款的贴标企业碳足迹

---

① 资料来源：绿色金融再加速：碳减排贷款累计超4000亿，2023年转型金融接力—银行频道，和讯网，2022/12/8［2024/1/21］，https://bank.hexun.com/2022-12-08/207382861.html

续表

序号	金融机构	做　　法
3	昆仑银行	披露自身经营活动节能减排情况，测算投融资活动碳减排环境效益。将相关指标和第三方机构核算的中小企业碳足迹运用于绿色普惠和转型金融业务
4	广州银行	对18个行业对公信贷客户的碳排放量进行核算
5	贵州银行	在环境信息披露报告中设置赤道银行专题，强化了经营活动碳足迹管理，从总行和分行两个层面报告温室气体排放总量等碳足迹指标
6	九江银行	通过贷前、贷中、贷后管理制度的约束，将环境、社会及治理（ESG）议题纳入运营管理全生命周期，测算经营投资对环境的影响，定期公布碳足迹
7	重庆银行	从项目及非项目两个维度进行测算，通过收集企业的主营业务收入、温室气体排放、资源消耗等数据，利用"长江绿融通"的碳核算功能测算出投融资活动的碳排放及碳减排量并披露

资料来源：兴业碳金融研究院整理

1.3　绿色金融激励约束机制逐步完善

绿色金融的发展离不开完善的激励机制。近些年，绿色金融改革创新试验区因地制宜，依据自身经济发展情况，探索出了多种绿色金融激励措施，有效地推动了绿色金融相关实践。总体来看，地方推动绿色金融的激励机制主要从金融机构与企业两侧发力。

针对金融机构，试验区主要通过风险分担、再贴现、补贴、创新奖励等措施，引导金融资源向新区绿色产业、绿色项目集聚，鼓励和支持绿色金融改革创新。如赣江新区、贵安新区等从金融机构入驻、财税奖励、鼓励创新、人才引入、绿色企业上市、信贷补贴等多方面进行资金奖励，全方位推动绿色金融发展。广东、新疆等多地相继探索绿色票据再贴现业务。同时，对银行发放的绿色信贷，按照贷款余额的5%设立风险补偿资金池，帮助银行对冲绿色信用贷款风险。衢州启动"绿色金融资金风险池"项目，构建政府与市场机制良性互动的绿色金融债权风险分担机制，首期资金池规模为1500万元，可覆盖绿色项目贷款3.38亿元。

针对企业主体，激励机制更侧重降低企业成本与带动企业创绿活力。目前，浙江、广东、甘肃等地都已出台针对中小企业的绿色金融支持政策，通过一次性奖励、贷款利息补贴等方式激励企业的绿色金融行为，如广东对企业发行绿色债券及资产证券化产品最高奖励200万元，对绿色企业从新三板精选层转板上市奖励550万元，湖州每年新增1亿元财政绿色专项贴息资金，对绿色项目新增贷款给予贴息。

1.4 绿色金融产品不断创新

试验区在绿色金融产品创新方面积极实践探索，形成了以绿色信贷及绿色债券为主，绿色基金、绿色保险等多种产品并举的绿色金融产品体系。

绿色信贷起步最早、规模最大，是试验区产品创新的主战场，多是基于传统金融或地区特点进行的差异化绿色创新，如围绕利率定价推出的可持续发展挂钩贷款、碳减排挂钩贷款，围绕绿色消费推出的新能源汽车消费贷、绿色建筑按揭贷款等，围绕贷款风险缓释方式推出碳排放权、林业碳汇、环境权益抵质押贷款等，以及围绕贷款用途与还款来源创新推出的各类贷款产品。以湖州为例，为了支持符合基于生态系统生产总值（GEP）核算的生物多样性友好型项目，德清农商银行推出"生多保护GEP绿色贷"，助力企业绿色转型发展，该产品的推出为全国首创生态价值核算挂钩生物多样性保护新模式，为金融支持生物多样性提供了新路径。[①]

绿色债券种类较为丰富。试验区内发行的绿色债券种类包括绿色资产支持证券、绿色资产支持票据、绿色金融债券、绿色公司债券、中期票据

---

① 资料来源：新民晚报，全国首创"生多保护GEP绿色贷"，浙江德清发放绿色贷款500多亿元. 2023/08/25［2024/1/25］，https://new.qq.com/rain/a/20230825A06R4600.html

等，募集资金主要投向市政、新能源汽车、清洁能源、基础设施建设、绿色建筑、环保产业等领域。如广州一家净水公司发行了粤港澳大湾区首单绿色债、气候债双达标债券，发行利率低至2.95%，创当时大湾区近三年同级别绿色中期票据利率新低，激励更多社会资本投入污水处理行业。赣江新区于上交所发行了全国首单绿色市政债，项目通过"入廊运营收入＋广告收入＋政府补贴"模式予以整体收益动态平衡，发行额3亿元，债券期限长达30年，票面利率4.11%。[①]

绿色保险产品逐渐增多，且其运用领域不断扩大。试验区内保险机构持续优化和丰富绿色保险产品，为能源转型、减污降碳、生态环境保护等重点领域提供保险解决方案。其中环境污染责任保险是发展时间最长、覆盖面最广、接受度最高的险种之一，各试验区均已开展相应试点。此外农业气象指数保险是另一种具有显著区域特色、应用较为广泛的绿色险种，以气象指数为基础，当气象指数触发理赔阈值时，投保户就能得到相应的经济补偿，如江西的柑橘"气象＋价格"收益综合保险、贵州山地茶叶气象指数保险等。

1.5　绿色金融国际交流合作

试验区积极深化绿色金融国际交流与合作，推动国际先进经验、国际金融资源在中国的运用，为试验区绿色金融发展注入新的动能，同时也将绿色金融的中国成就带向国际舞台。

试验区内金融机构积极加入国际组织、采纳国际可持续发展倡议。湖州市成为中英金融机构环境信息披露唯一试点城市，衢州开化农商行加入全球生物多样性金融伙伴关系（PBF），江西九江银行与国际金融公司（IFC）

---

① 资料来源：江西省人民政府，赣江新区推进绿色金融改革创新培育绿色发展新动能，2022/02/16［2024/1/21］，http://www.jiangxi.gov.cn/art/2022/2/16/art_12816_3848957.html?xxgkhide=1

开展转型金融项目合作，加入碳核算金融联盟（PCAF），广州、深圳、香港、澳门有关团体成立粤港澳大湾区绿色金融联盟，推动粤港澳大湾区绿色金融市场互联互通。

推动国际绿色资本"引进来"和我国企业"走出去"。江西、贵州、湖州、新疆等地积极承接国际金融组织和外国政府发放的国际贷款，并用于长江流域生态环境保护修复和绿色发展、地方绿色农业和乡村振兴、城市间绿色交通、生物多样性保护和可持续生态系统建设等相关领域的建设。衢州—绿色企业获3亿美元定期海外绿色银团贷款，进一步融入全球资本市场。广州主动参与国际金融市场，当地企业如广州地铁集团、广州开发区控股集团等已在新加坡、中国香港和中国澳门等国家与地区成功发行境外绿色债券11.4亿美元。①

地区加强中外对话，宣传和输出绿色金融。重庆积极参与20国集团（G20）可持续金融工作组相关工作，江西举办多届世界绿色发展投资贸易博览会，推动多笔绿色投资落地。湖州、衢州、广州等试验区多次于国际会议中分享绿色金融发展经验及改革成就，且湖州多个绿色金融创新案例被收录于保尔森基金会。

1.6 绿色金融能力建设效果显著

2017年，我国推出绿色金融改革创新试验区，并为其设定了五年目标以先行先试，第一批试验区设立至今已满五年。整体而言，绿色金融改革创新试验区通过建立"政府引导，市场主导"的绿色金融改革创新模式，持续增强地方绿色金融能力建设，推动效果显著。根据中国人民银行研究局课题组调研结果，2018年至2021年，试验区绿色信贷年均增长21.03%，高

---

① 资料来源：国泰君安，国泰君安国际2021年绿债发行业务破新高，规模超700亿港元，2022/01/21［2024/1/24］，https://www.gtja.com/content/events/media/green-bond-220121.html

于试验区全部贷款平均增幅5.59个百分点。截至2022年9月末，试验区绿色贷款占全部贷款的比重为12.58%，超过全国绿色贷款占全部贷款比重的平均水平2.93个百分点。[①]

表3-15　第一批国家绿色金融改革试验区五年绿色信贷发展

名称	2022年末绿色信贷余额（亿元）	距2017年末增幅（%）	占地区各项贷款比重（%）
浙江湖州市	3098.2	387%	26.90%
浙江衢州市	906.03	289%	21.79%
广东广州市	7913.95	240%	11.48%
江西省	5433	315%	10.29%
贵州省	5633.9	335%	14.20%
新疆昌吉州	279.63	218%	15.06%
新疆哈密市	262.75	17.80%	34.30%
新疆克拉玛依市	55.3	65%	5.6%（仅含人民币不含外币）

资料来源：基于各地政府工作报告、地方人行金融发布会等公开信息整理

各地绿色贷款规模差异较大，东部沿海地区优于中西部地区。各试验区由于自身的资源禀赋、产业结构、经济发展水平不同，绿色金融进展差异较大。东部沿海地区方面，经济和金融生态基础较好，绿色需求与绿色金融供给能力较为突出，浙江及广东两省的试验区五年间绿色信贷增幅均超2倍，且绿色信贷占各类贷款比重较高，其中湖州绿色金融发展最为活跃，与2017年末绿色信贷余额相比已接近4倍。中西部地区方面，属经济后发地区，但自然资源禀赋相对突出，近几年在探索关于"绿色+生态"理念的融合方面卓有成效，逐步摸索出激活生态资源向资产转化的路径。江

[①] 资料来源：中国金融学会绿色金融专业委员会，《中国金融》专题：绿色金融区域改革五周年，2023/3/24［2024/2/4］，http://www.greenfinance.org.cn/displaynews.php?id=4008

西赣江新区和贵州贵阳新区为主的两大试验区2022年末绿色信贷余额均超5000亿元，且五年间绿色信贷增幅均超3倍，其中贵州相对发展较快，且绿色信贷占地区各类贷款比重为14.2%，超过9大试验区平均水平。新疆三大试验区相对其他试验区发展较慢，主要由于产业基础相对薄弱，其中昌吉州发展领先三区，绿色信贷增幅超2倍，哈密市虽增长幅度相对趋缓，但绿色信贷占各类贷款比重较高，为34.3%。新晋绿改试验区方面，兰州新区位于"一带一路"倡议、黄河国家战略、东西部协作等重大战略所在地，近些年在绿色金融与产业发展有效融合下，绿色贷款从2020年一季度末的80亿元增加至2023年末的240.12亿元，4年增长超3倍，且占各项贷款余额的比重从14.33%增加至35%，绿色金融发展动力十足。而重庆作为全国首个全域开展绿色金融改革创新试验的省级经济体，绿色金融改革创新势头良好，资源配置优化等"三大功能"有效发挥。截至2023年末，重庆市绿色贷款余额超过6800亿元，同比增长31%，是2019年初的3.9倍，高于试验区年均增长水平。

2. 重点绿色金融改革试验区实践经验

2.1 浙江湖州市

浙江湖州是全国首个提出绿色金融试点设想的城市，也是全国首个向国务院申报绿色金融改革试点的城市。作为"两山"理念的发源地，湖州市以一系列富有地方特色的绿色金融改革创新和持续的绿色金融发展体系建设，率先走出了一条绿色金融助推经济发展和生态文明建设的高质量发展之路。

2.1.1 政策及技术规范引导绿色金融资源合理配置

2017年，湖州出台试验区首个绿色金融标准建设规划，之后先后参与研制国家标准6项，发布省级和地方标准18项，发布了如银行信贷碳排放计量、绿色融资主体认定等绿色金融地方性规范14项，为在全国推动实施银行可操作、企业得实惠的绿色金融标准积累了宝贵经验。此外湖州市首创"法治化原则"绿色金融保障，制定全国地级市首部《绿色金融促进条例》，将碳减排与碳金融、ESG评价等纳入地方立法体系，该条例已自2022年1月1日起正式施行。

2.1.2 提升环境信息披露的强制性和规范性

湖州市自2018年开始探索开展银行业金融机构环境信息披露工作，2019年，在全国率先发布《湖州市金融机构环境信息披露三年规划（2019—2021）》，明确了环境信息披露原则、形式和渠道，并从银行类型、模块设置、披露指标等方面制定环境信息披露框架。此外建立"年度报告、强制披露"制度，成为全国首个全域银行业机构开展环境信息披露的城市，也是中英金融机构环境信息披露唯一试点城市。环境信息披露创新采用"分层执行、因行施策"方式，明确前期已开展环境压力测试、能力相对较强的银行机构采用"全口径披露"方案，资产规模在100亿元以上的银行机构采用"无压力测试"方案，资产规模在100亿元以下的全国性银行在湖分支机构采用"无投融资"方案，资产规模在100亿元以下的地方法人机构采用"无碳足迹"方案，能力相对较弱的村镇银行采用"定性披露"方案。同时，率先在域内大型保险机构开展保险行业环境信息披露试点。

2.1.3 构建绿色金融激励约束体系

采用多种绿色贷款贴息机制。2020年，湖州出台了《湖州市重大项目专项贷款和财政绿色专项贴息资金实施办法》，每年新增1亿元财政绿色专项贴息资金，对绿色项目新增贷款给予贴息。为引导金融资源向绿色产业和绿色经济倾斜，湖州也出台了全国首个地方性绿色融资主体认定评价方法体系，从环境气候影响、地方可持续发展导向等四个维度24项指标，构建了评价模型，对绿色融资主体进行认定评价，划分"深绿""中绿""浅绿"三个等级，分别给予基准利率12%、9%、6%的贷款贴息。

多部门协同、省市联动的绿色金融风险补偿机制。对银行发放的绿色信用贷款，按照贷款余额的5%设立风险补偿资金池，最高可帮助银行对冲绿色信用贷款5%的不良率。为强化财政和货币政策协同，每年安排10亿元财政专项资金，将绿色信贷业绩纳入MPA考核，实施绿色银行监管评价，有效激发金融机构内生动力。此外为健全金融债权纠纷多元化解机制，优化绿色营商环境，湖州出台全国首个《服务保障绿色金融改革司法意见》，设立全国首家绿色金融纠纷调解中心，实现绿色金融从改革创新、纠纷调解到司法保障的工作闭环。

2.1.4　不断丰富绿色金融产品和市场体系

2023年，在湖27家银行分支机构中，18家成为总行级绿色金融试点示范行，且贷存比均超过100%。全市绿色贷款余额占比达到31.3%，居全省第1位[①]。目前绿色金融"湖州首创"经验已达到66项，小微企业ESG评价标准入选全国标准化试点项目，2023年又推出"绿色小微快贷""以竹代塑"绿色贷等10余项创新案例。

表3-16　2023年度湖州绿色金融创新案例

金融机构	案例名称
工商银行湖州分行	融资主体公正转型评估办法及应用
中国银行湖州市分行	国内首笔纯中资ESG挂钩银团贷款
建设银行湖州分行	创新转型金融工具助推产业低碳发展
交通银行湖州分行	ESG评价体系建设与应用
兴业银行湖州分行	"碳减排挂钩"贷款助力"双碳"目标

---

① 资料来源：湖州金融办，市金融办向两会报告|引金融活水　润发展沃土，2024/1/31
　　［2024/1/31］，https://mp.weixin.qq.com/s/3YUfL19-_LI98QOg9pSEeQ

续表

金融机构	案例名称
湖州银行	信贷资产碳核算系统
湖州银行/湖州市正策融资担保有限公司	绿色小微快贷：以绿色促发展、以普惠谋共富
安吉农商银行	绿色普惠金融支持"以竹代塑"引领绿色生活新风尚
安吉农商银行	生态修复贷：化生态"疤痕"为绿色"聚宝盆"
长兴农商银行	转型金融创新实践—纺织转型贷
德清农商银行	GEP挂钩生物多样性保护金融产品创新
南浔农商银行	绿色金融支持木业转型升级的创新探索
人保财险湖州市分公司/平安产险湖州中支	ESG保险助力企业可持续发展
湖州南太湖融资租赁有限公司	"绿融租"融资租赁支持纺织产业绿色化改造

资料来源：湖州绿金发展中心

　　绿色信贷方面，湖州通过不断加大绿色信贷的投入比例以及相关的产品服务的开发和创新，打造更为全面、更多层次、更多维度的绿色信贷体系。以湖州银行为例，湖州银行是湖州市内资产规模最大、营业网点最多的地方银行，经过多年探索与深耕，湖州银行将"绿色"作为业务重点和发展底色。根据其2021年环境信息披露报告，湖州银行在绿色信贷业务已经涵盖137个绿色项目，主要涉及共同富裕体系、低碳交通体系、低碳工业体系、低碳能源体系、绿色建筑体系等五个体系。绿色债券方面，湖州运用全国首个自然资源资产负债表编制成果，支持符合条件的企业发行以绿色发展为主题的企业债、公司债，鼓励地方法人银行发行绿色金融债，而域内金融机构也积极参与绿色债券的发行和承销。截止到2023年一季度，湖州金融机构和企业发行贴标绿色债券59单、金额394.1亿元[①]。

[①]　资料来源：浙江省地方金融监管局，湖州：绿色金融基础日渐扎实，2023/8/25［2024/1/31］，http://sjrb.zj.gov.cn/art/2023/8/25/art_1229619789_58714579.html

除此之外，湖州银行还创新发行了国内首个"ESG"主题小型微型企业贷款专项金融债券，债券发行规模20亿元，其中不超过3亿元的募集资金专项用于向经发行人ESG评价模型评估，ESG分数在60以上的小型微型企业发放贷款。

绿色保险方面，湖州不断深化绿色保险创新，且对投保环境污染责任保险、ESG保险的企业，最高给予50%的保费补助，极大带动了当地保险企业的创新积极性。目前全市8个重点行业、349家环境高风险企业实现环境责任保险100%覆盖，湖州当地保险公司也积极开发符合ESG标准的保险产品和服务。随着ESG投资的不断增加，越来越多的客户开始关注企业的ESG表现，2023年中国人民财产保险股份有限公司湖州市分公司、中国平安财产保险股份有限公司湖州中心支公司分别针对两家纺织企业开出首张ESG保险保单，这也是在全国率先落地的首批ESG保险项目。[①]

此外，湖州也积极探索转型金融地方实践，促进绿色金融与转型金融有序有效衔接。试验区先行先试、因地制宜地探索转型金融框架体系，湖州市出台《深化建设绿色金融改革创新试验区探索构建低碳转型金融体系的实施意见》，制定出台首个区域转型金融支持目录，明确转型金融重点支持的九大行业、三十个细分领域。目前湖州在化纤行业率先推进转型试点，指导行业内企业对照指引文件制订转型方案、规划转型路径、设置转型目标，首批转型金融支持企业均明确提出到2025年、2030年的低碳转型目标和碳中和愿景，预计到2025年末，名单内企业平均碳强度较2020年末化纤行业平均碳强度水平下降39.8%。[②]

---

① 资料来源：湖州市人民政府金融工作办公室，湖州率先开展ESG保险创新探索，2023/05/22［2024/1/31］，http://jrw.huzhou.gov.cn/art/2023/5/22/art_1229209949_58919894.html

② 资料来源：新浪财经，湖州转型金融改革先行先试|转型金融支持目录，2023/07/18［2024/1/31］，https://finance.sina.com.cn/jjxw/2023-07-18/doc-imzcaqvx8123898.shtml

2.1.5　主动开展绿色金融对外交流与合作

加入国际倡议或原则，争取国际金融机构支持。安吉农商银行成为浙江省首家签署联合国《负责任银行原则》的法人银行，湖州银行成为境内第三家赤道银行和联合国环境规划署金融倡议会员。湖州佐力小贷建成湖州市首家绿色小贷，并得到全球气候伙伴基金（GCPF）、德意志复兴银行全资子公司（DEG）等具有国际影响力投资机构的资金支持，佐力也在专业机构的技术支持下建立了环境和社会管理体系（ESMS），深化ESG管理实践[①]。

积极宣传和输出绿色金融的"浙江经验"。湖州在2018年香港绿色金融论坛、2019年库布其国际沙漠论坛、2021年低碳城市国际论坛、中英绿色金融工作组会议等国际会议上分享绿色金融经验和做法。美国保尔森基金会将湖州绿金改革多项成果收录在库，认为绿色金融"湖州案例"不仅可以在中国国内推广，也可输出到其他国家，尤其是新兴市场。此外湖州转型金融经验做法写入G20可持续金融工作组成果报告，并作为中国两个典型案例之一向国外推广。

2.1.6　数字化赋能绿色金融改革

针对绿色融资主体难以识别、银企信息不对称、外部性无法内部化、环境气候风险难以跟踪等痛点难点问题，2017年以来，湖州聚焦绿色金融改革创新试验区打造"绿贷通""绿融通""绿信通"等一批具有湖州辨识度的数字化应用，后经过多轮迭代升级，2022年湖州推出"数智绿金"应用平台。该应用集合了"识别绿""服务绿""支持绿""跟踪绿"等四大子场景，并分别聚焦绿色低碳智能画像、融资需求智能感知、金融政策精准直达、金融风险智能预警等四大方向，形成了绿色金融全生命周期服务模式，目前已累计帮助3.5万家企业获得银行授信4326亿元。

[①]　资料来源：中国金融，中国金融年度品牌案例大赛：往届优秀案例展–佐力科创小额贷款股份有限公司转型绿色小贷，致力可持续发展社会责任案例，2022/08/17［2024/1/17］，http://news.sohu.com/a/577559487_481887

表3-17　湖州市"数智绿金"体系

场景	具体内容
"识别绿"——绿色低碳智能画像	应用ESG评价模型，从环境、社会、公司治理三个维度，围绕减污降碳、亩均效益、研发强度等43个指标，贯通19个部门应用，对企业进行绿色画像，同时连通市级"碳账户"综合支撑平台，归集企业电、热、气、煤、油等用能数据，运用国家发展改革委等部门制定的32个行业碳核算方法和29类能耗碳排折算法，针对不同企业精准实行差别化碳核算方法，实现碳排放在线智能核算，有力解决碳核算过程中核算成本高、企业负担重、覆盖面不广等问题。让绿色成为企业的"无形资产"，成为获得银行贷款的"通行证"
"服务绿"——融资需求智能感知	湖州变革传统的银企对接模式，依托金融数据底座，开发20多个模型算法，从销售收入、能耗水平、员工数量等维度，精准感知企业的潜在融资需求。根据企业不同融资需求，将企业分为首贷户、续贷户、增贷户等类型，并通过线上派单方式，点对点推送至距离最近的银行网点。银行客户经理可在线查看企业基本情况、融资需求等信息，与企业对接洽商后为企业提供合适的金融服务。系统派单后，动态监测银行响应速度、签约进度和服务结果，若银行一定工作日内仍未受理，系统将及时提醒督办，银行平均响应时间从2.7天降为1.4天，确保企业融资需求得到及时有效满足
"支持绿"——金融政策精准直达	归集梳理市和区县33项绿色金融惠企政策，按最小颗粒度拆解，细化政策补助的申报条件要求、程序及兑现条款介绍等要素，确保企业"找得到、看得懂"。企业可在线查看相关政策，根据自身实际在线申请政策支持，并实时跟踪查看政策兑现进展。系统连通市级政策"一键兑"平台，建立市区两级金融办、财政局政策线上联审机制，简化政策审批和兑付流程，实现政策审核、兑付全流程"不见面"进行，政策兑付时间缩减50%以上。应用上线以来，为2557家企业发放财政政策补助1.06亿元，为4308家企业提供让利优惠2.3亿元
"跟踪绿"——金融风险智能预警	围绕环境气候影响、环境处罚、排污资质等11项重点指标，智能监测企业经营过程中环境污染、司法诉讼等动态信息，智能甄别企业环境风险预警信号。同时，构建经营风险预警模型，围绕工商变更、司法诉讼、行政处罚、公司治理等7个维度，智能监测企业经营风险。综合环境风险监测和经营风险监测结果，对企业风险预警信号、风险性质自动甄别并划分高、中、低等三类风险等级，并实时推送给银行，帮助银行及时采取应对措施。应用上线以来，累计向银行推送预警信息379次

资料来源：湖州市发改委

2.2 重庆市

重庆是最新一批纳入的绿色金融改革创新试验区，也是全国首个省级全域覆盖的试点。作为长江上游的重要生态屏障，重庆绿色生态资源相当丰富，此外区内经济体量大，产业结构综合性强，具有很强的绿金改革示范意义。根据重庆绿改试验区建设方案，其主要目标是：经过5年左右努力，在重庆市基本建立组织多元、产品丰富、政策有力、市场运行安全高效的绿色金融体系。目前重庆已进行了一系列有益探索。

2.2.1 标准体系建设持续推进，信息披露日益强化

重庆建立了健全的标准储备机制，通过成立自律性组织"重庆市金融学会绿色金融专业委员会"和绿色金融数字化创新实验室，持续开展绿色金融标准研制和试点，目前已牵头和参与4项全国绿色金融标准研制，并出台《重庆市林业碳汇预期收益权抵（质）押贷款业务指南（试行）》《重庆市转型金融支持项目目录（2023年版）》等12项地方标准。此外重庆依托自律性组织，倡导金融机构从绿色金融发展计划、绿色贷款投向、贷款产生的碳减排量等角度，进行环境信息披露。连续3年，重庆全辖70余家银行业金融机构已陆续开展环境信息披露，其中30家机构2021年新增绿色项目贷款平均碳减排48.98万吨。

2.2.2 绿色金融激励约束机制逐步完善

重庆通过货币政策差别引导，推出"绿易贷"再贷款和"绿票通"再贴现专项支持工具，推动碳减排支持工具和支持煤炭清洁高效利用专项再贷款快速对接落地，并将转型金融纳入再贷款和再贴现支持范围。并且，针对碳减排贷款给予最高2%的财政补贴，19个区县也相继出台财政贴息或风险补偿政策。此外重庆也按季对金融机构和区县政府绿色金融开展评价。

2.2.3 绿色金融产品和市场体系不断丰富

重庆积极创新绿色金融产品体系，实现了绿色专营机构增多、绿色信

贷产品扩面、绿色债券增量、绿色保险提"色"。绿色机构及信贷产品方面，重庆市各类绿色金融专营部门、分支机构等绿色金融组织达29家，其中建设银行总行在渝设立全国第三家"绿色金融试点行"，重庆农村商业银行和重庆银行采纳"赤道原则"，重庆三峡银行采纳"负责任银行原则"。全市近70家金融机构已推出林权抵押贷、排污权抵押贷、知识产权质押贷、新能源汽车补贴贷、取水权预质押贷、废旧电器回收贷、碳配额理财等330余款绿色金融产品，落地全国首单碳配额理财融资业务。绿色债券方面，重庆农村商业银行发行符合中欧共同分类标准的绿色金融债20亿元，重庆三峡银行成功发行2笔合计50亿元绿色金融债，募集资金主要投向清洁交通、清洁能源、生态保护和适应气候变化等绿色项目，也发行了银行间市场首单清洁交通碳中和债。绿色保险方面，创新推进了森林碳汇保险、可再生能源项目保险、环保技术装备保险、轨道交通运营险等试点。截至2023年末，重庆绿色贷款余额超过6800亿元，同比增长31%，是2019年初的3.9倍。绿色贷款余额较年初增长逾1600亿元，同比多增逾400亿元，占各项贷款比重超12%，同比提升1.7个百分点。2023年，新增绿色贷款占新增各项贷款的32%。

在支持传统行业绿色转型方面，重庆积极构建绿色金融和转型金融的"双支柱"体系。重庆市将符合重庆实际的煤电、钢铁、化工、有色、农林、建材6个高碳行业纳入转型金融支持范围，相关部门单位也建立了转型金融支持项目库和统计监测数字化平台，通过"长江绿融通"绿色金融大数据综合服务系统持续向金融机构推送优质转型金融支持项目。重庆市万州区、长寿区更是出台了全国首项船舶运输、有机化学等合计7个行业的转型金融标准，并成功落地7笔合计超4.2亿元的转型减碳贷。

2.2.4 绿色金融国际交流合作陆续开展

重庆绿改试验区建设方案提出，重庆将围绕"一带一路"、陆海新通道等布局，着力强化国际互通，支持绿色金融标准趋同与绿色金融产品跨境流动，并加深中新、中欧间交流合作，鼓励多边国际金融机构入驻。基于此，重庆打造中新金融峰会绿色金融分论坛等高端学术交流平台，吸收国内其他绿色试验区和国际绿色金融发展的先进经验，此外也积极推动中新绿色金融工作组第一次会议在渝召开。

2.2.5 绿色金融数字化水平全面提升

重庆将数字化作为绿色金融改革的典型标识，2022年6月，重庆市金融学会发布了《绿色金融数字化平台建设指南》，此外人行也自主开发、持续迭代"长江绿融通"绿色金融大数据综合服务系统。目前，该系统已覆盖辖区90余家金融机构，累计采集上线1600余个绿色项目信息，金融支持超1200亿元。此外非银机构方面，中国再保险集团推进台风、地震、洪水、地质灾害等巨灾模型，在渝构建了"金融＋科技＋服务"的现代化灾害风险治理生态样板。

表3-18 长江绿融通五大功能

功能	主要内容
绿色数据颗粒化统计和逐笔归集	绿色贷款、绿色债券、绿色金融租赁、绿色票据等绿色金融全量全要素明细数据按月采集使用
绿色项目智能识别和环境效益智能测算	根据中欧《可持续金融共同分类目录》等4套标准，实现绿色项目智能识别、环境效益测算和碳核算智能计算
绿色项目全流程融资跟踪对接和监测评估	产业部门、区县政府持续按设定标准向系统推送绿色项目，经人工智能识别后形成各类绿色低碳项目库，搭建起政银企常态化绿色项目融资对接和监测通报机制
政策信息管理助力货币政策工具精准投放	系统可实时统计监测符合"碳减排支持工具""绿易贷""绿票通"条件的项目贷款信息
多元数据交互助力绿色金融信息全面共享和集成创新	实现跨区域、跨部门和跨机构安全链接，共享分层次、分类别的绿金政策库、案例库、机构库、产品库、信用信息库等信息

资料来源：中国人民银行重庆市分行

3. 相关启示

合作至上，加快试验区绿色金融创新改革的步伐仍需多方面支撑。以湖州为例，湖州的成功经验离不开实体产业与金融机构的集思广益，更离不开各级政府及监管机构的政策规范引导，也与其充分链接省内外甚至是国内外的资源息息相关，三方共同合作助力湖州绿色金融的发展，促成了一个特色化的绿色金融生态。此外数字化与绿色金融的融合也起了决定性作用，不但解决了绿色融资主体识别、银企信息不对称等痛点，提高了金融服务的效率和便利性，也进一步提升了政企间金融风险防范和管理能力。

需求导向，金融机构业务探索需紧跟变化。目前国内绿色信贷和绿色债券仍是主要产品，而绿色基金、绿色保险、碳金融产品等方面与发达国家相比存在较大差距，也未能满足我国实际社会需求的多样性。商业银行要结合"双碳"目标、美丽中国等国家相关要求，以绿色信贷和绿色债券为基点，以产品和服务创新为切入点，拓宽现有的绿色产品体系和研发领域，加快对绿色产业和绿色技术的转型升级，扩大绿色资金投向的覆盖面。非银金融机构也应积极参与绿色发展，加强与商业银行的战略协同，弥补商业银行绿色融资规模与企业绿色资金的缺口，稳步提升和优化绿色信贷结构。

六、转型金融

1. 国际转型金融框架进展

1.1 多方发布转型金融指南

为了在推动实现净零目标过程中支持经济社会的有序转型，各方均意识到了转型金融的重要作用，包括欧盟、东盟、经济合作与发展组织（OECD）、净零银行联盟等在内的地区或国际组织陆续发布了针对转型金融的建议或指南，为不同市场主体提供指引。

1.1.1 欧盟转型金融建议

2023年6月，欧盟委员会发布了一份转型金融建议，分别为需要进行转型融资的企业和愿意提供转型融资的金融中介机构和投资者提出了建议指引。

针对企业，欧盟重点围绕三个方面提出具体建议：确定企业转型融资需求（包括计划资本支出、相关运营支出等）、设定企业科学的转型目标、制定企业转型计划。同时，该建议鼓励企业使用欧盟可持续金融相关基准和方法（如欧盟气候基准、欧盟分类法）来确定融资需求或融资目标。此外，该建议鼓励企业使用可持续金融产品来筹集资金，包括但不限于绿色或其他可持续贷款、绿色或其他可持续发展债券、股权融资和专项贷款。

针对金融机构和投资者，欧盟建议金融机构或投资者可在贷款或投资策略中披露转型融资目标，并参考企业提供的信息确定转型目标；可参考企业转型计划、企业报告、股票的披露和招股说明书等，采用欧盟气候基准、欧盟分类法等确定符合资格的企业和项目；与融资企业开展合作；为具有重大转型融资需求的企业或项目提供针对转型融资解决方案；评估和管理转型风险和物理风险等。

表3-19 欧盟转型金融建议

对象	具体建议
企业	1.确定转型融资需求：建议通过评估可持续影响、风险和机遇确定融资需求，并可将融资需求划分为计划资本支出、相关运营支出、相关当前或目标收入等
	2.设定科学转型目标：建议使用公开的转型情景来确定转型目标
	3.欧盟气候基准：建议将该方法作为确定转型融资需求和转型目标的一种补充性方法，也可使用该方法避免新投资成为潜在的搁浅资产等

对象	具体建议
	4.欧盟分类法：建议使用该方法确定转型融资需求、规划企业投资活动、设定转型经济活动的阶段性目标和转型目标等
	5.制定转型计划：建议使用欧盟提供的模板制定企业层面或活动层面的转型计划，并阐明转型目标、阶段性目标、转型活动、融资需求等
	6.可持续金融产品：鼓励企业使用可持续金融产品来筹集资金，包括但不限于绿色或其他可持续贷款、绿色或其他可持续发展债券、股权融资和专项贷款
金融机构和投资者	1.设定转型融资目标：金融机构或投资者可在贷款或投资策略中披露转型融资目标，并参考企业提供的信息确定转型目标
	2.确定符合转型标准的投资企业和项目：可参考企业转型计划、企业报告、债券、股票的披露和招股说明书等，采用欧盟气候基准、欧盟分类法等确定符合资格的企业和项目
	3.与融资企业开展合作：鼓励与需转型融资企业开展合作，但应知晓企业气候风险的应对策略、投贷期限、转型路径是否与投资策略相一致等问题
	4.为具有重大转型融资需求的企业或项目提供针对转型融资解决方案
	5.鼓励金融机构和投资者评估和管理转型风险和物理风险

资料来源：欧盟委员会，兴业碳金融研究院

1.1.2　东盟转型金融指南

2023年10月17日，东盟发布了转型金融指南。该指南重点针对"制定气候目标"和"证明转型能力"两个因素为企业提供具体的方法指导，以促进转型投融资、加快转型步伐。

针对"制定气候目标"，该指南从现状评估、转型路径、转型目标和实施策略提出具体要求：现状评估方面，企业必须对其业务活动产生的范围1、2、3排放进行核算；转型路径方面，企业应以《巴黎协定》目标为基准，科学制定地区层面或行业层面的降碳路径；转型目标方面，应设定具体的、有时限的排放总量目标和排放强度目标，并应与自身转型路径保持一致。

针对"证明转型能力"，该指南分别从实施策略、披露、独立核查和公正转型角度提出建议：实施策略方面，该指南建议企业说明短、中、长期行动方案，并制定详细的资本分配计划，评估可能面临的气候风险及拟采取的缓释策略，持续追踪转型进度并适时调整策略，建立监督和实施转型的组织架构和机制；披露方面，该指南建议企业至少每年披露一次转型成效、目标和进展情况，并应与现有气候相关披露标准保持一致；独立核查方面，该指南鼓励企业就其转型计划的可行性和可信度进行第三方核查；公正转型方面，该指南建议企业说明并评估转型过程中可能产生的不利影响和社会因素。

表3-20　东盟转型金融指南主要建议

因素	主要建议
制定气候目标	现状评估：必须核算业务活动产生的温室气体排放量，包括范围1、2、3
	转型路径：以《巴黎协定》目标为基准，参考公开的转型情景（如NGF、IPCC等），利用科学的模型，确定特定地区或行业的转型路径
	转型目标：制定与转型路径一致的排放总量目标和排放强度目标
证明转型能力	实施策略： – 行动计划：实现转型目标的短、中、长期行动路线图； – 资本分配计划：转型所需资金（如资本支出、运营支出、研发支出等）及来源； – 气候风险和交割风险的评估及其缓释策略； – 持续监测：应根据转型目标持续追踪并相应调整策略； – 治理：制定监督和实施转型的组织架构和机制
	披露：至少每年披露一次转型的绩效、目标和进展情况，且应与现有的气候相关披露标准（如IFRS S1和S2）保持一致
	独立核查：鼓励个体就其转型可信度寻求第三方核查
	公正转型：应评估和说明对转型过程可能产生的不利环境影响和社会因素

资料来源：东盟，兴业碳金融研究院

1.1.3　经济合作与发展组织（OECD）转型金融指南

2022年10月3日，OECD公布转型金融指南，重点针对企业如何制定一份具有可信度的气候转型计划提出具体建议。

与其他转型金融指南相比，OECD转型金融指南的特点主要有：（1）考虑除气候影响之外的可持续性影响，如其他环境目标（保护生物多样性、限制污染等）、社会影响（性别平等、保障就业等），以提高转型计划的可信度；（2）将企业转型计划与其他可持续金融工具、无重大损害（DNSH）原则、RBC框架相整合，以避免转型对其经济活动、供应链的不利影响；（3）支持公正转型，确保企业转型计划能充分兼顾广大利益相关者（员工、供应商等）的立场等。

表3-21　OECD转型金融指南十大要素

要素与建议
要素1：设定温度、净零和中期目标：注意保持与《巴黎协定》温升目标的一致性，并且确立目标的基本假设、方法以及与全球温升目标的关系应给予详细说明
要素2：使用部门路径、技术路线图和分类法：可设定特定部门的转型路径；明确转型支出（运营、资本、研发支出等）所支持的技术；技术的选择可基于可持续、绿色或转型分类标准和分类系统
要素3：通过KPI等绩效指标评估转型进展：指标应覆盖生命周期、子公司的排放量和排放强度等，包括范围1、2、3排放。需明确指标的定义、具体要求、适用范围和构建方法等。注意范围3排放纳入指标的适时性与合理性，要照顾无法获得或无能力核算范围3排放的中小微企业
要素4：应说明碳信用和碳抵消的用途
要素5：制定具体行动和实施方案，包括防止碳密集型锁定：应列出为实现既定目标的具体行动、所需资金、价值链脱碳战略、防止碳排放锁定的具体措施等
要素6：通过不造成重大损害（DNSH）原则和RBC尽职调查来解决转型目标以外的其他可持续性目标的不利影响
要素7：支持公正转型：具有可信度的转型计划还应考虑企业的社会责任影响，如人力资源方面
要素8：与财务计划整合，保持内部协调一致：具有可信度的转型计划应纳入公司业务计划之中，可直接参考公司的财务计划，并与财务报告同时进行

续表

要素与建议
要素9：健全治理和问责制：应明确定期监测和报告目标进展情况的流程和责任，并定期修订于更新。转型计划应受董事会和高级管理层的批准和监督
要素10：透明度和验证、标签和认证：公司应承诺定期向内外部利益相关者披露目标和转型进展情况，并寻求第三方进行核证，并鼓励相关利益方与专家合作，改进第三方提供的现有核证框架等

资料来源：兴业碳金融研究院

1.1.4　净零银行联盟转型金融指南

2022年10月，净零银行联盟（NZBA）发布其转型金融指南，旨在为联盟成员和更广泛的银行业针对如何推动客户和自身的转型提供指导。

对于如何推动银行客户转型，NZBA转型金融指南重点围绕两个原则提出建议。原则一是"推动客户应制定具有积极、可信、可行的转型计划"，原则二是"转型融资必须切实推进客户净零排放"。针对原则一，该指南建议银行必须要求其客户明确转型目标和实施策略；与客户商定设定一或多个KPI，并定期监测其转型进展情况；鼓励客户在可行的情况下，每年在其年度报告或可持续发展报告中公开披露其转型计划；规定客户建立稳健的治理和问责机制。针对原则二，该指南建议银行在使用具有特定用途的金融工具和一般公司用途金融工具时，均应进行严格的尽职调查，以核实其减排潜力并知悉其转型资金的具体用途。在使用一般公司用途融资工具时，该指南还鼓励银行将融资条件与预先确定的KPI表现挂钩，以推动客户净零转型进程。

此外，NZBA转型金融指南也鼓励银行制定自身的转型金融框架，以推动银行业务活动的净零转型。该指南建议银行转型框架可涵盖以下方面：转型金融管理框架（包括转型目标），产品范围，风险管理框架，尽职调查程序，转型金融产品，披露政策，符合条件的业务活动、技术或内部分类法等。

表 3-22　NZBA 转型金融指南建议

原则	具体建议
原则一：客户应制定具有积极、可信、可行的转型计划	明确转型目标和实施策略：主要涵盖排放量及估算方法、减排驱动力（技术和对上下游价值链的依赖）、相关风险及资源配置（资金计划）等方面
	监测转型进展的与净零指标一致的 KPI：建议银行要求客户设定一个或多个 KPI 来监测净零排放进展情况。在此基础上，银行应通过 KPI 进行定期监测，至少在贷款期内每年监测一次。此外，KPI 的确定应是银行与客户共同商定的，指南鼓励联盟银行使用 ISSB 提供的 KPI 或其他既有指标
	全面而透明的信息披露：银行应鼓励客户在可行的情况下，每年在其年度报告或可持续发展报告中公开披露其转型计划
	明确的治理机制和问责程序：银行应规定客户实施稳健的治理机制，以监督和管理其转型计划，包括董事会监督、管理层监督等
原则二：转型融资必须切实推进客户净零排放	限定募集资金用途的金融工具：指南针对具有特定用途（新技术、解决方案等，包括相关的研发支出和资本支出）的融资是否归类为转型融资给出建议，鼓励银行在对其融资前，应进行严格的尽职调查，以核实减排潜力
	一般公司用途金融工具：指南针对一般公司用途金融工具是否归类为转型融资给出建议，鼓励银行对客户的转型计划进行更严格尽职调查，并建议银行向客户了解其转型资金的具体用途。此外，鼓励银行考虑将融资条件与预先确定的 KPI 表现挂钩，以激励客户按计划推进其转型进程

资料来源：NZBA，兴业碳金融研究院

1.2　国际转型金融标准持续更新

国际资本市场协会（ICMA）发布的《气候转型金融手册》、气候债券倡议组织（CBI）发布的《为可信的转型融资白皮书》，以及欧盟发布的《欧盟分类法》（EU Taxonomy）是国际上最早也是最广为认可的三个转型金融标准，自首次发布以来，三项标准均在持续更新。

ICMA 在 2020 年 12 月发布了第一版《气候转型金融手册》（CTFH），主要针对主体（发行人）提出了转型融资标准，属于原则类标准。2023 年 6 月，ICMA 更新发布了《2023 年气候转型金融手册》（CTFH 2023），总体框架与第一版标准保持一致，包括对气候转型融资的四个关键要素：发行人气候转型战略和公司治理、业务模式中考虑环境要素的重要性、气候转型战略和目标应以科学为基础、执行情况有关信息的透明度。相较于第一版标准，主要更新体现在两个方面：一是建议使用相关行业团体、监管机构和科学界制定的气候相关规则与框架，如ICMA建议发行人在制定气候转型战略时符合现有的最前沿的方法论，为此，ICMA发布了一份方法论体系，涵盖了一系列专门帮助发行人验证其减排轨迹是"基于科学的"工具；二是对每一个关键要素提出了更具体的信息披露指标要求，如要素1发行人气候转型战略和公司治理方面，ICMA建议披露指标包括温室气体减排主要手段的具体细项，如详细的资本支出计划和相关技术影响（如支出金额、实施此类资本支出计划考虑的碳成本、运营影响、监管考虑等）。

CBI在2020年与瑞士信贷共同发布了《为可信的转型融资白皮书》，同时明确了实体和经济活动都应满足的5项转型原则，包括符合1.5度温控目标的碳排放轨迹、以科学为基础设定减排目标、不计入碳抵消、技术可行性优于经济竞争性、刻不容缓的行动而非旷日累时的承诺等。自2020年该原则性指引发布以来，CBI也在持续更新完善转型金融标准体系。一是作为白皮书的补充，于2022年9月发布了《转型金融助力企业低碳转型》，为评估公司的转型和可持续发展挂钩债券提供了一套框架工具，包括了可信的公司转型的五个标志，避免企业转型融资时的"漂绿"行为。二是制定具体行业的转型金融目录和技术要求，CBI已于2022年发布了水泥、基础化学品和钢铁行业的相关标准，目前已开始制定农业食品行业转型的相关标准，其中，农业标准（农作物生产和畜牧业生产）和零毁林和零土地转化采购（DCF Sourcing）标准将率先制定。

欧盟委员会于2020年6月正式公布了《欧盟分类法条例》（EU Taxonomy），制定了一套在欧盟范围内的统一标准，用以确定一项经济活动是否具有环境可持续性。EU Taxonomy确定了六项环境目标：减缓气候变化、适应气候变化、水和海洋资源的可持续利用和保护、向循环经济转变、污染防治、生物多样性和生态系统的保护与恢复。欧盟通过出台分类法授权法案明确每一项环境目标的技术筛选标准，这些技术筛选标准一方面纳入了转型类经济活动，另一方面也在与时俱进进行更新。2021年，欧盟发布《欧盟分类法气候授权法案》，率先明确了减缓气候变化和适应气候变化两项环境目标的标准，针对每项环境目标，均列出了符合目标的经济活动清单（目录）以及每项活动需满足的技术筛选标准。2022年，欧盟发布《补充气候授权法案》，在原法案基础上，将符合一定技术筛选标准的核电和天然气相关经济活动作为过渡性活动（转型活动）纳入了目录中。2023年6月，欧盟再次发布《气候授权法案修正案》，进一步对目录进行了扩充，主要是纳入了原来未纳入的部分低碳运输和电气设备制造相关活动，同时还新增了部分转型活动，如水运和航空。此外，本次修订也对原法案中的部分技术标准进行了更新。在发布《气候授权法案修正案》的同时，欧盟也发布了《欧盟分类法环境授权法案》，明确了其他四项环境目标的活动清单和技术筛选标准。

表3-23　国际转型金融标准持续更新

制定机构	转型金融标准持续更新	转型金融标准类型	
		原则要求	目录和技术要求
ICMA	• 2020年12月，《气候转型金融手册》 • 2023年6月，《2023年气候转型金融手册》	√	
CBI	• 转型金融原则与框架：2020年9月，《为可信的转型融资白皮书》 • 企业层面的转型金融：2022年9月，《转型公司的转型融资》 • 行业层面的转型金融标准：2022年已正式发布水泥、基础化学制品、钢铁三个行业的认证标准；农业和食品行业转型标准正在制定中	√	√

续表

制定机构	转型金融标准持续更新	转型金融标准类型	
		原则要求	目录和技术要求
欧盟	• 2020年6月，《欧盟分类法条例》 • 2021年12月，《欧盟分类法气候授权法案》 • 2022年7月，《补充气候授权法案》 • 2023年6月，《气候授权法案修正案》；《环境授权法案》	√	√

资料来源：ICMA，CBI，欧盟委员会，兴业碳金融研究院

2.中国转型金融框架进展

2.1 央行呼吁：推动绿色金融与转型金融有效衔接

中央金融工作会议强调，要做好科技金融、绿色金融、普惠金融、养老金融、数字金融五篇大文章。2023年11月，中国人民银行研究局发表专栏文章《推动绿色金融与转型金融有效衔接》[①]，指出：贯彻落实中央金融工作会议精神，推动绿色金融与转型金融有效衔接，总结提炼绿色金融发展的有效做法和有益模式，并将其运用到转型金融领域，是提高金融支持绿色低碳发展质效、服务经济高质量发展的重要一环。

文章明确，转型金融重点服务具有显著碳减排效益的产业和项目，为高排放或难以减排领域的低碳转型提供合理必要的资金支持。并指出中国人民银行在协同推进绿色金融和转型金融发展过程中始终强调以下四方面。一是系统思维；二是先立后破；三是立足国情和技术实际。按照"急用先行"原则，从煤电、钢铁、建筑建材、农业等重点领域转型金融标准入手，优先支持技术先

[①] 资料来源：推动绿色金融与转型金融有效衔接，中国人民银行研究局［EB/OL］. 2023/11/15［2023/12/1］http://www.pbc.gov.cn/redianzhuanti/118742/5118184/5134061/5135397/index.html

进、碳减排效应显著的领域。四是国内绿色低碳发展与可持续金融国际协调合作相互促进。下一步，中国人民银行将借鉴绿色金融有益经验，将气候变化相关因素全面纳入转型金融政策及工具设计，一是完善标准体系，夯实绿色金融和转型金融发展基础。二是强化碳核算和环境信息披露要求。三是完善激励约束机制，充分体现政策连续性。包括健全绿色低碳发展的货币政策支持；进一步提升绿色金融评价的有效性和针对性；常规开展气候风险压力测试。四是丰富金融产品和服务体系。大力发展转型金融产品和市场。五是充分调动基层积极性和首创精神，以地方先行先试推动绿色金融和转型金融全局发展。

2.2 地方先行：率先研究出台地方转型金融标准

湖州市率先发布转型金融政策与标准，并持续更新。2022年1月，湖州市出台全国首个地方转型金融发展路线图，同步推出2022年版转型金融支持目录。2023年6月，湖州市迭代推出《湖州市转型金融支持活动目录（2023年版）》，覆盖纺织、造纸、化工、有色金属等8大传统重点行业和电线电缆1个中类行业，并进一步扩展为37项细分行业，综合采用"白名单"与"技术中立"原则，规划了106项转型技术路径，《目录》设置了细分行业低碳转型基准值和目标值，并以"碳强度"代替2022年版标准中的能耗强度，作为基准值和目标值的单位。与2023年版转型金融目录同步发布的还有《重点行业转型目标规划指南》《融资主体转型方案编制大纲》《融资主体公正转型评估办法》《银行信贷碳排放计量方法指南》。

表3-24 2023年6月湖州市发布的一系列转型金融相关标准与政策指引

政策名称	主要内容
《转型金融支持活动目录（2023年版）》	针对转型活动认定难、企业转型技术路径规划难的堵点，综合采用"白名单"与"技术中立"原则，围绕全市"8+1"类重点高碳行业，规划106项转型技术或路径，为企业指明未来低碳转型技术方向

政策名称	主要内容
《重点行业转型目标规划指南》	针对企业转型目标设置不清晰的难点，依据工业领域"碳达峰"行动方案，制定区域性转型目标规划指南，引导规上企业设置优于行业指引目标的短、中、长期转型目标，防止"假转型"风险
《融资主体转型方案编制大纲》	针对企业转型方案制定难的痛点，通过制定转型方案编制大纲，为企业制定科学可信的转型方案提供标准化模板，为金融机构开发转型金融产品提供参照依据
《融资主体公正转型评估办法》	为保证转型活动社会公正性，采用定量与定性相结合的方式，设置员工稳定性、供应链韧性、ESG表现等多项评估指标，引导融资主体评估、披露并采取措施缓解转型活动可能带来的社会影响
《银行信贷碳排放计量方法指南》	针对企业和金融机构碳核算能力不足的短板，制定银行信贷碳排放计量地方标准，规范银行业金融机构碳排放测算方式与要求，精准测算信贷碳足迹，促进绿色信贷资金精准投放

资料来源：湖州市金融办[①]，兴业碳金融研究院

多地探索发布地方转型金融标准。2023年，人民银行昌吉州中支联合地方发改委、工信局等8部门，在新疆制定符合昌吉州产业布局的《昌吉州降碳转型升级项目目录（2023年）》《金融支持昌吉州降碳转型升级项目认定办法》和《金融支持昌吉州降碳转型升级企业认定办法》，转型目录中明确金融支持的高碳行业，包括现代煤、金属冶炼、火力发电等9个大行业74个子行业[②]。2023年3月，人民银行重庆营管部等10部门联合印发《重庆市转型金融支持项目目录（2023年版）》，列示的支持项目主要涉及能源、农

---

① 资料来源：全国首个！湖州市发布五项转型金融系列创新成果，湖州市金融办［EB/OL］. 2023/7/4［2023/11/30］https://jrw.huzhou.gov.cn/art/2023/7/4/art_1229209949_58920028.html

② 资料来源：昌吉州金融精准支持高碳行业低碳转型升级，支持项目包括9大行业74个子行业，中国环境［EB/OL］. 2023/5/6［2023/11/30］https://www.cenews.com.cn/news.html?aid=1051840

业、化工、钢铁、建材和有色等六大领域，其中部分项目根据国家相关文件列示了转型参考指标。2023年，天津市金融学会在人民银行天津市分行和市金融局指导下，发布团体标准《天津市化工行业重点领域转型金融实施指南》。该指南设定了涵盖烧碱、纯碱、丙烯、苯乙烯、环氧丙烷、工业冰醋酸、聚氯乙烯、聚丙烯、合成氨、工业硫酸等10类化工行业重点领域的转型活动界定标准，明确低碳转型技术路径和指标要求，为金融机构准确识别转型项目和主体提供了依据。这也是全国首个定向于化工行业的转型金融标准，其中对转型活动的界定原则与《G20转型金融框架》等国内外主流规则保持一致。2023年4月，上海市地方金融监管局组织召开《上海市转型金融目录》编制工作启动会，正式启动《上海市转型金融目录》编制工作。[①]

表3-25 其他地方发布的转型金融相关标准

地区	转型金融标准	进展
新疆昌吉	《昌吉州降碳转型升级项目目录（2023年）》 《金融支持昌吉州降碳转型升级项目认定办法》 《金融支持昌吉州降碳转型升级企业认定办法》	2023年已发布
重庆市	《重庆市转型金融支持项目目录（2023年版）》	2023年已发布
天津市	《天津市化工行业重点领域转型金融实施指南》	2023年已发布
上海市	《上海市转型金融目录》	编制中

资料来源：兴业碳金融研究院

3. 转型金融实践

3.1 转型金融债券工具

转型金融债券工具方面，转型类债券主要包括两大类。第一类是不限

---

① 资料来源：启动转型金融目录编制 推动绿色低碳转型发展，上海金融［EB/OL］.
2023/4/27［2023/11/30］https://sghexport.shobserver.com/html/baijiahao/2023/04/27/1015272.html

定募集资金用途，债券条款与可持续发展相关目标挂钩的可持续发展挂钩类债券（SLB）。2021年中国银行间市场交易商协会（以下简称"交易商协会"）推出的可持续发展挂钩债券和2022年上交所推出的低碳转型挂钩债券均属于SLB。第二类是限定募集资金专项用于特定转型活动或项目的转型债券。2022年上交所推出的低碳转型债券和交易商协会推出的转型债券试点均属于第二类。根据气候债券倡议组织（CBI）发布的数据，截至2023年上半年，全球符合CBI定义的转型类债券（包括可持续发展挂钩债券和转型债券）累计发行规模近3000亿美元。我国各类转型债券累计发行规模超过1500亿元，截至2023年末，我国境内市场各类贴标转型债券累计发行规模合计1564.43亿元。其中，可持续挂钩债券、低碳转型挂钩债券、转型债券试点（交易商协会）和低碳转型债券分别累计发行1100.75亿元、364.7亿元、51.3亿元和47.7亿元。

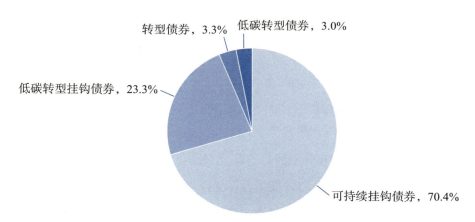

图3-23　截至2023年末我国境内市场转型类债券累计发行规模占比
资料来源：Wind，兴业碳金融研究院

可持续发展挂钩债券和低碳转型挂钩债券是目前我国转型类债券的主要品种，二者均属于可持续发展挂钩类债券，合计发行规模占各类转型债券发行总额的比例超过90%。在挂钩的关键绩效指标（KPI）设置方面，清洁能源装机规模和能效指标为最常设置的挂钩指标。截至2023年12月末，中国境内市场已发行136只可持续发展挂钩债券和低碳转型挂钩债券。在已公布KPI指标的债券中，有31.25%的债券挂钩的KPI与清洁能源发电装机规模相关，有20.54%的债券挂钩KPI为能耗相关指标，将能效提升作为其目标。从债券结构设计来看，可持续发展挂钩债券和低碳转型挂钩债券均设计为根据挂钩目标的完成情况调整票面利率、提前赎回或调升本金兑付金额，其中有超过90%的债券设计为根据挂钩目标完成情况调整票面利率。

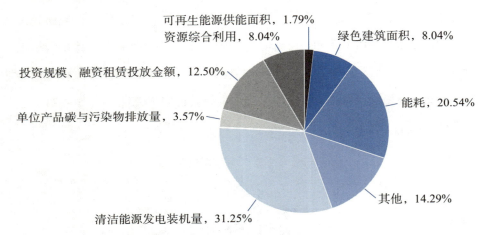

图3-24　可持续发展挂钩债券和低碳转型挂钩债券各类KPI设置占比

资料来源：Wind，兴业碳金融研究院

我国低碳转型债券和转型债券的发行数量和规模仍然较小。从募集资金用途来看，低碳转型债券和转型债券都要求募集资金主要用于低碳转型领域。其中，上交所针对低碳转型债券募集资金用途提出了五大低碳转型领域，交易商协会的转型债券试点领域包括电力、建材、钢铁、有色、石化、化工、造纸、民航等八个行业，具体募集资金用途包括两大类低碳转型项目和经济活动。一类是已纳入《绿色债券支持项目目录（2021年版）》，但技术指标未达标的项目；另一类是与碳达峰碳中和目标相适应、具有减污降碳和能效提升作用的项目和其他相关经济活动。我们根据目前已发行的低碳转型债券和转型债券募集资金说明书披露的信息进行了初步统计，结果显示，截至2023年末，我国已发行的低碳转型债券和转型债券募集资金投向最大的三大领域分别为煤炭清洁生产及高效利用、天然气清洁能源使用和钢铁化工行业节能低碳改造，三者合计占比近80%。

3.2　转型金融信贷工具

转型金融信贷工具方面，可持续发展挂钩贷款通过将贷款条款（一般为贷款利率）与借款人的可持续发展绩效指标完成情况挂钩，以此激励借款人可持续发展目标的实现。自2019年3月贷款市场协会（LMA）、亚太贷款市场协会（APLMA）和贷款银团贸易协会（LSTA）联合发布《可持续发展持钩贷款原则》以来，全球可持续发展挂钩贷款规模持续增长，但2023年增速有所放缓。国际金融协会（Institute International Finance，简称IIF）发布的报告显示[1]，截至2023年末，全球可持续发展挂钩贷款余额已达到1.18万亿美元。其中，2023年新增可持续发展挂钩贷款规模大幅缩减，仅为2022年的一半左右。在国内，近年来，包括兴业银行等在内也有多家银行落地了可持续发展挂钩贷款，虽然还没有明确的数据统计，但关于可持续发展挂钩的相关创新信贷产品持续出现。

4. 展望：转型金融发展潜力巨大

中国持续推进转型金融标准和碳核算体系建设，未来转型金融发展潜力巨大，将成为助推中国高碳产业低碳转型发展的重要融资支撑。高碳产业排放占中国碳排放总量的90%，为这些高碳产业提供低碳转型资金支持是实现"双碳"目标的关键，转型金融将发挥重要作用，然而目前总体来看

---

[1]　资料来源：Mahmood，K. and Tiftik，E. SUSTAINABLE DEBT MONITOR Poised for a Rebound. Institute of International Finance. 2023.

转型金融市场规模仍然较小，标准缺失仍是主要制约因素之一。但中国相关部门正在积极推动相关标准的制定，2024年2月，国家发展改革委十部门发布《绿色低碳转型产业指导目录（2024年版）》，对原《绿色产业指导目录》进行了修订，其中一大重要变化即新增了"低碳转型"相关产业，将成为中国转型金融标准的重要基础。同时，中国人民银行已组织煤电、钢铁、建筑建材、农业等重点领域转型金融标准的研究制定工作。未来随着国内外转型金融标准的陆续出台完善，各类转型金融工具也将迎来更大发展空间。此外，转型金融实践过程中准确衡量减排相关指标是确保转型成效的关键与重点之一，目前，中国持续推进的碳核算体系建设将为此创造良好的条件。

参考文献

［1］Airebule P, Cheng H, Ishikawa J. Assessing carbon emissions embodied in international trade based on shared responsibility[J]. Journal of the Japanese and International Economies, 2023, 68: 101260.

［2］International Energy Agency. CO_2 Emissions in 2022 [R], France, 2023: 3–5.

［3］International Energy Agency. Electricity Market Report 2023 [R], France, 2023: 21–22.

［4］IRENA (2023), Renewable capacity statistics 2023 [R], International Renewable Energy Agency, Abu Dhabi, 2023, 1–5.

［5］Jiang J, Ye B, Xie D, et al. Provincial–level carbon emission drivers and emission reduction strategies in China: Combining multi–layer LMDI decomposition with hierarchical clustering[J]. Journal of Cleaner Production, 2017, 169: 178–190.

［6］Joey Daly, Energy Efficiency White Paper: EEDI/EEXI overview, analysis and impact, VesselsValue Insights and Analytics, 2022, 3–4

［7］Tapio P. Towards a theory of decoupling: degrees of decoupling in the EU and the case of road traffic in Finland between 1970 and 2001[J]. Transport

policy, 2005, 12(2): 137-151.

[8] 陈勇，黄先宁，董初球. CCER林业碳汇项目的政策现状及路径建议［J］.安徽林业科技，2022，48（4）：39—42.

[9] 郭芳，王灿，张诗卉.中国城市碳达峰趋势的聚类分析［J］.中国环境管理，2021，13（01）：40—48.

[10] 国际碳行动伙伴组织（ICAP），全球碳市场进展2023，2023.

[11] 胡明禹，刘文蛟，高惠雯，等.国际碳减排政策借鉴及我国碳减排政策趋势研判［J］.石油石化绿色低碳，2023，8（1）：8.

[12] 李怒云.中国林业碳汇［M］.北京：中国林业出版社，2007：46—49.

[13] 李晓易，谭晓雨，吴睿，徐洪磊，钟志华，李悦，郑超蕙，王人洁，乔英俊，交通运输领域碳达峰、碳中和路径研究，中国工程科学，2021年第23卷第6期.

[14] 联合国环境规划署（2023年）.执行摘要。2023年排放差距报告：打破纪录——气温再创新高，世界未能达到减排图标［R］.内罗毕，2023：6—9.

[15] 彭红军，徐笑，俞小平.林业碳汇产品价值实现路径综述［J］.南京林业大学学报（自然科学版），2022，46（6）：177—186.

[16] 钱立华，方琦，鲁政委.绿色供应链金融模式发展与案例［R］，兴业研究，2022.6.

[17] 清华大学建筑节能研究中心.中国建筑节能年度发展研究报告2023（城市能源系统专题）［M］.北京：中国建筑工业出版社，2023：11—14，22—26.

[18] 汤维祺，周夷，孙可哿.中国省际贸易隐含碳流向与地区经济发展模式研究［J］.环境经济研究，2016，1（01）：

［19］宣晓伟."能耗双控"到"碳双控"：挑战与对策［J］.城市与环境研究.

［20］杨富强，熊慧.再生铝产业转型升级关键词——闭环回收，保级利用，铝加工与再生铝的紧密合作［J］.资源再生，2020（3）：4.

［21］杨姗姗，郭豪，杨秀，李政.双碳目标下建立碳排放总量控制制度的思考与展望［J］.气候变化研究进展，2023，19（2）：191—202.

［22］张小全，侯振宏.森林、造林、再造林和毁林的定义与碳计量问题［J］.林业科学，2003，29（2）：145—152. DOI:10.3321/j.issn:1001-7488.2003.02.025.

［23］张友国，白羽洁.区域差异化"双碳"目标的实现路径［J］.改革，2021（11）：1—18.

［24］中国建筑节能协会建筑能耗与碳排放数据专委会.2022中国建筑能耗与碳排放研究报告［R］.重庆，2022：24—27.

［25］周佳，董战峰.碳汇产品价值实现机制与路径［J］.科技导报，2022，40（11）：7.